개정판

비서직업능력

서여주 저

BUILT FOR GROWTH

(주)백산출판사

2020년 개정판 머리말

뛰어난 능력과 자질을 갖춘 비서는 조직의 경쟁력임을 강조하며, 철저한 노력으로 자신의 업무능력을 향상시키는데 중점을 두었던 2019년 본 책의 초판에 이어 2020년 개정판으로 독자분들을 다시 만나게 되어 기쁘다.

2020년 개정판에는 비서의 본질과 역할에 대한 내용을 추가하였다. 인공지능이 다수의 직업을 대체할 것으로 전망됨에 따라 이러한 변화에 선도적으로 대응하기 위해 필요한 비서 직업능력에 대한 논의를 수록하였다. 비서는 상사의 효율적인 업무를 위해 일정을 관리하고, 빠르고 정확한 정보를 제공하는 일을 넘어 자신이 얼마나 많은 시간과 노력, 마음을 투자하느냐에 따라 발휘되는 역량이 달라진다. 본 책을 통해서 비서라는 직업이 스스로 방법을 터득하고, 상사에게 맞춰나가야 하는 외로운 직업이라 여길 수 있으나, 그만큼 자기 삶의 완성도를 높이는 직업으로 인식되길 바란다.

또한 비서직 특히 직무수행과정에서 일의 의미(meaning in work)를 찾고 가치화하는 것은 사회전체에 기여하는 바가 크다는 것을 논의하였다. 일(work)과 노동(labor)의 차이를 살펴보면, 우선 일이란 무엇을 이루려고 어떤 장소에서 일정한 시간 동안 몸을 움직이거나 머리를 쓰는 활동이라 할 수 있다. 다음으로 노동은 사람이 생활에 필요한 물자를 얻기 위하여 육체적 노력이나 정신적 노력을 들이는 행위로 정의된다. 양자는 몸을 움직이거나 머리를 쓰는 점에서 유사하지만 그 목적이 다르다는 점이 부각된다. 즉 노동은 '생활에 필요한 물자를 얻기 위함'이 명시되어 있는 데 비해 일은 '무엇을 이루려고' 라고 되어 있어서 좀더 포괄적이고 불특정적이다. 이를 다시 말하면 노동은 일의 일종이면서 특히 '생계유지'라는 목적을 뚜

렷하게 지니는 유형의 일을 의미한다고 할 수 있다. 결국은 일자리가 아니라 일에 대한 자세가 문제다. 본 책에서 비서직에 대해 갖는 가치, 신념, 중요성, 동기, 목적의 총체를 노동이 아닌 일로써 이해되길 바란다.

본 책이 비서직 종사자가 경력성공에 도움이 되는 밑거름이 되고자 노력하였다. "현상은 복잡하지만 본질은 단순하다."라는 바뀌지 않는 명제가 독자 한 분, 한 분의 마음에 떠올라지기를 기대해 본다.

개정판으로 출간을 하기까지 ㈜백산출판사 진욱상 대표님과 책을 만드느라 애써주신 편집부 및 마케팅부 여러분께 감사한 마음을 언급하지 않을 수 없다. 언제나 더 좋은 책을 만들기 위해 애쓰고 있는 ㈜백산풀판사와의 인연을 소중하게 생각하며 한 걸음 한 걸은 더 높이 성장하겠다.

2020년 2월
Rochester Park Avenue 연구실에서
서 여 주

머리말

최근 들어 모든 분야에서 업무 수행 방식이 크게 변화하고 있다. 스마트한 업무 수행으로 시간과 공간을 초월한 업무가 가능해졌고, 업무의 효율성은 더욱더 증대되고 있다. 이러한 환경 속에서 최고경영자를 보좌하는 비서뿐만 아니라 팀을 지원하는 비서에 이르기까지 사회는 다양한 능력과 역할을 비서에게 요구하고 있다.

따라서 뛰어난 능력과 자질을 갖춘 비서는 조직의 경쟁력이므로 비서 직업에 대한 올바른 이해는 물론 비서가 갖추어야 할 요구들을 잘 파악해야 한다. 더욱이 비서직업은 수많은 사람들과 직 · 간접적으로 관계를 맺고 상호작용을 우선시해야 하는 직업이기에 타직업과의 차별화된 능력이 함양되어야 한다.

본 책은 비서가 갖추어야 할 직업능력에 관한 내용을 총 4부 14장으로 구성하여 심도 있게 다루었다.

제1부는 변화하는 비서의 역할은 비서의 본질과 비서의 이해에 관하여 고찰하였다.

제2부는 비서와 직업윤리에 관한 내용으로 직업의 의미와 직업관 직업의식에 대하여 설명하고, 직업윤리와 비서의 태도에 관하여 다루었다.

제3부는 사회적 상황에서 자신과 타인을 이해하는 것으로 자기(self), 대인지각, 대인관계, 공격성, 동조 · 복종 · 순종에 대하여 설명하였다.

제4부는 사회적 상황을 처리하는 방식 이해하기는 사회인지, 태도와 태도변화, 갈등과 친사회적 행동, 집단 간 관계를 다루었다.

본 책의 가치는 독자들의 지속적인 사랑으로부터 창출된다는 것을 항상 인식하고 있다. "일을 하지 않으면 만족도 없다."는 칸트의 말처럼 일을 위해 일을 해야 일이 된다는 것을 본 책을 통하여 인식하길 바라며, 앞으로 변화하고 있는 비서의 직업능력에 대한 정보가 새롭게 수록될 수 있는 책을 만들 수 있도록 지속적인 노력을 기울이겠다.

끝으로 이 책이 나오기까지 여러분들이 도움을 주셨는데 우선 무리한 일정에도 기꺼이 출판을 허락해주신 백산출판사 진욱상 대표님과 책을 만드느라 애써주신 편집부 및 마케팅부 여러분께도 진심을 담아 감사의 마음을 전해드린다.

2019년 2월

더 없이 따뜻한 봄을 기다리며… 연구실에서

서 여 주

차례

SECRETARY

[제 1 부]

변화하는 비서의 역할

비서의 본질

인공지능, 사물인터넷, 클라우드 컴퓨팅, 빅데이터와 같은 지능정보기술이 기존 산업에 접목되어 사회 전반에 영향을 주는 초연결(Hyper-Connected) · 초지능(Hyper-Intelligent) 사회가 개막되었다. 이러한 변화는 직업의 세계에 있어서도 많은 변화가 생겨 새로운 직업이 생겨나는가 하면, 오랫동안 존재해 왔던 직업이 없어지기도 한다. 또한 각종 직업에 종사하는 노동자들의 노동의 형태, 방식에도 많은 변화가 나타나고 있다. 더욱이 모든 직무의 전문화는 필수적인 일이 되었고 지속적인 학습과 계발이 요구되고 있다.

해를 거듭할수록 치열해지는 경영환경에 있어서 경영자의 역할은 복잡하게 됨으로써, 장기적인 안목과 정확하고 신속한 판단력이 필요하게 되었다. 따라서 경영자가 올바르고 적절한 의사결정을 할 수 있도록 하기 위해서는 다방면에 걸친 전문적인 지식과 충분한 정보를 제공할 수 있는 사람이 절대적으로 필요하다. 이에 따라 비서직의 경우도 종래의 상사의 개인적인 공적 · 사적 업무 보조의 위치에서 벗어나, 관리자를 비롯한 조직 구성원들의 업무가 원활하게 수행될 수 있도록 전반적인 관리 업무를 수행하는 사무 전문가(office professional)로 업무 영역이 확대되고 있다. 특히 조직구조가 팀제로 대폭 전환되면서 팀의 업무가 원활히 진행되도록 지원하면서 동시에 팀 내에서 자신의 고유 업무를 수행하는 팀 비서의 숫자가 증가하였다. 또한 다양하게 확대된 업무를 수행하면서 오피스 전반의 관리를 책임지는 오피스 매니저(office manager)로 자리매김하는 비서도 늘어나고 있다(조계숙 · 최애경, 2014).

이처럼 비서 전문화시대를 맞이하기 위해서는 비서직에 종사하는 사람들 스스로 비서직이 단순직이라는 개념에서 벗어나 정보의 수집 · 활용의 기술과 창의력, 고도의 의사결정능력이 요구되는 전문직으로서의 개념설정이 요구된다. 또한 비서는 조직 및 경영환경에 영향을 미치는 사회변화의 흐름을 정확히 파악하고, 관리자가 필요로 하는 정보를 수집 · 가공하고 시의적절하게 제공함으로써 조직이 성장 · 발전하는데 이바지할 수 있어야 한다.

1. 비서의 정의

비서란 어원상 중세 라틴어의 세크레타리우스(Secretarius)에서 나온 말로 '비밀을 맡길 수 있는 사람'이란 의미이다. 일반적으로 다방면에 걸친 전문적인 지식과 충분한 정보를 제공함으로써 상사가 능력을 최대한 발휘하도록 조언 · 보조하며, 상사로부터 상사 본연의 업무가 아닌 부수적 · 행정적 업무들을 위임받음으로써 상사가 의사결정 및 정책결정 등 고유 업무에 종사할 수 있도록 하는 것이다.

국어대사전의 정의에 따르면 비서란, 장관, 국회의원, 사장 등에 직속되어 기밀문서와 용무를 맡아보는 직무, 요직의 사람에 직속하여 기밀문서나 사무를 맡아보는 사람 또는 그 직책을 말한다.

웹스터 사전의 경우 어떤 조직이나 개인을 위하여 기록을 보관 · 관리하며 통신문의 취급 및 사무를 수행하기 위해 고용된 사람이나 해당 업무를 담당하는 공무원, 정부기관의 부서를 책임지는 관리, 일부 사무 근무 비서뿐만 아니라 정부부서의 장까지도 포함하고 있다.

또한 옥스퍼드 사전의 경우 비서란 상사를 보좌하기 위해 고용된 사람으로 통신 업무를 담당하고 사무를 수행하는 데 필요한 자를 수집하여 정보를 제공하며 기밀에 관한 문제를 취급한다. 또한 사회나 회사, 이익단체에 의해 지명된 관리로서 이들의 사무를 처리하고 통신을 담당하며 유지하는 일을 하는 사람으로 정의하고 있다.

세계비서협회(International Association of Administrative Professionals: IAAP)에 따르면, 비서란 경영자 또는 관리자가 그들 본연의 업무에 전념할 수 있도록 보좌하는 사람으로서 숙달된 사무기술을 보유하고, 직접적인 감독 없이도 책임을 맡는 능력을 발휘하며, 창의력과 판단력으로 주어진 관리 내에서 의사결정을 내리는 행정 보좌관이라 정의하고 있다.

비서기관에서의 정의는 미국비서협회(National Secretaries Association)가 규정한 정의에 의하면, '비서란 상사를 보좌함으로써 직접적인 지시가 없어도 책임완수의 능력과 사무행정처리 능력의 소유자여야 하고 아울러 주어진 권한 범위 내에서 창의력을 발휘, 판단 및 결정의 행사자'라고 하였다. 다른 비서협회 단체인 PSI(Professional Secretaries International)의 정의에 따르면 비서는 '숙달된 사무실 기술을 보유하고, 직접적인 감독 없이도 책임을 맡는 능력을 보여주며, 창의력과 판단력을 발휘하고, 주어진 권한 내에서 결정을 내리는 간부적 보조자'라 정의 하였다.

기타 다음의 정의를 통해 비서를 구체적으로 이해할 수 있다.

1 "경영자 또는 관리자가 그들 본연의 업무에 전념할 수 있도록 보좌하는 사람

2 조직의 철학을 이해하고, 제반 사무관리 능력을 갖추어 경영자가 업무수행을 효율적으로 할 수 있도록 지원하고 보좌하는 사람

3 최고 관리자 혹은 특정 조직의 업무를 수행하는데 필요한 사무능력과 전문지식을 갖춘 사람

4 상사가 고유의 업무를 원활히 할 수 있도록 상사와 함께 업무를 처리하고 업무 수행과 관련된 제반 환경을 관리하는 사람

5 상사를 보좌하며, 상사의 지시에 따라 또는 스스로 판단하여 상사의 일정, 회의, 출장, 문서 등의 업무와 기타 관련 총무 및 회계업무를 수행하는 사람

다음은 세계비서협회(IAAP)에서 명시한 비서수칙(A Secretary's Creed)으로 비서로서 지켜야 할 직무신조가 잘 나타나 있다.

내가 소속된 팀의 구성원으로서, 나를 고용한 조직과 나의 상사, 동료, 그리고 나 자신을 포함한 모든 비서들에게 다음과 같은 책임을 이행할 것이다.

(As a member of the business team with which I am associated, I have an obligation to the organization that employs me, to my immediate boss, to my co−worker, to myself as an individual, and to secretaries or executive aides everywhere because I represent this occupational group as a whole.)

1 전문 직업으로서의 비서직을 충실히 이행한다.

(Be loyal to the secretarial profession.)

2 회사의 목표, 정책, 회사의 생산품에 대한 지식과 이해를 높임으로 효과적인 업무수행을 하도록 노력한다.

(Study and understand something about goals, general polices, and product of the business so that I may more intelligently.)

3 업무시간에 성실하게 업무에 임한다.

(Give an honest day's work.)

4 항상 회사를 대표하는 마음을 가짐으로 회사에 보탬이 되도록 노력한다. 특히 방문객을 맞을 때나 전화응대를 할 때 회사의 이미지를 높이도록 노력한다. 주의를 기울여 서신을 편집하고 동봉물이 제대로 보내졌는지 확인할 것이다.

(Represent my company at all times so that I will be credit to it. I shall try to be particularly careful about greeting callers and using the telephone. I shall edit letters carefully and see that promised enclosures are sent.)

5 지시를 받을 때에는 일관성이 결여되었거나, 예외적인 사항이 있는지에 주의를 기울일 것이다.

(Be alert for inconsistencies, exceptions, and deviations to instructions given to me.)

6 내게 부과된 책임과 임무를 완수한다. 최소한의 상사 감독 하에 내 책임을 수행할 수 있도록 내 업무의 범위와 중요성을 이해하기 위해 노력할 것이다.

(Follow through on responsibilities and activities assigned to me. I shall try to understand the scope and importance of my responsibilities so that I can work with minimum supervision.)

7 마감기한, 자료의 복사, 관계 자료의 준비 등 상사의 요구를 미리 예견하여 사전에 준비한다.

(Anticipate needs, especially such things as deadlines, extra copies, and related materials.)

8 상사와 회사의 이익을 증진시킴으로 자신의 이익을 도모할 수 있다

는 생각과 함께 상사와 효과적인 팀워크를 이루어 나갈 수 있도록 노력한다.

(Be loyal to and cooperative with my boss. I shall try to work for and with him, realizing that we constitute a "team" ; when I serve his interests well, I serve my own and the company's)

9 기밀을 철저하게 지킴으로 신뢰관계를 형성한다.

(Keep confidences.)

10 상대방의 말을 경청하며 상사와 관련된 정보를 잘 알고 있도록 한다.

(Be a good listener and become informed about things that concern my boss.)

11 동료들이 나를 신뢰할 수 있도록 모든 약속을 충실히 이행한다.

(Keep all promises that I make so that my co-workers will know they can depend on me.)

12 "예의 없는 발언을 하지 않고, 타인의 인격에 대하여 비난하거나 언급하지 않는다.

(Avoid unfriendly remarks, and avoid discussing personalities.)

13 동료들에게 항상 친절하며 명랑하게 대한다.

(Be friendly and cheerful with my co-workers at all times.)

14 자신의 건강에 유의하여 같이 일하기에 기분 좋은 사람이 된다.

(Take care of my health so that I will be pleasant to work with.)

15 타인의 인격과 권리를 존중한다.

(Respect the personalities and rights of others.)

16 자신의 청결과 단정한 복장에 유의한다.

(Keep myself neat and clean and groomed in good taste.)

17 사무지식 및 사무기술을 증대시킴으로써 조직 내에서 자신의 위치를 높일 수 있도록 한다.

(Strive to improve my business education and technical skills so that I can upgrade my position within my company.)

18 여가, 가정, 직장생활을 균형 있게 유지하여 조화롭고 행복한 사람이 된다.

(Maintain a balanced recreational, home and business program so that I will continue to be a well-adjusted, happy person.)

19 성공적인 직장인의 침착성, 협동심, 열정을 개발한다.

(Develop the poise, cooperativeness, and enthusiasm of a successful businesswoman.)

20 전문직업인으로 뿐만 아니라 하나의 성숙한 개인으로 성장함으로 타인들에게는 같이 일하고 싶은 사람이 되도록 노력한다.

(Grow personally and professionally so that I will be the type of person with whom others like to work.)

21 차분하고, 비감정적이며, 준비된 태도로 내 의사를 표현한다.

(Express ideas in a calm, unemotional, and prepared manner.)

22 상사의 습관, 요구사항, 성격 등을 이해하려고 노력한다.

(Understand the work habits, needs, and personality of my boss.)

23 지시를 처음 내려질 때 정확히 확인함으로써 두 번, 세 번 묻는 일이 없도록 한다.

(Grasp instructions the first time given.)

24 업무를 계획하고 그 계획대로 추진하려고 애쓴다.

(Plan my work and work my plan.)

25 상사가 사소한 일로부터 해방될 수 있도록 한다.

(Relieve my boss of details.)

궁극적으로 비서란 “경영자 또는 중요 직책을 맡고 있는 사람들이 그들의 위치에서 최대한 조직에 공헌할 수 있도록 전반적인 세부사항들을 미리 준비하고 점검하며 뒷받침해주는 역할을 담당하는 사람"이라고 볼 수 있다.

2. 비서의 유형

비서의 전통적인 역할은 상사로 하여금 본연의 업무와 부수적 업무를 잘 구분하여 상사가 본연의 업무에 집중하여 능률화를 극대화하도록 보좌하는 것이다. 그러나 최근에는 최고경영자나 경영임원진을 보좌하는 비서 외에도 팀에 소속되어 팀의 목표달성과 능률 향상을 위하여 팀장과 팀원들을 지원하는 팀 비서(Team Assistant)의 수가 급격하게 늘고 있다. 더욱이 다방면에 걸친 전문지식과 정보를 제공하는 전문 분야에서의 다기능 역할 수행자로써 발전하게 될 것이다.

1) 소속에 따른 유형

(1) 개인에 소속된 비서

개인에게 비서가 소속된 경우는 비서가 한 명의 상사를 보좌하는 경우로 상사나 비서의 입장에서 가장 이상적인 경우라고 할 수 있다. 전통적으로 상사와 비서의 관계는 1대 1의 관계가 일반적이었으나 사무비용의 증가와 인건비의 상승으로 미국을 포함한 선진국에서도 단독 비서를 채용할 수 있는 위치에 있는 사람은 고위직에 한정되어 있다. 비서의 입장에서는 한 분의 상사를 보좌하므로 상사의 업무 분야나 특성 및 개인적 성향 등을 파악할 수 있어 효율적이며, 일의 계획이나 우선순위를 세울 때 비교적 용이하다.

수행비서의 경우에는 조직의 크기가 비교적 작은 기업에서는 한 명의 상사만을 보좌하므로 상사 개인에 소속되어 있으나 대기업이나 공기관의 경우에는 비서실에 소속된 그룹비서이다.

(2) 비서실에 소속된 비서

① 그룹비서

우리나라나 일본에서 주로 채택하는 방식으로 여러 명의 비서가 비서실에 배속되어 있으면서 최고 경영층의 업무를 전담 업무별로 보좌한다. 문서관리 담당, 일정관리 담당, 의전관리 담당 등 비서실 구성원 전체가 비서 업무를 분담하여 비서실장의 책임과 지휘 하에 업무를 수행한다.

수행비서의 경우에는 비서실에 소속되어 있으므로 그룹비서라고 할 수 있으나, 조직에 따라서는 상사 개인에 속해있기도 하다. 그리고 수행비서는 비서실장으로서의 역할을 담당하는데 대기업의 경우 수행비서의 지휘 하에 비서실의 업무가 이루어지고 있다.

② 공동비서

한 명의 비서가 여러 명의 상사를 보좌하는 경우를 말한다. 예를 들면 부사장, 전무, 상무를 한꺼번에 보좌하는 형태이다. 비서의 입장에서는 여러 명의 상사를 보좌해야 하므로 업무의 우선순위가 바뀌지 않도록 신중한 업무 조정이나 계획이 필요하다. 개인 상사에게 속해 있는 비서에 비해서 여러 명의 상사를 지원하다 보면 업무가 복잡할 수도 있으나, 능력을 인정받을 수 있는 기회가 많은 장점도 있다.

많은 법무법인 등의 법률사무소에서 이러한 공동비서 형태가 많이 보이고 있는데 한 명의 법률비서가 2~4명의 변호사, 회계사, 변리사, 세무사, 노무사, 관세사 등의 지원업무를 한다. 이러한 비서의 경우에는 개인에 소속된 비서나 그룹비서에 비해 상사가 자주 바뀌며 한 명의 상사가 일이 많은 경우 그 상사에게만 관심이 치중될 수 있는 단점이 있다.

(3) 부서에 소속된 비서

소속 부서와 그 부서장의 비서를 겸하는 유형으로, 본래의 업무를 가지면서 비서의 업무도 수행한다. 최근에는 소속 부서와 그 부서장의 비서를 겸하는 비서가 많이 생겨나고 있는데 특히 외국계 기업에서 많이 볼 수 있는 비서 유형이다.

2) 전문분야에 따른 유형

(1) 기업 비서(Corporate Secretary)

기업에서 경영자를 보좌하는 비서의 유형을 의미한다. 기본적으로 기업 운영에 필요한 경제학, 경영학, 인사관리, 회계학, 재무관리, 조직론, 마케팅 등의 지식과 경영자의 역할을 숙지하고 끊임없는 환경의 변화에 능동적으로 대처하여 기업목표 달성에 기여하여야 한다. 특히 비서는 언제나 고객에게 예의 있고 친절한 태도로 응대함으로써 기업에 대해 좋은 이미지를 심도록 노력해야 한다. 아울러, 민첩한 상황대처능력과 사무 처리 능력을 필요로 한다.

(2) 공공기관 비서(Administrative Secretary)

관공서나 공공기관의 책임자를 보좌하는 비서를 의미한다. 공공기관의 고유문서 서식과 의사결정 구조 등 행정 업무에 관한 지식이 요구된다.

특히 일반 민간기업과 외국계 기업의 경우에는 워드문서를 많이 사용하나 공공기관에서는 한글문서를 많이 사용함으로 한글문서에 관한 기본

능력이 요구된다. 또한 수행비서의 경우에는 공공기관에서 일하는 비서도 많이 있다.

(3) 교육기관 비서(Educational Secretary)

교육기관이나 연구기관의 행정 책임자를 보좌하거나 연구 활동을 보조한다. 대학 교수나 연구소의 전문인을 도와주는 비서로서 자료의 수집, 정리, 검색, 처리에 관련된 업무를 주로 수행한다.

(4) 의료 비서(Medical Secretary)

종합병원이나 병원 관련 연구소, 개인 병원에 근무하는 비서를 일컫는다. 최근 병원이 거대한 자금과 전문경영인, 전문 의료인이 결합하여 대규모화되어 감에 따라 병원의 원장 · 부원장 등의 책임자와 각 부문의 의료인들을 보좌하는 비서의 수요가 급증하고 있다.

(5) 법률 비서(Legal Secretary)

개인 법률 사무소나 법무 법인 등의 합동 변호사 사무실에서 법률에 관련된 문서를 처리하고 고객을 응대하고, 소송 관련 업무를 처리하는 비서를 말한다. 변호사를 돕는 비서의 경우 소송에 관련된 업무 이외에도 고객 응대, 법원과의 연락 등에 관계된 업무를 한다. 따라서 법률 용어, 소송 · 변호에 관한 기본지식 등이 요구된다. 이 때문에 규모가 큰 법률사무소나 법무법인의 경우에는 비서들에게 정기적으로 법률 관련 용어나 절차 등 기본 법률 지식 관련 교육을 제공하고 있기도 하다. 또한 외국인 변호사나 회계사 등의 외국인 상사를 보좌하는 경우도 많기 때문에 법률 비서에게는 영어, 일어 등의 외국어 능력이 요구된다.

(6) 회계 비서(Accounting Secretary)

공인회계사, 세무사의 개인 사무실이나 합동 회계사 사무실에서 근무하는 비서를 일컫는다. 이러한 비서들에게는 회계 지식과 컴퓨터를 사용한 업무 처리 능력이 요구되는데 최근 기업의 국제화로 인해 외국 기업의 국내 진출은 물론 국내 기업의 해외 진출 등으로 그 활동 범위가 다양해졌다. 회계비서는 회계 전문용어와 개념에 대한 지식이 필요하며 영어로 회계 보고서를 작성하는 경우가 많으므로 회계학 용어와 개념을 영어로 익혀 두는 것이 필요하다.

최근 법률 비서와 함께 회계 비서도 비서를 희망하는 구직자들에게 인기가 높아지고 있다.

(7) 종교기관 비서(Religious Secretary)

종교단체의 규모가 커지면서 행정적인 업무를 담당할 비서가 필요하게 됨에 따라 생겨난 비서가 종교 비서이다. 종교 지도자의 여러 활동을 위한 업무를 보좌하며 설교 자료를 준비한다. 또한 종교단체의 행정 및 재무와 관련된 업무들을 처리하며, 성도들에 관한 자료를 정리 · 보관한다. 노은지(2009)의 연구에 의하면 교회비서의 직무로는 일정관리 업무, 커뮤니케이션 업무, 문서관리 업무, 행정 업무, 자료지원 업무, 개입지원 업무, 성도관련 기타업무, 회의관련 업무, 행사관련 업무 등이 있다.

(8) 정치기관 비서(Parliamentary Secretary)

국회의원 및 지방의회 의원 사무실에서 근무하는 비서들이 정치기관 비서이다. 이들은 국회나 정당, 정부의 조직을 잘 알고 관계 기관과의 업무 관계를 잘 이해해야 한다.

3) 전문비서의 등장

"훌륭한 경영자는 유능한 비서를 둔다."는 말을 우리 기업과 경영자들을 통해 들어왔듯이, 외국에서도 이미 우량기업의 유명한 경영자들이 뛰어난 비서를 두는 것이 일반화된 지 오래다. 이는 관리자의 원활한 업무수행을 위해 필요한 정보는 점점 더 많아지고 있으며, 이 같은 정보의 수집·가공·처리·보관 등을 관리자가 직접 모두 수행할 수 없으므로 전문화된 업무의 보좌 역할이 필요하고, 경영업무의 효율성을 가져다주기 때문이다.

따라서 비서의 역할비중과 경영자의 위상이 서로 비례하고 있다고 해도 과언이 아니다. 특히 어떤 경우는 비서의 능력이 경영자의 능력을 대변하는 경우도 있어 전문비서의 역할이 날로 커지고 있는 추세이다.

전문비서는 경영관리에 직접 또는 간접적으로 참여할 뿐만 아니라 경영환경에 적응하여 정확한 의사전달, 효율적인 사무처리, 올바른 의사결정 등 종합적인 능력을 갖춰야 한다. 전문비서 역시도 업무에 따라 비서의 유형이 나누어진다.

(1) 참모형 비서(Staff Secretary)

행정이나 경영상 라인(line)조직을 돕는 관리자의 보좌하는 비서를 말한다. 모든 공(公)·사(社) 조직의장(長)에 대한 비서인데 주요정책, 경영계획, 의사결정과정에 참여하며 보좌 역할을 수행하는 모든 비서를 말한다. 대통령비서실장, 대기업의 비서실장, 국회의원 보좌관, 군의 참모장, 경찰의 부속실장 등을 예로 들 수 있으며 주요 정책, 경영 계획 및 의사 결정에 참여하는 비서직은 모두 여기에 포함된다고 볼 수 있다. 연구하는 수행비서는 상사가 의사 결정을 하는 데 있어 필요한 모든 지원을 하는 최고 보좌관으로 참모형 비서에 속한다고 규정한다.

(2) 부관형 비서(Adjutant Secretary)

이 유형은 전문적인 보좌가 아니며 전문지식이나 경험보다는 외모와 행동력의 비중이 크다.

일반적으로는 수행비서가 부관형 비서로 알려져 있으나 박상규(2014)의 연구 결과 수행비서는 부관형 비서보다는 참모형 비서에 가깝다고 판단되었다 .그리고 일반적인 통념에 의한 부관형 비서는 수행업무를 겸하는 경호비서에 가까운 비서 유형이라고 보인다.

(3) 행정관리로서의 비서(Government Official Secretary)

미국의 국무장관은 국무성 행정업무의 전반적인 방향을 결정하고, 조정 · 관리의 책임을 맡고 있는 행정관리의 우두머리인데 대통령을 보좌하는 12장관 중의 1인으로서의 역할을 하고 있기에 미국의 국무장관을 'The Secretary of States for the Home Department'라고 하며 각 부장관의 명칭도 'Secretary'의 개념을 사용하고 있다. 정부 요직으로서의 비서로는 대통령 비서실의 비서관을 그 예로 들 수 있다.

(4) 사무관리 책임자로서의 비서(Office Managerial Secretary)

정부, 국제기구, 공공단체에서 사무, 즉 행정을 관장하는 위치에 있는 사람을 말한다. 이 유형에 해당하는 비서로는 UN 사무총장, 국회 사무총장, 위원회의 간사나 총무로서 각각의 조직에서 사무를 총괄 · 지휘하는 위치에 있는 비서이다.

비서는 오로지 경영자를 위해서가 아니라, 조직 전체가 원활하게 운영되도록 하기 위해서 필요한 것이다. 유능한 전문비서는 충분히 그 몫을 해내고, 경영자 이상의 조언을 해준다. 때로는 경영자의 착오나 실수에 대하여 경영컨설턴트의 역할을 하기도 하며, 경영자의 대인관리와 화술요령,

매너 등을 조언함으로써 경영자가 경영전반을 보다 유연하고 탄력적으로 운영할 수 있도록 도모해 줘야 한다. 이로써 전문비서가 훌륭한 경영자 참모의 위치에 있다는 것을 본인 뿐만 아니라 타인들에게 인식할 수 있도록 해야 한다.

비서는 상사를 보좌하는 업무를 진행한다. 특히 경영자의 전문비서는 경영자의 근간에 항상 존재함으로써 경영자의 직 · 간접적인 대리역할을 수행한다. 그런 점에서 경영자와 비서는 서로 존경과 신뢰의 관계를 이룸으로써 발전할 수 있다. 따라서 전문비서가 갖춰야 할 자세는 다음과 같다.

첫째, 상사의 업무나 인품을 적극적으로 이해하고 그의 편에 서야 한다. 상사의 업무나 인품을 제대로 이해하면 업무처리 방법이나 보조의 방법도 보다 적절하게 취할 수 있게 된다.

둘째, 비서는 상사의 업무를 스스로 솔선수범해서 보좌해야 한다. 상사가 필요로 하는 보관정보를 정확하게 제공하고, 상사의 업무 수행상 도움이 될 수 있는 의견이나 제안을 적극적으로 해야 한다. 때때로 이러한 보고나 의견을 말하면서 상사와 대화하는 기회를 가짐으로써 그 성격이나 업무내용을 더욱 더 깊이 있게 자각할 수 있다.

셋째, 상사의 지시에 기꺼이 따라야 한다. 상사가 지시를 내리는 데에 있어 부담을 갖게 해서는 안 된다는 것이다. 비서는 그러한 분위기를 만들 수 있도록 노력해야 한다.

넷째, 비서는 상사의 업무영역에 필요 이상으로 개입해서는 안 된다. 물론, 비서의 업무가 경영자의 업무보좌를 넘어서 경영지원에 이르는 경우가 많지만, 지나친 개입은 경영자를 힘들게 할 수 있기 때문이다. 따라서 이는 사전에 합의되고 위임된 업무에 한해서 융통성을 발휘하는 선에서 그쳐야 한다.

다섯째, 본인이 소속된 조직과 상사의 역량에 맞는 스킬(skill)을 겸비해야 한다. 외국어와 정보기술 습득, 다방면의 문화에 대한 지식 등을 갖추어야 한다.

여섯째, 상사의 의견을 존중하면서 잘못된 부분에 대해서는 겸손하고 정중하게 지적할 수 있는 능력을 갖춰야 한다. 이는 결코 쉬운 부분은 아니다. 따라서 이를 위해서는 매사에 긍정적이고 합리적인 사고를 할 수 있도록 훈련해야 한다.

일곱째, 상사가 원하는 관련 자료와 이를 확보할 수 있는 네트워크를 확보하는 데 신경 써야 할 것이다. 상황에 필요한 모든 자료를 확보하고 중간자의 조언을 곁들임으로써 상사가 최종결정을 합리적으로 할 수 있도록 해야 한다.

3. 비서의 직무

1) 업무유형

상사의 역할, 성격, 능력, 지위, 업무 위임 정도, 조직의 형태 등에 따라 비서의 업무 내용에 차이가 있다.

비서 업무를 크게 세 범주로 나누어 보면, 매일 반복적으로 수행하는 일상적 업무, 상사의 지시를 받아서 주어진 시간 내에 수행해야 하는 지시적 업무, 그리고 상사와 조직의 효율성 증진을 위해 창의력을 발휘할 수 있는 창의적 업무 등이 있다.

각각의 업무 유형을 살펴보면 〈표 1〉과 같다.

〈표 1-1〉 비서 업무의 유형

일상적 업무	지시적 업무	창의적 업무
우편물 처리 서류정리 전화응대 방문객 응대 사무기기 및 비품관리 등	예약업무 문서작성 금융업무 경조사 업무 등	서식개발 정보검색 및 가공 자료준비 행사 기획 비정형적 업무 수행 절차 개선 등

2) 비서 업무의 종류

비서는 기업, 법률회사, 회계법인, 공공기관, 의료기관, 연구소 등 다양한 형태의 조직에서 근무한다. 비서의 직무는 조직의 형태에 따라 차이가 나기도 하지만 상사의 역할, 성격, 능력, 지위, 업무 위임 정도 등에 따라 업무 내용에 차이가 있다. 또한 최근 들어 숫자가 늘어나고 있는 팀 비서의 경우에는 어떤 팀에 속하였느냐에 따라 업무의 내용에 차이가 생긴다. 표준화된 비서의 업무를 규정하기는 힘들지만 직무분석 연구들을 바탕으로 업무내용을 살펴보면 다음과 같다.

(1) 전화 응대

전화 수신 및 발신, 전화의 중개, 상사 부재 시의 전화 응대, 국제전화 중개 등 일상적이면서 가장 중요한 커뮤니케이션 채널을 관리하는 업무로서 친절하면서도 정확하게 전화 응대를 하는 것이 중요하다.

(2) 방문객 응대

방문객의 접수와 안내, 상사와 방문객의 중재, 상사 부재 시 방문객의 응대, 다과 접대, 환송, 뒷정리 등 방문객에게 좋은 인상을 줄 수 있도록 맞이하고 배려하는 업무이다.

(3) 일정관리

상사의 면담 일정 접수, 취소, 각종 일정표 작성, 업무 일정표 관리, 일정에 따른 각종 예약 등 상사가 시간을 효율적으로 사용할 수 있도록 보좌하는 업무이다.

(4) 회의관리

회의의 준비, 진행, 뒷마무리에 이르기까지 모든 과정을 보좌한다. 회의 안내장 및 안건 작성, 발송, 출석자 명단 작성, 회의 장소 선정 및 예약, 회의장 준비, 비품 및 기기 준비, 다과 및 식사에 대한 계획 및 집행, 회의 종료 후의 마무리, 회의록 작성, 배부, 회의 결과에 대한 피드백과 처리 등을 하는 업무이다.

(5) 커뮤니케이션 관리

상사와 조직원 중간에서 각종 커뮤니케이션을 원활하게 중재하는 업무로 결재 조정 업무, 업무 관련 보고하기, 메신저나 SNS로 수시 보고하기 등이 있다.

(6) 출장 관리

일정작성, 교통편 및 숙박편 예약, 방문처 연락, 해외 출장 시의 제반 서류 및 물품 준비, 출장 중의 업무 연락, 출장 경비 정산 등을 처리한다. 조직에 따라 총무부서나 다른 부서에서 항공권 구입과 호텔 예약 등의 업무를 처리하고 비서는 제한적인 범위 내에서 업무를 수행하기도 한다.

(7) 경조사 관리

경조사 정보의 수집 및 확인 연락, 상사를 대리한 각종 경조사 업무 처리, 경조사 관련 서비스 주문, 사내 직원 및 관련 외부인에게 경조사 업무 연락 및 처리를 요청하기도 한다.

(8) 문서 관리

다양한 형태의 문서를 작성하고 배포한다. 효과적인 파일링시스템을 이용하여 문서를 저장하고 일정기간 경과 후 폐기하기까지 전 과정을 관리한다. 또한 우편물 및 기타 문서를 수신하고 발송한다.

(9) 정보 관리

신문 스크랩, 정보검색 · 가공 · 저장, 전화번호 및 인적사항, 상사 업무 관련 자료, 카탈로그 등 각종 형태의 정보를 효과적으로 관리한다. 뿐만 아니라 상사의 스마트 기기를 관리하기도 한다.

(10) 사무환경 관리

상사의 집무실 및 비서실 환경 정비 및 정리, 비품 청구 및 준비, 조명, 방음, 공기 조절, 사무가구 구입 및 배치 등 효과적인 업무 처리를 위한 환경을 관리한다.

(11) 행사 관리

회사에 각종 내 · 외부 행사를 관리하는 총무부서가 있기도 하나, 규모가 작은 회사일 경우에는 비서실에서 행사를 관리하는 경우도 있다. 행사 기획에서 집행, 의전, 평가에 이르기까지 전 과정을 관련 직원이나 조직들과 협조하여 원활히 돌아가도록 관리한다.

(12) 경리 · 회계

회사 전체의 경리 · 회계 업무를 처리하기보다는 상사나 비서실과 관련된 회계 업무를 수행하기도 한다. 각종 영수증과 카드 사용 기록을 꼼꼼히 챙기고 금전 거래에 있어 작은 액수라도 집행에 차액이 생기지 않도록 유의하고 정확하게 기록해 두도록 한다.

(13) 상사 신상보좌

상사 신상보좌 업무는 상사의 직위가 올라갈수록, 전문경영인 보다 오너(owner)경영인 즉 회사를 소유하고 있는 최고경영자일수록 이 업무의 비중이 높아진다. 상사의 네트워크 관리에서부터 가족 · 친지 모임지원 · 건강관리하기 등 업무의 영역이 매우 넓다.

(14) 기타

조직의 성격과 규모에 따라 비서가 인사, 경영지원, 홍보, 고객관리 등 다양한 분야의 일을 동시에 담당하기도 한다.

4. 비서의 경력경로

1) 수습비서(Junior secretary)

수습비서는 일반적으로 6개월 정도의 근무경력이 필요하다. 주요 직무내용은 상사와 직원 혹은 경영자와 고객을 연결해주는 중재자로서 역할을 담당하여, 서류복사, 내방객 응대, 우편물 수 · 발신과 회의실, 사무실 관리, 문서의 타이핑, 전화의 연결 등을 주로 수행한다.

2) 비서(Secretary)

비서는 수습비서를 거쳐 선임비서 단계 전에 2년 정도를 근무하게 되며, 이 수준에서 수행하게 되는 구체적인 직무내용은 다음과 같다.

1. 응대업무로는 전화업무를 담당하며, 방문객을 응대하고, 적합한 담당자에게 선별해서 안내한다.

2 사무환경 및 비품정리 업무를 담당한다.

3 일정관리 업무로서 약속일정을 잡거나 재확인한다.

4 출장관련 업무로서 상사의 출장준비에 필요한 출장일정표 타이핑, 숙박 및 교통수단 예약, 여행경비 보고서를 작성한다.

5 회의관련 업무로서 회의준비를 위한 자료복사, 회의일정 준비, 회의장소의 예약을 한다.

6 문서관련 업무로서 작성된 초안을 보고 문서형식에 맞게 타이핑하며, 컴퓨터에 자료를 입력한다. 문서를 분류, 이관, 보관, 폐기를 담당하는 등의 다양한 업무를 수행한다.

3) 선임비서(Senior secretary)

이 단계는 비서 단계와 수석비서 단계 전에 4년 정도를 근무하게 되며, 전 단계의 정형적인 비서 업무를 포함하여 상사의 구체적인 지시가 없이도 주체적으로 상사의 의도를 파악하여 적절한 대응을 할 수 있는 능력이 요구된다.

4) 수석비서(Chief secretary)

이 단계는 기업경영에 바쁜 상사 대신에 시간과 자원의 제약을 고려하면서 효율적으로 처리하는 능력, 복잡한 상황이 첨가된 문제의 해결책을 고안해내는 능력, 상사의 폭넓은 인맥과 활동범위를 파악해서 적절한 대처를 할 수 있는 능력, 미지의 불확정된 요소를 포함한 경영방침을 이해하고 항상 관심을 갖고 정보 입수에 노력하는 창조적 주체성 등의 자질이 요구된다.

5) 수석보좌역(Executive Assistant)

이 단계는 비서의 경력경로의 최종단계로서의 적어도 10년 이상의 비서업무 경력이 있어야 하며, 회사의 경영관리에 관련된 전문적 지식과 고도의 IT 트렌드 지식과 커뮤니케이션 능력을 갖추고 조직 전체의 움직임을 파악하여 상황판단을 할 수 있는 능력이 필요하다.

또한 외국어에 능통함은 물론 국제화된 경제조직 속에서 경영활동에 참여하기 위해서 어학실력 이외에 여러 문화와 관련된 지식이 필요하다. 또한 조직의 전문분야 및 특화된 분야에 대한 특별한 지식을 다루는 고도의 전문성이 요구된다.

〈표 1-2〉 비서직의 경력경로

근무기관	경력경로
↕ 관리자, 최고경영층으로 승진할 때까지	수석보좌역(Executive Assistant)
↕ 4년	수석비서(Chief secretary)
↕ 4년	선임비서(Senior secretary)
↕ 2년	비서(Secretary)
↕ 6개월	수습비서(Junior secretary)

읽을거리

메모의 기술

1. 효율적인 메모를 위한 기본 법칙

- 언제 어디서든 메모한다.

순간순간 습득하는 정보나 아이디어 등을 언제 어디서든 메모할 수 있도록 자신에게 편한 메모 도구부터 구비한다. 작은 수첩, 스마트폰, 태블릿 등 본인이 편한 것을 선택하고, 메모하는 습관이 들지 않았다면 하루 중 일정 시간을 메모하는 데 할애한다.

- 한 장에 한 가지 주제만 쓴다.

한 장에 여러 가지 내용을 적으면 헷갈리기 쉽고, 양면을 모두 사용하면 무심결에 중요한 정보를 놓칠 수도 있다. 한 장에 한 가지 주제로 한 면만 쓰면 추후 사안별로 분류하거나 보존하기도 쉽다.

- 중요 사항은 눈에 띄게 하라.

중요한 사항에 밑줄을 긋거나 동그라미를 치는 것, 형광펜을 사용해 강조하는 등 특별한 표시를 해두는 것이 좋다. 전화-T, 미팅-M, 메일-@ 등 자신만이 알 수 있는 기호나 암호를 활용하는 것도 메모 효율을 높이는 방법이다.

- 데이터베이스를 구축하라.

일정과 약속을 점검하기 위해 썼던 단순한 메모는 역할이 끝나면 폐기해도 좋지만, 회의 내용이나 기획 아이디어 등을 기록한 메모는 주제별로 정리해서 남겨둔다. 어떤 형태로든 기록이 쌓이면 효력을 발휘할 날이 온다.

- 여러 권을 사용하지 않는다.

메모할 분야가 여러 개라고 해서 여러 메모 도구를 가지고 다닐 필요가 없다. 한 가지 도구를 사용하고 분야별 구분을 철저히 한다.

2. 목적과 상황에 따른 메모법

- 업무 일정을 작성할 때

직장에서 하루의 일과를 정리하고 기록하는 것이 목적이라면 연, 월, 일 표시가 있는 스케줄러를 고르는 것이 좋다. 월별 주요 행사나 회의 일정을 기록하고, 주 단위로 해야 할 업무를 적는다. 또 세세한 하루 업무를 메모할 때는 접착용 메모지만큼 유용한 도구도 없다. 한 장에 한 가지 업무를 우선순위에 따라 작성한 후 A4 용지나 보드판 등 잘 보이는 곳에 붙여 놓는다. 순서대로 일이 끝날 때마다 접착용 메모지를 하나씩 떼어내면 성취감과 만족감도 느낄 수 있다.

- 회의나 세미나를 할 때

회의나 협상을 할 때는 노트를 준비하는 것이 유용하다. 참가자별 한 장씩 페이지를 할애하고 각자 발표한 의견과 반론 의견을 메모하면 회의 후 발언자별 안건과 그에 따른 의견 등을 한눈에 알아볼 수 있다. 세미나에 참여했다면 별도의 메모장보다는 주최 측의 배포 자료에 메모하는 것이 좋다. 차후 보고서를 정리할 때 자료와 메모가 한 곳에 있어 기억이 쉽고 이해도 빠르다.

- 걷거나 이동 중일 때

걷거나 차 안에 있어 필기하기 어려울 때는 스마트폰의 녹음 기능을 사용하는 것이 좋다. 녹음 후 제목을 붙이는 것도 잊지 말아야 한다. 또한 스마트폰의 카메라 역시 좋은 메모 도구다. 필기가 불가능한 상황에 중요한 정보를 사진으로 찍어 두면 외근 뒤 기억을 되살리는 데 유용하다.

자료 : 현대모비스 사보(2017.4)

비서의 이해

1. 비서개념의 역사적 변천

1) 서구에서의 비서개념의 역사

비서직의 유래는 인류의 역사와 더불어 부족사회의 형성부터라고 할 수 있다. 6000년 전에 고대 이집트의 왕 측근에서 왕의 치적을 기록하는 관직이 있었으며, 기원전 3000년경에는 이집트의 클레오파트라 여왕에게 디오메데스(Diomedes)라는 남성 비서가 있었다고 한다.

근대적 의미에 있어서는 15세기 영국 왕실에서 왕이 서신과 문서를 담당하던 관리를 'secretary'라고 하였으며, 산업혁명 이후 사기업이 대거 출현함으로써 비서는 보편적인 직업이 되었다.

미국에서 여성 비서의 등장은 1868년 크리스토퍼 숄즈(Christopher Sholes)가 타자기를 발명하여 레밍톤 회사에서 상품화하고, 뒤이어 1880년에 여성취업의 길을 트기 위해 뉴욕에서 YMCA가 여성에게 타이핑 교습을 시작하면서 시작되었다. 이 과정을 졸업한 학생들을 사회에서 많이 필요로 하자, 많은 여성들이 곧 타자원(typist)기술이 취업하기에 적절하다는 것을 알게 되었다. 따라서 다양한 곳에서 사무학교가 열리게 되었고, 비서 현대까지 지속적으로 발전해오고 있다.

2) 우리나라에서의 비서의 역사[1)]

(1) 보조기능론 : 1950-1980년대 이전

① 비서에 대한 사회적 인식과 기능

이 시대에 비서에 대한 사회적 인식은 'adjutant'혹은 'adjunct'로 정의할 수 있다.[2)] 본래 adjutant 혹은 adjunct secretary는 일반적으로 수행비서로 인식하지만, 본 책에서는 보조적 기능에 국한된 제한적 비서기능론을 의미한다. 부관적 비서의 기능론은 단순 업무보조의 역할로써 현대적 의미에 있어서 비서의 보좌를 통하여 CEO의 경쟁력 제고에 어떻게 기여되는지에 대한 존재론 혹은 기능론에 대한 인식이 부족한 단계를 의미하고자 한다. 다시 말하면, 이 시기에 비서의 기능(機能 function)은 기능(技能 skill)이다. 단순한 업무 보조로서 여비서와 경리를 같은 직업으로 간주하는 사회적 인식이 보편적이었으며, 주산이나 부기, 속기, 타자 및 텔렉스 기능자 등의 기능적 숙련성을 요구 기대하였던 시기이다(조계숙, 1997).

---

1) 박상규. (2014). 비서개념의 역사적 분석. 비서 · 사무경영연구, 23(2), 27-50. 인용 후 본 저자가 수정 · 보완

2) 부관적 비서 정도로 번역되는 'adjutant' or 'adjunct'를 "'adjutant' or 'adjunct'=secretary"로 등식화하는 논리는 다음과 같다. 홍순호의 연구(1981)에 따르면, 1970년대의 비서에 대한 상(image)을 묘사한 바는 비서업무가 상식론에 불과하고, 처리하는 업무내용들이 대학출신의 비서들이 담당하는 전문비서직이라고 설명하기 어렵다는 것이다. 따라서 비서학이 독립학문으로서 발전하는데 중요한 것이 고정된 연구중심영역과 상황적 주변영역을 가져야 하는데, 비서학의 경우 개념을 설정하는데 요구되는 중심영역이 존재하지 못하다는 것은 비서학의 비구조화, 비체계화의 수준에서 벗어나지 못하여 학문성이 미진함을 꼬집고 있다.

1968년 이화여자대학교의 비서학과가 신설될 때 학과를 소개한 내용을 보면, 비서학과는 근대사회에 있어서 고도의 산업경영과 각 방면에 전문적 지식 기술을 요하는 시대적 요청에 대응하여 창설되었으며, 그 당시에 비서학과가 지향했던 것은 전문적인 행정 및 관리의 실무자로서 보좌적 기능을 담당하는 유능한 비서를 양성하고자 하는 것이었다(조현정 외, 2013). 그러나 이와 같은 비서학과 창설 배경은 그 당시의 측면이라기보다는 미래 지향성의 그것으로 이해할 수 있겠다.

당시의 비서직에 대한 시대적인 인식은 기업체에 전문비서의 보좌를 위한 제도적인 체계화가 미흡하고, 경영관리층들은 여성비서직을 적극적으로 활용함으로써 스스로의 업무효율화와 경영생산성 극대화에 도움을 받을 수 있다는 믿음이 부족한 것으로 분석되고 있다(장윤희, 1994). 동일한 내용의 또 다른 연구는 유연숙(1978)의 것인 바, 그에 따르면 우리나라 경영인들의 비서관에 점차적으로 현대적인 합리성이 도입되고 있음에도 불구하고 현직비서들이 수행하고 있는 업무내용은 전문직으로서의 비서의 직능과는 거리감이 있다. 현직비서들에게 주어지는 주된 업무내용은 전화응대, 내방객 응대와 같은 가사적인 업무 그리고 사무기술면에서 약간의 타자나 서류정리 정도의 업무에 국한되어 있으며, 경영상 의사결정과정에의 참여 같은 임무는 거의 부여되지 않았다는 것이다(유연숙, 1978: 41).

② 비서의 개념

이 시기의 비서 기능론을 개념화한다면 일반적으로 비서학 교과서에 서술된 비서의 개념이 전형적이라고 보여진다. 물론 비서학 교과서에 정의된 비서 개념에 대한 추가적은 설명은 비서의 역할론과 비서기능의 전문성에 대한 역사적 변천을 담고 설명하고는 있지만, 정의된 비서 개념 자체만으로는 이런 발전적 개념을 포괄하지 못한 상태로 본다. 이와 같은 현상은 당연히 비서에 대한 사회적 인식이 전문화되고 체계적인 교육학습과정이 요청되는 그것으로서 비서학에 대한 인식을 기대하기 어렵다. 이는 사전에서 정의하고 있는 비서의 개념을 살펴보면 이해할 수 있다.

새우리말 큰사전에서는 "요직에 있는 사람의 곁에 있으면서 기밀문서나 사무를 다루는 직무 또는 그런 구실을 하는 사람"으로, 국어사전에는 "일부 중요한 직위에 있는 사람에게 직속되어 있으면서 사무를 맡아보는 직위 또는 그 직위에 있는 사람"으로 정의되고 있다. 한편, 옥스퍼드 사전에는 "비서란 상사를 보좌하기 위해 고용된 사람으로 통신 업무를 담당하고 사무를 수행하는데 필요한 자료를 수집하여 정보를 제공하며 기밀에 관한 문제를 취급한다"로, 웹스터사전에는 "비서란 어떤 조직이나 개인을 위하여 기록을 보관 · 관리하며, 통신문(correspondence)의 취급 및 사무(writing works)를 수행하기 위해 고용된 사람 혹은 위 업무를 담당하는 공무원 또는 정부기관의 부서를 책임지는 관리"로 정의되고 있다(조계숙 · 최애경, 2007; 홍순이, 2013). 따라서 이러한 개념 정의는 이 시기 이후의 전문성을 갖춘 비서, 그리고 리더(leader)와 팔로워(follower), 리더십(leadership)과 팔로워십(followership)을 하나의 패키지(package)로 인식하고 비서를 상사의 협력자(collaborator)로 인식하는 현대적 비서의 개념을 함의하는 데에는 제한적이라는 생각이다.

(2) 보좌론 : 1990년대 전후

① 비서에 대한 사회적 인식과 기능

1990년대 들어서면서 정보기술의 발달은 비서업무에 많은 변화를 가져왔다. 크게는 업무의 내용이 획기적으로 바뀌었다기보다는 업무수행 방법의 변화를 초래하여 과거에 비하여 사무자동화로 인한 비서업무 수행방식의 변화가 있었다. 다른 한편으로는 기업환경의 변화와 관리방식의 변화로 인하여 비서업무의 질적 변화이다. 즉 비서의 업무가 과거의 그것에 비하여 관리층에게 유용한 경영정보 제공의 역할이 기술적으로 가능해짐에 따라 역할범위가 확대되어진 것이다(신국희, 1997).

이 기간 동안 비서직에 대한 전반적인 인식 및 상황의 변화에 대한 선행연구 내용을 보면, 1990 년대 초반까지도 경영자들에게 비서직 인식은 그리 높지 않다. 즉 비서의 전문보좌능력 혹은 인식이 정립되지 않음으로써 기업 내 상사보좌를 전문적으로 하는 비서직이 있는 기업보다 없는 기업이 훨씬 많았을 정도이다. 그러나 1990년대 들어 경영의 글로벌화에 따른 시장규모 확대 및 디지털경영추세의 전이로 경영층의 비서직에 대한 인식이 달라지기 시작한다. 1990년대 경영관리자들을 대상으로 비서직에 대한 인식을 분석한 결과에 따르면, 기업의 관리층은 비서직을 전문직으로 인식하고 있으며, 관리자들이 방대한 업무 중에 Staff 성격의 과업에 대한 보좌를 비서로부터 기꺼이 받고자 하는 인식과 사고를 가지게 된 시기라고 파악되고 있다(장윤희, 1994). 즉 경영층들이 비서직을 전문직으로 인식하고 비서에 대한 시각이 Staff으로 인식되며 전문적인 보좌를 받는 것을 기대하기 시작한 것이다(조계숙 · 장윤희, 1997).

위에서 살펴 본 바와 같이 90년대의 경영환경은 지식경영이라 한다면, 이 시기에 비서역할에 대한 선행연구에 의하면, 지식경영이 강조되는 시기에 비서역할에 대한 경영층의 기대는 정보관리자로서 비서역할을 기대하고 있다. 다시 말하면, 경영층은 비서도 당연히 지식근로자(knowledge worker)로서 이는 지식활용자로서의 역할을 강조한 것이다(유승혜, 2002).

② 비서의 개념

미국관리협회(American Management Association)에서 비서를 "shadow executive"라고 부른다. 비서를 관리층의 그림자처럼 보좌역을 수행하는 것을 의미하는 것이다. 따라서 비서를 '관리자의 인격의 연장'이라고 하는 것도 비서의 행동은 곧 관리자를 위한 것이기 때문이다(홍순호, 1981: 18). 이 시기에 적합한 비서의 기능과 역할은 '보좌'(staff)로 이해한다. 합리적으로 조직화 체계화가 되어 있는 공 · 사조직의 장의 비서로서 주요정책, 경영계획 및 의사결정과정에 참여하는 비서직을 총칭하는 것이다. 즉 장의 보좌역으로서의 역할을 강조하고 의미하는 것이다(홍순호, 1981).이 때의 비서는 CEO의 업무효율성 향상과 비서의 역할의 관계함수에 대한 인식이 이루어지며, 전문능력의 보좌로써 그것이 가능케 되는 것으로 인식한다. 이에 요청되는 기능은 보좌적 기능이며 이를 위해서 기술(technology) 능력이 요청되는 것이다. 일반적으로 기술이란 어떤 문제 해결에 적용하는 지적인 기법이나 절차로 이해할 때 이는 전문성을 의미하는 것이다. 이러한 측면을 종합할 때, 비서의 개념은 IAAP에서 정의한 비서의 개념이 적합하다고 보여진다. 그들은 비서의 개념을 "An executive assistant who possesses a mastery of office skills, demonstrates the ability to assume responsibility without direct supervision, exercises initiative and judgement, and makes decisions within the scope of assigned authority"로 정의하고 있다(조계숙 · 최애경, 2007:11-12. 재인용). 즉, 비서는 사무기술의 숙련성을 가지고, 직접적인 관리감독없이도 책임성을 떠맡는 능력이 있으며, 상황판단능력으로 선제적인 대응역량을 발휘하며, 부여된 권한의 범주 내에서 의사결정을 하는 경영진의 보좌인인 것이다.

(3) Followership론: 2000-2015년

① 비서에 대한 사회적 인식과 기능

21세기 들어서면서 경영학 분야에서는 이미 조직 구성원에 대한 인식의 지평이 달라졌다. 즉 인간의 목적적 존재로서의 의미와 가치, 인간의 주체의식, 자유의지 등에 대한 인식이 이 시기의 경영학의 패러다임이다. 이러한 시대적 정신은 조직의 비서에 대한 인식도 달라지고 있음을 그리고 달라져야 함을 주장할 필요가 있다. 역사적으로는 18세기 계몽주의의 영향으로 주체의식의 향상과 20세기에 들어서 IT혁명으로 지식과 정보의 접근 및 공유 가능성의 확대는 리더에서 팔로워, 그리고 리더십에서 팔로워십으로 중심이동이 이루지고 있다(Kellerman, 2008; Kellerman, 2012; 신인철, 2011).

팔로워에 대한 연구가 그 동안 부진했던 이유는 팔로워를 주어진 것으로 전제하고 그들을 동기부여하고 영향력을 행사하는 리더에게 초점이 맞추어진 것이 사실이다. 팔로워의 역할과 비중이 크다는 사실을 입증한다기보다는 그동안 리더의 역할, 또는 리더십의 그늘 속에 감추어져 있었던 팔로워의 역할과 비중, 팔로워십에 대한 관심을 가져야 한다는 인식의 전환이 이루어지는 것이다. 이에 따라 리더십이나 팔로워십은 분리될 수 없는 하나의 상관적 관계에서 접근을 하고 이해되는 추세에 있다고 보아진다. 따라서 리더와 팔로워는 상호 독립적으로 존재하는 것이 아니라 리더십의 효과성이 발휘되기 위해서는 리더십과 팔로워십은 일방적 관계가 아니고 쌍방적 협렵적 관계가 형성되는 것이다. 따라서 리더의 방침이나 정책에 대하여 팔로워들의 적극적이며 내면적인 동의와 수용이 요청된다. 그러므로 이제는 팔로워들의 수용과 동의를 무조건적으로 전제할 수 있는 성격, 혹은 문제로 인식하지 말고 팔로워들의 리더에 대한 동의와 수용을 극대화하기 위하여 팔로워에 대한 인식을 제대로 할 필요가 있다는 것이다(박상규, 2008). 로스트(Rost)는 21세기 사회에서는 리더십과 팔로워십을 독립적인 것으로 이해하는 것은 시대착오적 개념설정이며, 따라서 리더십과 팔로워십은 협력적인 리더십(collaborative leadership)으로 대체되어야 하며, 그러므로 팔로워의 다른 이름은 협력자(collaborator)가 되어야 한다고 주장한다(Rost, 2008: 김영수, 2008).

리더십과 팔로워십은 상하관계라기 보다는 조직의 목표를 달성하기 위하여 상호 영향을 주고 받는 쌍방향적 동역학관계(two way dynamics)이며 상호의존적(interdependent), 상호인과적(mutual causality)관계인 것이다. 팔로워 및 팔로워십론이 특히 비서에게 있어서 핵심적인 역량으로 이해되어야 한다는 논리가 제기되고 있다(박상규, 2008; 김영수, 2008; 변민경, 2013).

② 비서의 개념

사회적 의식의 변화와 IT의 발달은 팔로워, 즉 비서들의 위상과 존재성이 상사를 보좌하는 동반자 역할을 수행하는 것으로 인식의 대전환이 이루어지고 있다. 21세기에 요청되는 비서의 자질은 경영학의 패러다임에서 보는 바와 같이 '주체'의 의식이 심층적으로 다루어지고 관심을 받는 다는 것이다. 즉 앞서 1990년대의 비서의 개념과 21세기의 비서의 개념 간 차이는 수행하는 업무 및 직무내용은 큰 차이가 존재하지 않으나, 업무를 대하는 의식과 자세의 문제는 다르다. 다시 말하면, 비서의 목적론적 존재성에 대한 이해가 상사와 비서간의 내면화된 가치로 배태되어 있다는 것이다. 이러한 인식을 바탕으로 비서는 최고관리층의 역할과 업무를 보좌하여 상사의 의사결정이나 상황판단에 도움을 줄 수 있는 follower 혹은 partner로서의 역할을 하는 것이며 이는 전문비서로의 위상을 자리매김하는 것이다. 이제 전문비서는 상사의 인격의 연장으로서 상사와 비서의 관계는 협력자, 동반자관계로 발전하게 된 것으로 보아야 한다(김영수, 2008).

〈표 2-1〉 시대 · 사회적 변화에 따른 비서개념의 변천

시기 및 사회적 배경	경영 패러다임	비서에 대한 인식
1950~1980 – 산업화초기 경제 – 노동 자본 요소투입의 효율성 – Capitalism1.0과 2.0의 대체	책무 commitment	– Adjutant / adjunct – 외부수요에 대한 수동적 대응 –"CEO의 경쟁력에 어떻게 연결되는지에 대한 성찰의 부재
1990~2000 – 글로벌 경제시대 –"지식 · 정보의 노동과 자본 등 생산요소와 결합 – Capitalism3.0	참여 participation	– Staff – 이익공유(profits-sharing) –"CEO의 업무효율성 제고와 비서 역할의 연계 인식 – CEO-Sec 관계함수 인식
2000~2015 – 글로벌 경제침체 – 사회적불평등 구조심화 – Capitalism4.0	주체 subject	– Follower/Partner – 가치공유(value-sharing) –"CEO-Sec 관계 및 목적함수식 : 상호호혜성 인식 –"비서의 목적함수가 CEO의 그것과 정방향정렬 정의

2. 비서직의 현황

1) 4차 산업혁명의 도래

기원전 3500년 전 고대 사람들이 무거운 물건을 쉽게 옮기기 위해 나무 조각 3개를 엮은 '바퀴'[3]를 만들지 않았다면, 지금의 자동차는 존재하지 않았을지도 모른다. 벨(Alexander Graham Bell)이 최초의 실용적인 전화기를 발명하지 않았다면 오늘날의 스마트폰은 존재하지 않고 여전히 파발마나 횃불을 통해 장거리 의사소통을 했을지도 모른다. 이렇게 인류 역사 변

3) 통나무를 원판모양으로 잘라 만든 것이 최초의 바퀴라고 할 수 있으나, 메소포타미아 문명의 수메르 인들은 기원전 3500년경에 나무판자 세 조각을 구리못으로 연결하여 만든 바퀴가 현재 바퀴형태의 시초(잭 첼로너, 2010).

화의 중심에는 새로운 기술의 등장과 기술적 혁신이 자리하고 있었고, 새로운 기술의 등장은 단순히 기술적 변화에 그치지 않고 전 세계의 사회 및 경제구조에 큰 변화를 일으켰다. 기술적 혁신과 이로 인해 일어난 사회 · 경제적 큰 변화가 나타난 시기를 우리는 '산업혁명'[4)]이라고 부르고 있다.

먼저, 산업혁명의 역사적 전개는 [그림 2-1]에 정리된 것과 같다.

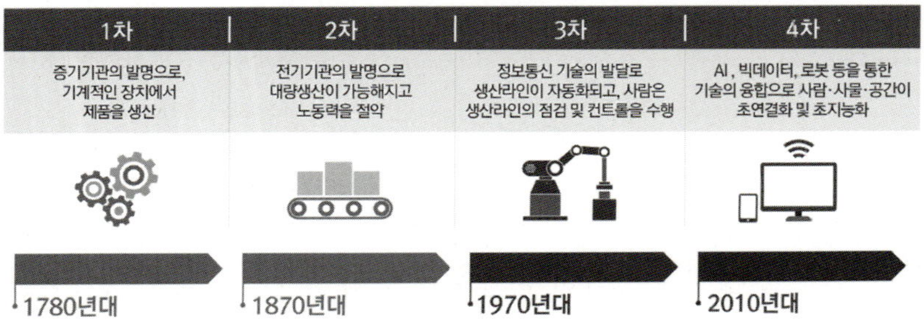

출처: 미래창조과학부, 한국과학기술기획평가원, 「이슈분석: 4차 산업혁명과 일자리의 미래」, 2016. 3. 28, 1쪽.

[그림 2-1] 기술적 혁신과 산업혁명의 시계열

증기기관이 발명되며 1780년대에 1차 산업혁명이 시작되었다. 이로 인해 사람의 수작업 대신 기계를 이용해 제품을 생산하는 길이 열렸다. 나아가 증기기관차는 지역과 지역을 연결하는 수단이 되었다. 발전기와 전동기가 발명되면서 1870년대에는 2차 산업혁명이 일어났다. 석탄 산지로부터 멀리 떨어진 곳에도 전기에너지를 공급받아 공장을 가동할 수 있게 되고, 분업과 기계화에 기초한 대량생산 시스템이 확산되었다. 이에 따라 사람들은 더욱 질 좋고 저렴해진 재화를 풍부하게 공급받을 수 있게 되었다.

4) '산업혁명' 단어는 '아널드 토인비'가 「Lectures on the Industrial Revolution of the Eighteenth Century in England」에서 처음 사용하였고, 그는 기술적 혁신은 한 순간에 나타난 격변적인 현상이 아니라 그 이전부터 진행되어온 점진적이고 연속적인 기술혁신의 과정으로 보고 있다.

이 시기에는 자동차, 유선전화, 텔레비전이 도입되며 국가 내의 연결성을 높일 수 있었다. 3차 산업혁명은 1970년대부터 반도체, 컴퓨터, 인터넷 등 정보통신기술(ICT)이 도입되면서 일어났다. 이를 이용하여 노동집약적 작업이 이루어지던 생산 시스템이 자동화될 수 있었다. 또한, 인터넷, 이동통신 등을 통해 세계가 하나로 연결되는 기반이 마련되었다. 2010년대 들어 여러 기기가 지능화되고, 만물이 집약적으로 연결되는 새로운 문명사적 변화가 나타나기 시작했다. 특히 사물인터넷(IoT), 빅데이터(Big Data), 클라우드 컴퓨팅(Cloud Computing), 모바일(Mobile), 인공지능(AI) 등 지능정보기술이 다른 분야와 융합하며 변화의 속도가 더욱 빨라지고 있다. 또한, 인터넷이 등장하며 형성된 가상공간이 실제공간과 결합하며, 사람-사물-공간이 고도로 연결되고 단순한 정보 축적을 넘어 지능화가 이루어지기 시작했다. 지난 2016년 1월 다보스 포럼(WEF; World Economic Forum)에서 논의된 '4차 산업혁명'이 의미하는 것이 바로 이것이다. WEF는 『The Future of Jobs』 보고서를 통해 제4차 산업혁명이 근 미래에 도래할 것이고, 변화의 물결이 생각보다 가까이 다가와 광범위한 측면에서 전망하고 있다. 또한 제4차 산업혁명을 '디지털 혁명(제3차 산업혁명)에 기반 하여 물리적 공간, 디지털적 공간 및 생물학적 공간의 경계가 희석되는 기술융합의 시대'라고 정의하면서, 사이버물리 시스템(CPS; Cyber-Physical System)에 기반 한 제4차 산업혁명은 전 세계의 산업구조 및 시장경제 모델에 커다란 영향을 미칠 것으로 예상하였다. 이는 기존에는 분리되어 있던 물리적 · 가상적 · 생물학적 영역들이 융합되면서 새로운 역사가 만들어지고 있는 것이다.

한편, 앞서 살펴본 산업혁명을 과학기술적 사건(Events)으로 보는 것은 매우 최근에 발생하였다. [그림 2-2]에서 볼 수 있듯이 인류의 기술발전 속도에 대하여도 접근해보자. 최초의 인류인 '호모 사피엔스'가 등장한 시기가 20만 년 전에서 7, 8만 년 전이고, 농경중심의 사회에서 현대 사회로의 첫 번째 전환점이라고 할 수 있는 제1차 산업혁명이 약 200여 년 전에 발생했다는 점은 우리 사회가 매우 짧은 시간동안 발전하고 변화하였다는 것을 보여준다. 또한 현대사회로 진입할수록 새로운 기술과 기술적 혁신이 나타나는 주기가 극단적으로 빨라졌으며, 기술의 파급속도도 급격하게 빨라지고 있다. 1876년 벨(Bell)이 발명한 유선 전화기의 보급률이 10%에서 90%로 도달하는데 걸린 기간이 73년이었으나, 1990년대에 상용화된 인터넷이 확산되는데 걸린 시간은 20년에 불과했고, 휴대전화가 대중화되는 기간이 14년이라는 점은 기술발전의 속도와 더불어 기술의 파급력이 급진적으로 빠르다는 점을 보여주고 있다. 즉 새로운 기술이 등장하고 기술적 혁신이 나타나는 주기가 점차 짧아지며, 그 영향력은 더욱 커지고 있다는 것이다([그림 2-2] 참조).

현재 진행 중인 이러한 변화는 몇 가지 측면에서 이전과 다르다. 첫째, 과거의 산업혁명이 기계가 인간의 육체노동을 대체하는 과정이었다면, 앞으로는 인간의 지적 능력까지 대체할 수 있을 것이다. 둘째, 지금까지는 사람 간의 연결성이 강화되어왔다면, 앞으로는 사람-사물 간, 사물-사물 간 연결성이 총체적으로 강화될 것이다. 셋째, 지금까지 변화가 실제공간을 중심으로 일어났다면, 앞으로는 실제공간이 가상공간과 결합하여 변화가 가속될 것이다. 이러한 변화는 기술의 차원을 넘어 경제와 사회에 근본적인 지각변동을 몰고 올 것으로 예상된다.

특히 주목할 만 한 점은 4차 산업혁명이 가져올 변화가 공급 측면의 생산 영역에만 그치지 않는다는 것이다. 그 여파는 수요 측면의 소비, 심지어 개인의 일상생활에까지 미쳐 '지능정보사회'로의 전환을 가속시킬 것으로 예상된다.

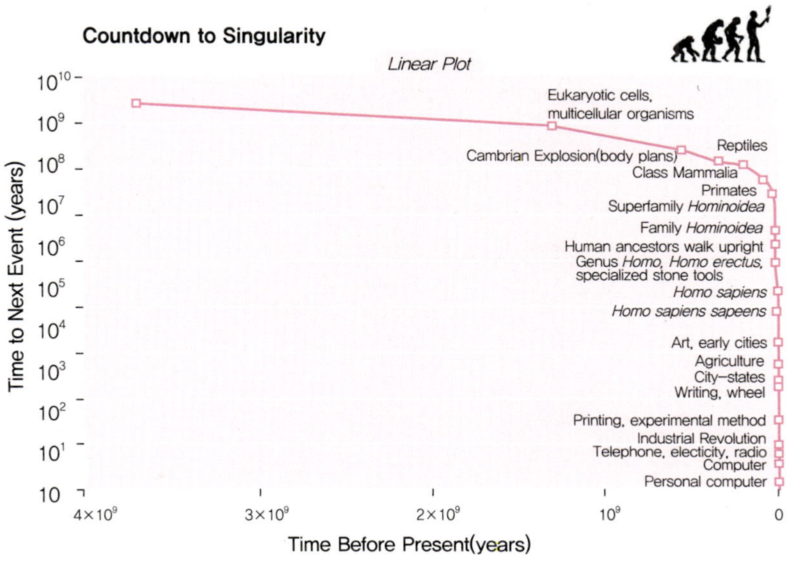

출처: Ray Kurzweil(2006), The Singularity Is Near.

[그림 2-2] 인류의 기술 발전 속도

2) 제4차 산업혁명, 그리고 미래사회 변화

(1) 제4차 산업혁명의 특징

제4차 산업혁명은 '초연결성(Hyper-Connected)', '초지능화(Hyper-Intelligent)의 특성을 가지고 있고, 이를 통해 "모든 것이 상호 연결되고 보다 지능화된 사회로 변화"시킬 것이다.

우리 사회는 이미 '초연결 사회'로 진입하고 있다. 사물인터넷(IoT), 클라우드 등 정보통신기술(ICT)의 급진적 발전과 확산은 인간과 인간, 인간과 사물, 사물과 사물 간의 연결성을 기하급수적으로 확대시키고 있고, 이를 통해 '초연결성'이 강화되고 있다. 2020년까지 인터넷 플랫폼 가입자가

30억 명에 이를 것이고 500억 개의 스마트 디바이스로 인해 상호 간 네트워킹이 강화될 것이라는 전망은 초연결사회로의 진입을 암시하고 있다(삼성증권, 2016). 또한 인터넷과 연결된 사물(Internet-connected objsects)의 수가 2015년 182억 개에서 2020년 501억 개로 증가하고, M2M(Machine to Machine, 사물-사물) 시장 규모도 2015년 5조2000억 원에서 2020년 16조 5000억 원 규모로 성장할 것으로 전망되고 있다. 이러한 시장 전망은 '초연결성'이 제4차 산업혁명이 도래하는 미래사회에서 가장 중요한 특성임을 보여주고 있다([그림 2-3] 참조).

또한 제4차 산업혁명은 '초지능화'라는 특성이 존재한다. 즉 제4차 산업혁명의 주요 변화 동인인 인공지능(A.I.)과 빅데이터의 연계 및 융합으로 인해 기술 및 산업구조가 '초지능화'된다는 것이다. 2016년 3월 이미 우리는 '초지능화'사회로 진입하고 있음을 경험하였다. 인간 '이세돌'과 인공지능 컴퓨터 '알파고(Alphago)'와의 바둑 대결이 그것이다. 바둑판 위의 수많은 경우의 수와 인간의 직관 등을 고려할 때 인간이 우세할 것이라는 전망과 달리 '알파고'의 승리는 사람들에게 충격으로 다가왔다. 이 대결은 '초지능화'사회의 시작을 알리는 단초가 되었고, 많은 사람들이 인공지능과 미래사회 변화에 대해 관심을 갖기 시작했다. 사실 2011년에도 이미 인공지능과 인간과의 대결이 있었다. 미국 ABC 방송국의 인기 퀴즈쇼인 '제퍼디!(Jeopardy!)'에서 인간과 IBM의 인공지능 컴퓨터 왓슨(Watson)과의 퀴즈 대결이 있었는데, 최종 라운드에서 왓슨은 인간을 압도적인 차이로 따돌리며 우승하였다. 이 대결은 인공지능 컴퓨터가 계산도구에서 벗어나 인간의 언어로 된 질문을 이해하고 해답을 도출하는 수준까지 도달했음을 보여주는 사례로 회자되고 있다.

산업시장에서도 딥 러닝(Deep Learning) 등 기계학습과 빅데이터에 기반을 둔 인공지능과 관련된 시장이 급성장할 것으로 전망되고 있다. 트렉

티카 보고서에 따르면 인공지능 시스템 시장은 2015년 2억 달러 수준에서 2024년 111억 달러 수준으로 급성장할 것으로 예측되고 있고(Tractica, 2015), 인공지능이 탑재된 스마트 머신의 시장 규모가 2024년 412억 달러 규모가 될 것으로 보고 있다(BCC Research, 2014). 이러한 기술발전 속도와 시장성장 규모는 '초지능화'가 제4차 산업혁명 시대의 또 하나의 특성이라는 점을 말해주고 있다.

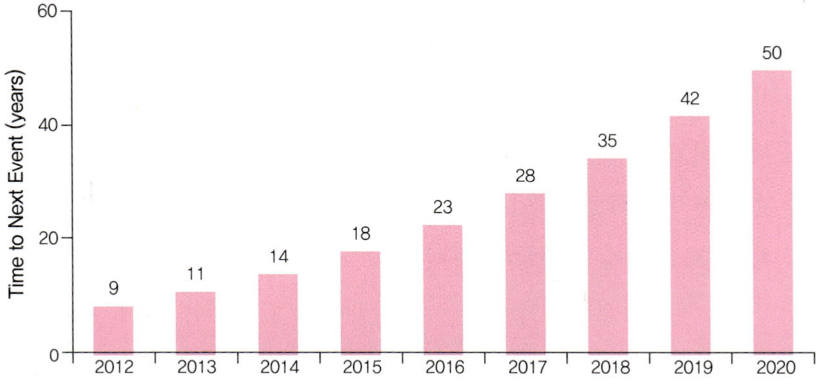

출처: The Internet of Everything in Motion(Cisco 2013)

[그림 2-3] 인터넷과 연결된 사물(Connected objects)의 수 증가

(2) 제4차 산업혁명에 따른 미래사회 변화

많은 미래학자들과 전망 보고서들은 제4차 산업혁명에 따른 미래사회 변화가 크게 기술 · 산업구조, 고용구조 그리고 직무역량 등 세 가지 측면에서 나타날 것으로 예측하고 있다. 앞서 언급하였듯이 미래사회 변화는 기술의 발전에 따른 생산성 향상 등 긍정적인 변화도 존재하는 반면, 일자리 감소 등과 같은 부정적인 변화도 존재한다. 따라서 미래사회의 다양한 변화를 면밀하게 살펴봄으로써 우리는 보다 현실적이고 타당한 대응 방안

을 모색할 수 있을 것이다.

우선 기술 · 산업적 측면에서 제4차 산업혁명은 기술 및 산업 간 융합을 통해 "산업구조를 변화"시키고 "새로운 스마트 비즈니스 모델을 창출"시킬 것으로 판단된다. 제4차 산업혁명의 특성인 '초연결성'과 '초지능화'는 사이버물리시스템(CSP)기반의 스마트 팩토리(Smart Factory) 등과 같은 새로운 구조의 산업생태계를 만들고 있다. 예를 들어 사이버물리시스템은 생산과정의 주체를 바꾸게 되는데, 기존에는 부품 · 제품을 만드는 기계설비가 생산과정의 주체였다면 이제는 부품 · 제품이 주체가 되어 기계설비의 서비스를 받아가며 스스로 생산과정을 거치는 형태의 산업구조로 변화한다는 것이다. 이로 인해 이미 제조업 분야에서 인간의 노동력 필요성이 점차 낮아지고 있어 "리쇼어링(Reshoring)"[5] 현상이 나타나는 등 산업생태계가 변화하기 시작했다. 이러한 변화가 반영하듯 보스톤컨설팅그룹(BCG)은 2013년 보고서에서 미국이 다시 생산기지로 적합해지고 있다고 진단하였다. 이미 제너럴일렉트릭(GE, General Electric Corp.)은 세탁기와 냉장고, 난방기 제조공장을 중국에서 켄터키 주(州)로 이전하였고, 구글(Google)도 미디어 플레이어인 넥서스Q를 캘리포니아 주(州) 세너제이에 만들고 있다. 그리고 독일은 2011년 제조업의 혁신과 부흥을 위해 정보통신기술(ICT)와 제조업을 융합하여 사이버물리스템 기반의 '인더스트리 4.0(Industry 4.0)'전략을 선제적으로 추진하고 있다.

또한 사물인터넷(IoT) 및 클라우드 등 '초연결성'에 기반을 둔 플랫폼 기술의 발전으로 O2O(Online to Offline)등 새로운 '스마트 비즈니스 모델'이 등장할 것이다. 공유경제(Sharing Economy) 및 온디맨드경제(On Demand Economy)의 부상은 소비자 경험 및 데이터 중심의 서비스 및 새로운 형태의 산업

---

5) 리쇼어링(Reshoring)은 해외에 나가 있는 자국기업들을 각종 세제혜택이나 규제완화 등을 통해 자국으로 불러들이는 정책으로, 기존 싼 인건비나 판매시장을 찾아 해외로 생산 공장을 설치하는 '오프쇼어링(Offshoring)의 반대 개념

간 협업 등으로 이어지고, 정보통신기술(ICT)과 '초연결성'에 기반 한 새로운 스마트 비즈니스 모델이 등장시킬 것으로 전망되고 있다. 또한 제4차 산업혁명의 주요 변화 동인이자 기술 분야인 빅데이터, 사물인터넷, 인공지능 및 자율주행자동차 등의 기술개발 수준 및 주기를 고려할 때 향후 본격적 상용화로 인해 새로운 시장이 나타날 것으로 예상하고 있다.

두 번째로 제4차 산업혁명으로 인해 "고용구조의 변화"가 나타날 것이다. 즉, 제4차 산업혁명을 야기하는 과학기술적 주요 변화 동인이 미래사회의 고용구조인 일자리 지형을 변화시킬 것으로 전망되고 있는 것이다. 특히 자동화 기술 및 컴퓨터 연산기술의 향상 등은 단순·반복적인 사무행정직이나 저숙련(Low-skills) 업무와 관련된 일자리에 직접적으로 영향을 미쳐 고용률을 감소시킬 것으로 예측되고 있다. 옥스퍼드 대학(Oxford Univ.)의 Martin School은 컴퓨터화 및 자동화로 인해 미래에 사라질 가능성이 높은 직업에 대한 연구를 수행하였는데, 현재 직업의 47%가 20년 이내에 사라질 가능성이 높은 것으로 도출되었다. 특히 텔레마케터, 도서관 사서, 회계사 및 택시기사 등의 단순·반복적인 업무와 관련된 직업들이 자동화 기술로 인해 사라질 것으로 전망하고 있다(Oxford Univ. 2013). 호주는 노동시장의 39.6%(약 5만 명의 노동인력)가 수십 년 내 컴퓨터에 의해 대체 될 것으로 예상하고 있고, 그 중 18.4%는 업무에서의 역할이 완전히 사라질 가능성이 높을 것으로 보고 있다(CEDA, 2015).

독일 제조업 분야에서는 기계가 인간의 업무를 대체함에 따라 생산부문 120,000개(부문 내 4%), 품질관리부문 20,000개(부문 내 8%) 및 유지부문 10,000개(부문 내 7%)의 일자리가 감소하고 생산계획부문의 반복형 인지업무(Routine cognitive work)도 20,000개 이상의 일자리가 사라질 것으로 예측되고 있고, 이러한 현상은 2025년 이후 더욱 가속화 될 것으로 전망되고 있다(Boston Consulting Group, 2015). 미국의 경우에도 인공지능, 첨단로봇 등 물리적/지적 업무의 자동화로 인해 대부분 업무의 특정 부분이 자동화될 것으로 보고 있다. 구체적으로는 저숙련 및 저임금 노동인력이 수행하는 단순 업무와 더불어 재무관리자, 의사, 고위간부 등 고숙련 고임금 직업의 상당수도 자동화되어, 인간이 하는 업무의 45%가 자동화될 것으로 전망되고 있다(Mckinsey, 2016).

그러나 일자리 지형 변화와 관련하여 부정적인 전망만 있는 것은 아니다. 제4차 산업혁명과 관련된 기술 직군 및 산업분야에서 새로운 일자리가 등장하고, 고숙련(High-skilled) 노동자에 대한 수요가 증가할 것이라는 예측도 존재한다. 특히 산업계에서는 인공지능, 3D 프린팅, 빅데이터 및 산업로봇 등 제4차 산업혁명의 주요 변화 동인과 관련성이 높은 기술 분야에서 200만개의 새로운 일자리가 창출되고, 그 중 65%는 신생직업이 될 것이라는 전망도 있다(GE, 2016). 또한 독일 제조업 분야 내 노동력의 수요는 대부분 IT와 S/W 개발 분야에서 경쟁력을 가진 노동자를 대상으로 나타날 것이고, 특히 IT 및 데이터 통합 분야의 일자리 수는 110,000개(약 96%)가 증가하고, 인공지능과 로봇 배치의 일반화로 인해 로봇 코디네이터 등 관련 분야 일자리가 40,000개 증가 할 것으로 전망되고 있다(Boston Consulting Group, 2015).

마지막으로 제4차 산업혁명에 따른 기술 · 산업 측면의 변화와 일자리 지형의 변화는 여기에서 멈추지 않고 고용 인력의 "직무역량(Skills & Abilities) 변화"에 영향을 미치고 있다. WEF 보고서에 따르면 제4차 산업혁명은 고용 인력이 직무역량 안정성(Skills Stability)에도 영향을 미치고, 산업분야가 요구하는 주요 능력 및 역량에도 변화가 생겨 '복합문제 해결능력(Complex Problem Solving Skills)'및 '인지능력'등에 대한 요구가 높아질 것으로 전망되고 있다(WEF, 2016)(〈표 2-2〉 참조).

〈표 2-2〉 산업분야별 요구 직무역량 변화 전망(2015-2020)

구분(%)		복합문제 해결능력	사회적 능력	공정 능력	체계적 능력	자원관리 능력	기술적 능력	인지 역량	콘텐츠 능력	신체적 역량
기초/인프라	현재	42	17	10	22	21	25	10	6	–
	2020	33	17	19	26	15	20	19	13	–
소비자	현재	28	26	21	28	38	20	13	–	–
	2020	31	27	22	25	35	18	25	–	–
에너지	현재	49	27	24	24	29	29	–	–	–
	2020	38	28	29	18	24	22	–	–	–
금융서비스	현재	35	32	36	23	20	5	15	22	–
	2020	39	23	34	22	20	16	23	24	–
보건	현재	35	30	25	–	–	–	35	–	–
	2020	36	28	36	–	–	–	36	–	–
정보통신기술	현재	36	20	26	26	16	22	20	19	–
	2020	46	19	25	24	19	20	23	18	–
미디어	현재	–	27	27	–	28	–	–	–	–
	2020	–	32	31	–	32	–	–	–	–
이동수단	현재	32	22	18	16	26	26	11	22	–
	2020	24	20	22	23	28	21	27	28	–
전문서비스	현재	35	26	37	16	24	19	19	11	–
	2020	38	24	29	16	29	18	22	15	–
평균	현재	36	20	18	16	14	14	11	10	5
	2020	36	19	18	17	13	12	15	10	4

출처: The Future of Jobs(WEF, 2016)

다수의 전망 보고서에서도 '컴퓨터/IT' 및 'STEM(Science, Technology, Engineering, Mathematics)'분야의 지식이 효율적인 업무수행을 위해 필요함을 강조하고 있다(Oxford Univ., 2016). 특히 미국 제조업계에서는 2018년까지 전체 일자리의 63%가 STEM 분야의 교육 이수를 요구하고, 첨단제조 분야의 15% 이상이 STEM 관련 고급학위(석사 이상)를 필요로 할 것으로 전망하고 있다(GE, 2016). 또한 미래사회의 고용 인력은 새로운 역할과 환경에 적응할 수 있는 유연성과 더불어 지속적인 학제간 학습(Interdisciplinary Learning)이 필요하고, 다양한 하드스킬(Hard Skills)을 활용할 수 있어야 한다고 말하고 있다. 로봇이나 기계를 다루는 전문적인 직업 노하우를 정보통신기술(ICT)과 접목할 수 있는 역량과 더불어 다양한 지식의 활용을 기반으로 소프트스킬(Soft Skills)이 미래사회에서 더욱 중요한 역량이 될 것으로 보고 있다(Boston Consulting Group, 2015).

직무역량과 더불어 자동화 또는 인공지능 등 기술 및 기계의 발전으로 노동력이 대체되더라도 창의성 및 혁신성 등과 같은 인간만의 주요 능력 및 영역은 자동화되지 않을 것으로 전망되고 있다. Mckinsey는 미국 내 800개 직업을 대상으로 업무활동의 자동화 가능성을 분석한 결과, 800개 중 5% 만이 자동화 기술로 대체되고 2,000개 업무 활동 중 45%만이 자동화 될 것으로 분석하고 있다. 그리고 인간이 수행하는 업무 중 창의력을 요구하는 업무(전체 업무의 4%)와 감정을 인지하는 업무(전체업무의 29%)는 자동화되기 어려울 것으로 보고 있다(Mckinsey, 2015).

다양한 미래 전망보고서들이 제시하고 있는 제4차 산업혁명에 따른 미래사회 변화를 종합 · 분석해보면, 제4차 산업혁명은 '기술 · 산업구조'및 '고용구조'와 같이 사회 외적인 측면에만 영향을 미치는 것뿐만 아니라 '역량'이라는 사회 내적인 측면이자 인간 개개인의 특성에도 영향을 미치고 있음을 알 수 있다. 이는 미래사회 변화에 대비하기 위해서 사회 외적인 측면에서의 대응과 사회 내적인 측면에서의 대응이 병행되어야 함을 의미한다.

3) 인공지능 비서의 동향 및 전망

인공지능 비서란 한 개인을 위해 인공지능 기술과 첨단기술의 결합으로 사용자의 언어를 이해하고 사용자가 원하는 지시사항을 수행할 수 있는 소프트웨어 대리인(software agent)이다(김회민, 2016).

최초 인공지능 비서는 2011년 애플(Apple)이 개발한 '시리(Siri)'로 초기에는 음성인식률이 낮아 활용도가 높지 않았지만, 재차 업그레이드를 통해 그 기능이 점차 발전되어 현재는 간단한 정보검색, 문자메시지 작성, 전화 통화에 이어 우버(Uber) 택시까지 호출할 수 있게 되었다(한경 경제용어 사전, 2017). 시리와 같이 휴대폰 기반의 인공지능 비서로 마이크로소프트(Microsoft)의 '코타나(Cortana)', 구글(Google)의 '구글 어시스턴트(Google Assistant)'가 출시되어 상용화되어 있다.

또한, 일반 스피커의 형태로 인공지능 비서 서비스를 제공하고 있는 것으로는 아마존(Amazon)에서 출시한 '알렉사(Alexa)', 구글(Google)의 홈(Home) 등이 있다. 국내에서 제공하고 있는 인공지능 비서로는 SKT의 인공지능 스피커 '누구(Nugu)', KT 인공지능TV '기가 지니(GiGa Genie)', 삼성 휴대폰 내에 탑재된 빅스비(Bixby), 국내 포털 사이트 네이버(Naver)의 '클로바(Clova)', 카카오(Kakao)의 경우 음성인식 시스템인 '뉴톤(Newtone)'을 개발하여, 현재 카카오앱, 카카오 내비 등에 뉴톤이 탑재되어 있으며 이후 다른 앱에도 이를 확대 적용할 예정에 있다.

이들 국내 제품은 외국어를 사용해야 하는 해외 제품에 비해 한국어로 명령을 하여 서비스를 제공받을 수 있다는 점에서 큰 이점이 있다. 이들 인공지능 비서는 핸즈프리 전화 연결, 문자 작성 및 전송, 일정관리, 정보 검색 등의 비즈니스 관련기능, 뉴스 및 라디오 재생, 음악 재생, 스포츠 정보, 오디오책 등 여가 관련 기능, 물품 구매, 은행 서비스, 택시 예약 등과 같은 생활 관련 기능 등을 제공하고 있다(박경옥, 2017).

2019년에는 시리, 알렉사, 구글 어시스턴트 같은 인공지능 음성비서의 활용이 늘어날 뿐 아니라 이용자들이 유용성을 실감하며 서비스에 대한 만족과 의존이 높아질 것이다. 일정 관리, 택시 예약, 여행지 안내, 음식 주문 등을 통해 데이터가 누적되면서 인공지능 음성비서는 사용자의 습관과 행동을 더욱 잘 이해하게 된다. 빅데이터를 통해 사람의 일상 언어를 음성비서가 더욱 잘 이해하게 됨에 따라, 인간과 기계 사이의 언어를 통한 소통은 더욱 늘어나게 될 것이다.

인공지능 비서가 수행할 수 있는 비서의 직무는 앞서 언급된 그들의 기능에서도 예측되듯 꽤 다양하다. '일정관리', '전화응대', '커뮤니케이션', '회의업무', '출장업무', '행사업무', '문서관리', '사무환경 및 물품관리', '개인신상 보좌업무'등 비서의 다양한 직무를 수행할 수 있다(박경옥, 2017). 다만 '회계업무'나 '인사 · 교육 · 경영 관련업무', '응대업무'(대만 아수스(Asus)에서 개발한 젠보(Zenbo) 인공지능 로봇을 제외할 경우) 등에 대해서만 아직 그들이 수행할 수 없는 영역이다. 매우 민감한 정보를 다루어야 하거나 유동성이 요구되는 업무에 대해서는 아직은 그들의 수행영역 밖이다. 즉, 현재 인공지능 비서는 다양한 직무를 선보이고 있으나 복잡하고 까다로운 업무, 회사 내 기밀업무를 수행해 나가기에는 아직 역부족 이어서, 초기 비서의 개념인 단순 업무보조자로서 일반 비서가 수행해야 하는 기본 직무 역량에도 미치지 못하고 있다.

3. 비서의 역할

(1) 조직 구성원으로서의 역할

대외적으로 비서는 업무수행을 할 때 자신의 직위에 비해 비교적 높은 직위의 사람들과 접촉이 많으므로 조직의 문화와 풍토를 대외적으로 나타내는 창구가 될 수 있다. 그러므로 비서는 기업의 이미지와 조직의 신용도를 높이기 위한 노력을 기울여야 한다.

또한 조직 내에서 비서는 분담된 직무를 수행함과 동시에 원활한 인간관계를 형성하려는 노력이 필요하다. 함께 일하는 동료와 협조하고, 후

배를 지도함으로써 올바른 인간관계를 형성할 때 원활한 업무처리를 할 수 있다.

(2) 직무상의 역할

비서의 직무는 경영자 혹은 관리자가 목표를 달성할 수 있도록 상사를 보좌하는 것이다. 비서는 관리자로 하여금 잡다한 업무로부터 벗어나 본연의 업무에 열중할 수 있도록 업무의 능률화를 조성해야 하는데, 여기서 비서의 활동범위는 관리자의 활동 범위와 밀접한 관계가 있다. 관리자의 활동 범위가 크면 클수록 관리자는 비서에게 자신의 업무를 위임함으로써 시간과 업무의 부담을 줄일 것이다. 유능한 관리자일수록 비서와 상호보완적으로 업무관계를 맺고 자기 본연의 업무 능률을 극대화시킴으로써 조직성과에 기여할 수 있다.

(3) 변화된 비서의 역할

과거 비서의 역할은 단순한 서류정리, 예약 등 상사의 일상적인 업무와 잡무를 대행하는 것이었다. 그러나 점차 기업이 국제화 · 전문화 되어가고 특히 최근 들어서 많은 조직에서 중간관리층이 줄어드는 대신 비서의 역할과 기능이 확대되고 있다. 즉 상사를 보좌하는 업무뿐만 아니라 사무관리자, 즉 오피스 매니저로서의 역할을 요구받는 것이다.

현대 조직에서 관리자를 보좌하는 비서는 경영환경에 영향을 미치는 사회의 여러 가지 변화의 흐름을 잘 파악하고 기업조직의 전문화 · 국제화 추세에 적응하며, 상사가 정보이용의 극대화를 통해 업무수행을 효과적으로 할 수 있도록 시대 상황에 부응한 전문비서로서의 역할 수행이 절실하게 요구되고 있다.

또한 현대사회에서는 스텝으로서의 역할을 비서에게 기대하고 있으며,

관리직능의 전문화가 스텝으로서의 비서의 역할을 촉진시키고 있다. 스텝으로서의 비서는 모든 라인부문의 능력을 최대로 발휘하도록 조언 · 조력하며, 상사의 업무를 위임받아 상사를 잡다한 여러 업무로부터 해방시키는 상사의 인격 및 능력의 연장이라 할 수 있다.

수많은 정보의 홍수 속에서 보다 효과적이고 체계적인 전문비서의 활용을 통하여 최고고위층을 비롯한 경영 관리층이 보다 효율적인 경영활동을 할 수 있다면 기업의 목표달성에 일조를 담당하게 되는 것이다.

따라서 〈표 2-3〉에서 제시한 바와 같이 비서의 역할을 수행하기 위하여 꾸준히 자기 개발이 필요할 것이다.

〈표 2-3〉 비서의 역할

행정 관리자	상사가 중요한 의사결정 및 본연의 업무를 할 수 있도록 행정적 · 관리적 업무를 처리한다.
의사소통 전문가	각종 문서를 기안, 작성, 편집, 발송하며, 대내외에 의사소통의 통로로서 조정자 역할을 한다.
정보 관리자	전자파일, 데이터베이스 관리 등 각종 정보 및 자료를 관리하는 정보관리 책임자로서, 상사가 상황 판단이나 의사결정에 필요한 경제, 시장 혹은 동종업계 자료나 정보를 수집, 정리, 가공 및 축적하여 상사나 관련 정보 요청자에게 제공한다.
사무 관리자	중요 문서와 서식을 관리하기 위해 문서의 작성, 처리 및 보관을 규정화함으로써 문서관리 체계를 정비한다. 또한 업무의 능률을 높일 수 있도록 사무환경을 유지 · 관리하며, 업무를 좀 더 신속하고 정확하게 처리할 수 있는 방안, 또는 업무를 간소화할 수 있는 방안을 강구한다.
계획 관리자	업무의 마스터 플랜을 관할하고, 관련자들에게 마감일, 진척 상황등을 알려주며, 상사의 스케쥴 계획, 관리한다. 회의 일정 작성, 의제계획, 일정에 따른 출장 및 면담 관리의 제반 업무와 회의에서 토의된 사항에 대한 사후조치 등 모든 사람들의 시간을 최대한 효과적으로 사용할 수 있도록 조정하는 역할이다. 상사의 업무량을 조절하고 처리해야 할 일에 대해 상사의 지시를 바탕으로 직원들을 독려하며 중요 지시사항을 전달한다.

인간관계 관리자	조직 내에서 의사 전달의 통로로서 조직 내 상황을 상부에 정확히 알림과 동시에 상부의 입장과 의사를 하부에 전달하는 역할을 한다.
상사 업무 파트너	상사의 사내의 여러 이슈(issue)에 대해 조언한다.
촉진자	조직 전체의 관점에서 상사와 관련된 업무 혹은 회사의 중요한 업무가 각 부서 간에 원활하게 이루어지도록 중간에서 조정하고 업무를 촉진시킨다.
홍보 관리자	기업의 이해관계자들에게 기업을 홍보하거나 이미지 제고에 노력하며, 상사와 조직의 이미지를 대표하는 역할을 수행한다.

자료: 조계숙, 최애경(2014), 비서실무론, 대영문화사

비서들의 역할인지를 높이고, 이로 인해 그들의 역할 수행을 보다 효율적으로 향상시킬 수 있는 방안을 제시하면 다음과 같다.

첫째, 조직적 차원에서 비서들의 자긍심 및 직무만족을 위한 관리가 요구된다. 비서들은 비서직에 대한 자긍심이 높을수록 업무에서의 솔선수범과 충성심 그리고 자기계발에 대한 인지가 높게 나타나기 때문이다. 따라서 비서들의 역할에 대한 인지가 보다 효율적인 업무수행에 대한 의지로 연결될 수 있도록 비서들의 자긍심을 높여주고 직무에 대한 만족감을 높일 수 있도록 조직 차원의 관리가 요구되고 있다. 그러나 비서직의 자긍심을 향상시킬 수 있는 관리방안은 한 조직 내에서만 관리될 수 있는 차원의 것은 아니며 모든 조직에서의 관리와 나아가 사회 전반적인 차원에서 비서직에 대한 인식개선이 병행되어야 할 것이다.

둘째, 특히 상사는 비서들에게 직무에 대한 자율성을 적절하게 부여하며, 비서들의 의견이나 건의도 업무에 반영시켜 주면서 그들과의 의사소통을 원활히 행함으로써 비서직의 역할인지 정도 및 업무수행 결과를 높일 수 있도록 하는 관계개선이 요구된다.

셋째, 비서들은 개인적 차원에서 더 높은 책임감을 갖고 업무수행능력 계발을 위한 자기계발에 더 많은 노력을 기울여 비서로서의 업무수행을 효

율적으로 진행할 수 있도록 하는 자기관리도 요구된다.

4. 국가직무능력표준(NCS)의 비서업무

비서가 일반적으로 수행하는 업무는 경영진 지원업무, 경영환경 동향분석, 경영진 일정관리, 출장관리, 응대업무, 보고업무, 경영진 문서작성관리, 회의의전관리, 비서 사무정보관리, 경영진 예결산 관리, 비서영어 회화업무, 영문서 지원업무 등이 있으며, 이를 기반으로 비서직에 대한 국가직무능력표준(National Competency Standards; NCS)은 2013년 12월에 개발 완료하였으며, 2014년에는 NCS에서 따른 학습모듈을 개발하였다. 2016년 일부 학습모듈이 개정되었다. 비서직무의 능력단위는 총 12개로 구성되었으며, 각각 3~5개의 능력단위요소를 포함하여 총 44개의 능력단위요소를 확인할 수 있다.

〈표 2-4〉 국가직무능력표준(NCS) 비서직무의 능력단위 및 능력단위 요소

능력단위		능력단위 정의	능력단위 요소
1	경영진 지원업무	경영진이 본연의 업무에 최대한 전념할 수 있도록 사무 환경을 정비하고 경영진과 관련된 정보와 일상적인 업무를 효율적으로 지원할 수 있다.	경영진 출퇴근 업무 지원하기
			사무 환경 관리하기
			경영진의 신상 정보 관리하기
			명함 관리하기
			경조사 관련 업무
2	경영환경 동향분석	비서는 조직의 내외부 경영 환경을 분석하여 상사에게 제공함으로써 상사의 업무 효율성을 높일 수 있다.	조직 내부 환경 파악하기
			조직 외부 환경 파악하기
			경영진 동향 분석하기
3	경영진 일정관리	상사의 일정을 계획하고 일정에 따른 인적 · 물적 자원, 시간을 효율적으로 활용할 수 있도록 지원할 수 있다.	경영진 일정 계획 및 조율하기
			경영진 일정표 작성하기

3	경영진 일정관리	상사의 일정을 계획하고 일정에 따른 인적 · 물적 자원, 시간을 효율적으로 활용할 수 있도록 지원할 수 있다.	예약 업무하기
4	출장관리	경영진의 출장 계획과 준비를 하고 출장 업무가 성공적으로 이루어질 수 있도록 지원할 수 있다.	경영진 출장 전 준비하기
			경영진 출장 중 업무하기
			경영진 출장 후 업무하기
5	응대업무	전화와 내방객을 경영진의 상황에 따라 맞이하고 선별대응하여 업무를 지원할 수 있다.	경영진 전화연결
			경영진부재 중 응대
			내방객 응대 준비
			내방객 선별 · 응대
			내방객 방문 후 업무
6	보고업무	경영진의 지시 사항과 필요 사항을 정확하게 파악하여 보고할 수 있다.	경영진의 업무 지시 받기
			메시지 전달하기
			경영진에게 보고하기
7	경영진 문서작성 관리	문서의 사용 목적에 따라 필요한 자료를 수집하고 적절한 형식과 내용을 갖추어 문서를 작성한 후 관리할 수 있다.	문서 기획하기
			문서 작성하기
			문서 관리하기
			전자 문서 관리하기
8	회의 의전관리	경영진과 관련된 각종 회의 개최와 참석을 지원하고 의전을 수행할 수 있다.	회의 기획하기
			회의 지원하기
			회의 종료 후 업무하기
			의전 업무하기
9	비서 사무정보 관리	상사 보좌에 필요한 각종 사무 정보를 검색, 수집, 활용하고 정보 기기 관리와 보안을 유지할 수 있다.	정보 검색하기
			정보 기기 활용 및 관리하기
			정보 보안 유지하기
10	영문서 지원업무	영어 · 외국어 능력을 통하여 영문서 관련 업무를 지원할 수 있다.	수신 영문서 내용 파악하기
			영문서 작성업무 지원하기
			비즈니스 영문서 작성하기

11	경영진 예결산관리	경영진과 비서실 내에서 필요한 경비를 계획하고 운영관리 할 수 있다.	비서실 예산 운영 관리하기
			경비 처리하기
			회계 관리 시스템을 활용하여 경비 관리하기
12	비서영어 회화업무	국제화 시대에 요구되는 영어 · 외국어 표현을 구사하여 원활한 구두 커뮤니케이션을 통해 비서업무를 수행할 수 있다.	외국어 전화 응대하기
			외국인 내방객 응대하기
			일정에 따른 예약하기
			업무 보고하기

5. 비서 채용 시 비서자격 우선순위 분석

비서 채용시 고려되는 비서의 자격조건에 대한 우선순위를 살펴보면, 깔끔하고 단정한 이미지를 가진 자, 예의범절을 갖춘 자, 간결하고 확실한 의사표현이 가능한 자, 전화 및 손님 응대를 능숙하게 하는 자, 영문 이메일 작성이 가능하고 기본적인 영어회화가 가능한 자, 장기 근속이 가능한 자 순으로 중요하게 고려된다. 또한 직무에 대한 기술적 역량 이외에도 비서로서의 이미지와 태도, 커뮤니케이션 능력이 중요함을 확인할 수 있다.

〈표 2-5〉 비서 채용시 우선순위 능력

No.	내용	1순위	2순위
1	깔끔하고 단정한 이미지인가?	12	0
2	피면접자로서의 태도는 공손한가?	3	4
3	예의범절이 몸에 배어 있는가?	11	0
4	바른 생활습관 및 태도를 지니고 있는가?	6	5
5	가정환경은 어떠한가?	2	3
6	사회봉사경력은 있는가?	0	3
7	기본적인 영어회화(전화/손님응대, 영문이메일 작성 등)가 가능한가?	5	7

8	질의 응답 시 본인의 의사표현을 간결하고 확실하게 전달하는가?	7	4
9	조직구성원으로서 융화가 용이해 보이는가?	4	6
10	업무처리 시 순발력 또는 융통성이 있어 보이는가?	4	6
11	장기근속이 가능한 것으로 보이는가?	4	7
12	학력 및 전공은 적합한가?	1	1
13	지원자의 나이는 적절한가?	0	4
14	어학 및 기타 자격증 취득조건을 충족하는가?	0	4
15	비서 교육과정을 이수하였는가?	1	6

이러한 결과는 비서로서 보여지는 차분한 이미지와 공손하고 예의 바른 태도를 몸에 익히고, 커뮤니케이션 능력을 갖추는 것이 현장에서 비서에게 요구하는 가장 중요한 자질이라는 사실을 알 수 있다. 밝고 긍정적인 이미지를 부각하고, 상사나 조직 구성원들과의 원활한 커뮤니케이션 능력으로 함께 일하고 싶은 보좌관의 면모를 갖추며, 더불어 기본적인 영어회화나 응대업무의 자질까지 갖춘다면 비서 채용 면접 시 좋은 결과를 얻을 수 있다. 또한 입직 후에도 위의 우선순위로 언급된 능력들을 발전시켜 나간다면 비서직무를 보다 견고히 할 수 있을 것이다.

비서채용시 우선순위 능력으로 주목해야 할 사항으로는 비서 교육과정을 이수하였는지의 여부를 물어본 내용이다. 향후 비서 채용과정에서 체계적인 비서 요구 역량과 최신의 비서 관련 이슈를 학습하는 것이 중요한 능력으로 부상될 것을 예측해볼 수 있다.

6. 비서직의 과제와 전망

현대의 전문비서는 의사결정 차원에서 중요한 위치를 담당하고 있다. 지금까지의 비서에 대한 인식은 크게 두 가지의 형태로 구분할 수 있다.

첫째, 상사의 업무를 직접 보좌 → 상사의 대리 → 참모형 비서

둘째, 상사의 업무를 간접 보좌 → 상사의 신변 잡무 담당 → 부관형 비서

바람직한 비서는 위의 두 가지를 모두 겸비해야 한다. 지금까지 참모형 비서는 비서실장이나 비서과장이 하는 업무였으며, 부관형 비서는 주로 잡무를 처리하는 경우가 많았다. 그러나 현실을 감안하여 볼 때 이 두 가지를 병행하는 전문비서가 급증하고 있는 것은 매우 고무적이라 할 수 있다. 더욱이 비서직에 근무하는 사람도 기업 내에서 경력의 사다리를 올라갈 수 있는 기회가 열려 있으며, 다른 기업의 더 나은 자리를 찾아서 이동하는 것도 자연스럽다.

따라서 비서와 연관된 교육프로그램은 단순히 비서직에서 구체적으로 요구되는 직무에 한정된 교육내용을 중심으로 할 것이 아니라, 비즈니스 세계에서 필요로 하는 전반적인 직무능력을 바탕으로 특별히 비서직에 요구되는 직무능력을 심화하는 접근이 바람직할 것이다.

현대 비서에게는 관리자의 책임이었던 관리적인 업무에 더 많은 역할을 수행해야 되는 시대로 변화하고 있다. 즉 새로운 기술의 발달은 비서와 상사 간의 업무와 책임의 분담을 다시 정의하도록 만들고 있다. 그리고 어제의 비서는 상사의 사무실과 상사의 업무를 관리하는 경영자가 됨으로써 급속히 보좌역(assistant)으로 변신하고 있다.

미국의 500대 기업에 대한 포춘지의 조사결과에 따르면, 최고 보좌역이 기업 내에서 수많은 중요활동과 근로자들의 기능을 조정하는 경우가 흔한 것으로 나타났다. 최고 보좌역의 서비스는 상사에게 필수적이며, 대기업의 최고경영자들은 자신들의 최고 보좌역의 활동과 중요하게 연계되어 있다고 응답하였다.

더욱이 4차 산업혁명 시대에 변화되는 비서의 역량을 살펴보면, "IT trend 지식"이 가장 중요하게 요구될 것으로 나타났다. 현재 시대 비서에

게는 사무관리 능력을 갖추는 것이 큰 경쟁력이 되지만, 4차 산업혁명 시대에는 IT 분야에 대한 지식 습득과 관심의 필요성이 증대될 것으로 보인다. 기술면에서는 현재 시대에는 "경청기술"이 비서에게 가장 중요한 역량으로 나타났으나, 4차 산업혁명 시대에는 "돌발 상황 대처능력"이 가장 중요할 것으로 나타났다. 태도면에서는 "서비스 정신"과"센스"가 현대시대에 중요하게 요구되는 역량이었고, 4차 산업혁명 시대에도 역시 "센스"가 가장 중요한 역량으로 나타났다. 비서에게 센스란 정보와 상황에 대한 종합적인 판단을 기준으로 상사나 고객이 요청하지 않아도 필요로 하는 사항을 미리 예측하고 확인할 수 있는 능력이며, 필요한 사항을 상황과 시기에 맞춰 준비하는 것이 센스 있는 비서라고 말할 수 있다.

또한 "경영환경동향분석", "응대업무", "회의의전관리업무"는 4차 산업혁명 시대에 잔존할 비서 직무로 나타났다. 이러한 직무의 성격은 다양한 자료의 정보를 사용한 복잡한 업무와 사람의 생각과 마음을 이해하는 공감기능을 많이 필요로 한다. 또한 단순 반복적이지 않고 상황과 조건에 따라 변수가 많이 발생하는 직무이며 인간의 자발적인 의지로만 구현될 수 있다. 아울러 "인공지능 비서를 관리"하고 "인공지능 비서가 보고하는 내용 검열하기", "복잡한 피드백이 많이 요구되는 업무 처리하기"는 4차 산업혁명시대의 비서에게 새롭게 추가될 직무로 확인 되었다. 이 직무는 4차 산업혁명 시대의 핵심 기술과 연계된 것이 특징이고, 즉각적이고 종합적인 상황 판단이 필요한 직무라고 할 수 있다. 4차 산업혁명 시대에는 단순 반복적이고 사람과 사람 사이의 응대가 필요 없는 비서 직무는 인공지능 비서에 의해 대체되고 소멸될 것이다. 그러나 복잡한 문제해결이나 피드백이 수반되어야 하는 직무, 사람에 의해 수행되어야 진심이 느껴지는 직무는 잔존하거나 강화될 것임을 알 수 있다.

결론적으로, 4차 산업시대의 핵심 기술이 도입되고 정착될수록 현재 비서가 하고 있는 기계적이고 단순 반복적인 성격의 직무는 인공지능 비서나 빅데이터와 같은 기술로 대체되어 사라질 것이다. 대신 상황과 조건에 따라 변수가 많이 발생하는 복잡한 성격의 직무와 높은 사회지능과 인간관계능력, 협상력 등을 필요로 하는 직무는 여전히 잔존할 것이다. 이러한 직무 변화 가능성을 반영하여 빅데이터와 관련된 데이터 마이닝 기술, 대인관계 능력, 문제해결능력을 배양하는 교육 과정을 포함하고 강화하는 개정이 필요할 것이다.

읽을거리

메타역량이 필요하다.

숙련이란 개인의 특성이라 볼 수 없다. 어떤 직무에 속한 것으로 해당 직무를 수행하는 노동자 집단의 특성이라 보는 것이 적합하다. 이는 특정한 직업에 내재한 것이며, 구체적인 일의 경험을 통해서 축적되는 것이다. 구체적으로 무슨 직무를, 어떻게, 얼마나, 어떤 맥락에서 수행했느냐에 따라 노동자 집단의 숙련성을 규정할 수 있다.

숙련과 달리 역량(competence)은 어떤 일을 감당할 수 있는 능력이라는 뜻으로 사용한다. 역량은 (가) 업무 수행 과정에서 나오는 구체적인 행동의 기초로서, (나) 상황 대응적이고 직무에 따라 특별하며, (다) 성과를 내는 동력이며, (라) 개발이 가능하다고 정의된다. 그리고 이는 측정할 수 있는 어떤 실체라고 가정된다. 역량은 구체적인 현장에서 발견할 수 있고, 고성과자들에게 공통적으로 발견되는 행동적 특성을 지배하는 배경이기도 하다.

따라서 역량에 대해 논의하면서 현장의 실천과 그로 인한 성과물에서 유리된 추상적 능력을 끌어 들이는 것은 적절하지 않다. 역량은 교육 가능한 것이기에 막연하게 경험을 통해서 습득되는 것이라고 가정해서도 곤란하다. 예를 들어, 인공지능 시대에 사무직 노동자에게 어떤 역량이 필요한가라고 질문한다면, 그 역량은 현장에서 구체적인 성과를 통해 확인 가능한 행위를 낳는 것이어야 한다.

사회의 변화속도가 빠르고, 노동자 집단의 숙련성은 도전 받고, 개인적 전문성은 폭이 좁다. 즉 맥락에 따라 유연하게 대응할 수 있는 능력을 길러야 한다는 것이다.

흔히 강력한 숙련을 통해 전문성을 얻을 수 있다고 한다. 특정한 직무를 수행하는 데 필요한 기술적인 숙련성을 길러서 전문가로 대접받을 수 있다는 이야기다. 그러나 전문성은 영역 제한적이라는 특성을 가지며, 폭이 좁다. 따라서 다양한 맥락에서 변용해서 활용할 수 있는 연성 숙련성이 중요하다. 연성 숙련성이란 상황과 맥락에 따라 자신의 직무를 변용할 수 있는 숙련성을 의미한다. 구체적인 상황들에 맞추어 변용할 수 있는 능력이 곧 역량이다. 동일한 역량일지라도 현장의 맥락이나 필요한 업무에 따라 다르게 정의되고, 요구되고, 또한 확인된다. 특히 연결과 자동화가 진행하는 시대에 맥락에 따라 직무를 변용해서 적응할 수 있는 맥락 중심의 역량 해석이 필요하다.

연결과 자동화 시대에 필요한 역량이란 영역에 제한된 지식의 집적이 아니라, 맥락에 따라 변동하는 요구에 적응하려는 동기에 의해 강화되는 것이다. 결국 역량에 대한 역량, 역량을 얻을 수 있는 역량을 생각해 봐야 한다. 일종의 메타역량이다. 이는 불확실성에 대처하는 능력, 학습과 성찰을 준비하는 능력, 그리고 역량에 대해 고민하는 역량을 의미한다. 우리는 메타역량을 이해하기 위한 하나의 개념 모형으로 장인(匠人, artisan)을 제시한다.

장인이란 일과 배움의 모범이 되는 사람을 지칭한다. 변화무쌍한 현대 사회에도 일하면서 배워가는 모범적인 인물이 있을 수 있는데, 그를 편의상 장인이라 부르자는 것이다. 현대 사회에서 장인이라고 부를 수 있을 만큼 성취한 사람들을 관찰해 보면, 우연히 일을 시작했다 하더라도, 성취를 이룩하기까지 몇 가지 특징적인 과정을 거친 사람들임을 알 수 있다.

결과만 놓고 보면, 장인은 어떤 분야에서든 누구도 쉽게 도전하기 어려운 최고의 전문성을 갖추어 창조적으로 일하는 사람을 지칭한다. 장인은 흔히 한 우물만 깊게 파는 외골수일 것처럼 보이지만, 실은 한 곳을 파면서 샘물을 발견하는 동시에 그 저변을 넓히는 사람이다. 자신이 찾은 우물이 왜 특별한지 주변에 알리고 공유하는 사람이기도 하다. 이런 베풂을 통해서 전문성을 인정받고 더욱 확장한다.

장인의 중요한 특징 중의 하나가 지속적인 노력이다. 미리 정한 목표에 도달해서 멈추거나 내려오는 사람이 아니라 더 높은 곳에 가려고 준비하고 노력하는 사람이다. 정상이 아니라 고원에 산다.

이런 장인의 이상적인 특성을 장인성(masterity)이라 개념화하고, 장인성 개념을 이용해서 메타역량을 이해해 볼 수 있다. 변화무쌍한 현대의 일터에서 필요한 역량이란 숙련성을 넘어선 것이며, 동시에 장인 정신이나 태도와 같은 추상적 정신성이 아니라 자신을 지속적으로 교육하는 장인성이라는 것이다. 이런 자기 갱신성이야 말로 연결과 자동화의 시대에 기업가, 노동자, 그리고 새롭게 일을 구하는 젊은이 모두에게 필요한 요소라 할 수 있다.

자료 : 서울대학교 언론정보연구소(2019.04.26), 일과 노동의 미래

읽을거리

비서자격시험

1) 소개

경영진의 업무를 보조하고 수행할 수 있는 전문 인력의 수요에 대응하고 그 능력을 객관적으로 검증하기 위하여 대한상공회의소[6]가 도입 시행하는 자격시험이다.

(1) 시험과목

등급	시험방법	시험과목	출제형태	시험시간
1급	필기 시험	비서실무 경영일반 사무영어 사무정보관리	객관식 80문항	80분
	실기 시험	워드프로세서, 컴퓨터활용능력, 한글속기, 전산회계운용사 종목 중 택일	선택종목 기준에 따름	
2급	필기 시험	비서실무 경영일반 사무영어 사무정보관리	객관식 80문항	80분
	실기 시험	워드프로세서, 컴퓨터활용능력, 한글속기, 전산회계운용사 종목 중 택일	선택종목 기준에 따름	
3급	필기 시험	비서실무 경영일반 사무영어 사무정보관리	객관식 80문항	80분
	실기 시험	워드프로세서, 컴퓨터활용능력, 한글속기, 전산회계운용사 종목 중 택일	선택종목 기준에 따름	

(2) 비서실기 시험 과목(선택종목)

- 비서 실기 종목은 합격한 비서 필기 급수에 해당하는 비서 실기 선택(면제) 종목 중 택일하여 선택한 종목 정기검정 실기 때 응시하여 합격하면 비서자격 취득으로 인정한다.
- 국가기술자격법 개정에 따라 2012년 1월 1일 이후 비서실기 선택(면제)종목이 변경된다.

6) 대한상공회의소(license.korcham.net)

자격종목	2012년 이후 비서실기 선택(면제)종목
비서 1급	워드프로세서(구1급) 컴퓨터활용능력 1급 · 2급 한글속기 1급 · 2급 전산회계운용사 1급 · 2급 중 택일
비서 2급	워드프로세서(구1급) 컴퓨터활용능력 1급 · 2급 한글속기 1급 · 2급 전산회계운용사 1급 · 2급 중 택일
비서 3급	워드프로세서(구1급) 컴퓨터활용능력 1급 · 2급 한글속기 1급 · 2급 전산회계운용사 1급 · 2급 중 택일

2) 합격결정기준

- 필기 : 매과목 100점 만점에 과목당 40점 이상이고 평균 60점 이상
- 실기 : 선택종목(워드프로세서, 컴퓨터활용능력, 한글속기, 전산회계운용사)의 합격 결정기준에 따름

SECRETARY

[제2부]

비서와 직업윤리

직업의 이해

1. 직업의 의미

직업은 우리 삶의 중요한 부문이다. 직업은 인생의 모든 시기를 지배하고 있다. 직업은 대부분의 사람에게 경제적 생계수단 이상의 자아실현과 사회기여지향적인 기능을 수행하고 있다. 따라서 현대사회에 있어 직업은 인간 삶을 표현해주는 다양한 방법이자 개인을 사회적 관계에서 자아를 완성시키는 방법이기도 하다. 즉 인간은 직업을 매개체로 자신의 인생–삶을 완성해 나간다.

1) 직업의 어원적 개념

직업이란 용어의 어원을 살펴보면, '직업'이란 원래 직분을 의미하는 천직(天職)으로서의 '직(職)'(vocation, calling, Beruf, profession 등)과 생업을 의미하는 '업(業)'(business, Geschaft, job, occupation 등)이 합쳐져서 이

루어진 말이다.[1]

'직(職)'을 의미하는 영어권의 vocation과 calling 및 독일어의 Beruf라는 단어는 인간이 신으로부터 소명되었다는 '신의 부름'이라는 천직이나 소명의 종교적 · 비영리적 성격을 포함하고 있다. 또한 profession이란 단어는 특별한 재능과 전문적 기술을 필요로 하면서도 비관리적인 전문직을 뜻하는 봉사적인 직업을 가리킨다.

이에 비해 '업(業)'에 해당하는 business와 Geschäft라는 용어는 사업 내지 상업을 가리키는 영리적이며, 실제적 · 경제적 의미가 강한 단어이다. 그리고 job은 품삯을 받고 하는 일이나 도급과 같은 일의 직업을 지칭했다. occupation은 직업을 의미하는 일반적인 단어로 '장소를 점유하는' 경제적인 성격이 있지만, 아울러 한 영역에서의 개인의 역할을 의미하기도 한다.

이렇듯 직업이란 천직(天職)의 의미에서 생업(生業)의 의미로 변화되었으며, 현대에는 천직과 생업의 의미를 동시에 내포(손준영, 2002)하는 의미들이 생겨나기 시작했다.

과거 인간은 생활에 있어 필수적이고 중대한 일이 그들 공통의 과제로 문제가 되는 것은 당연했을 것이다. 여기서 이러한 일을 수행하는 천부의 재능을 소유한 적임자가 존재해야 하며, 이는 선택된 자이고, 이 과제를 달성할 수 있는 하늘로부터 소명된 자였을 것이다. 이러한 차원에서 최초의 직업은 생업의 의미보다는 공무이며, 공직으로 볼 수 있다. 따라서 직업의 원래 형태는 공동사회에서 개개인의 사회적 역할 분담인 직분으로서 천직이 먼저 발생한 것이다.

오늘날 우리의 상식으로 직업은 무엇보다도 먼저 생계유지를 위해 종사

1) 직업에 관한 사전적인 의미를 보면, '직'에는 직위를 뜻하는 것 이외에도 '맡을'직, '떳떳할' 직의 의미가 있으며, '업'에는 '씩씩할' 업의 의미와 함께 불가(佛家)의 업의 의미가 있다. 이를 종합해보면, 직업은 하늘이 맡긴 일, 떳떳한 일이며, 전생의 허물을 차생(此生)에서 보속한다는 뜻을 가지고 희생과 봉사를 다한다는 의미로 해석이 가능하다(이관춘, 2005).

하는 일로 말할 수 있다. 즉 직업은 인간생존을 위한 필요한 물자를 획득하기 위한 계속적인 노동이다. 이러한 차원에서 직업 활동을 생업이라 부르기도 한다. 그러나 인간은 생활에 필요한 물자를 혼자서 생산하기란 불가하며, 다른 사람의 도움을 받아야 하는 사회적 존재이다. 따라서 사람은 생계를 유지하기 위해 일정한 사회적 역할을 분담해야 하며, 이 분담된 역할을 통해 사회는 유지 · 발전되는 것이다. 여기서 오늘날 직업은 생업의 의미에 사회적 역할의 분담이라는 천직의 의미가 부가된다. 그러나 직업이 지닌 어원적 개념인 천직과 생업만으로 오늘날의 직업을 설명하는 것은 한계가 있다.

2) 직업의 의미

인간사회는 개인의 직업을 통해서 유지 · 성장 · 발전할 수 있으며 개인 역시 직업 활동을 함으로써 사회에 소속된 일원으로 볼 수 있게 되는 것이다. 따라서 직업은 개인이나 사회에 없어서는 안 되는 필수 불가결한 요소이며, 개인과 사회를 연결해주는 가교의 역할을 하는 요소인 것이다.

'일(work)', '업무(job)', '직업(occupation)'등은 일상적인 대화에서는 흔히 구별 없이 사용되고 있는 용어이지만, 사회학적 관점에서 보면, 각각이 지닌 의미는 다르게 이해되고 있다(홍두승 외, 1999)

우선, '일(work)'은 자신이나 타인에게 가치가 있는 재화나 용역을 창출해내는 활동으로 정의된다. 산업사회에서 일은 타인에게 금전적인 가치가 있는 재화나 용역을 생산하는 것을 지칭한다. 간단히 말해서 일은 고용주나 고객과 같은 타인들을 위해 행한 바에 대하여 금전적인 보상을 해주는 활동이라고 할 수 있다. 그러나 일이 반드시 금전적인 보상이 없는 활동이나 자원봉사 활동, 종교적 선교활동 등과 같이 금전적 보상의 중요성이 거의 없는 활동도 포함된다. 이 경우 '타인에 대한 가치'란 가족을 위한 일, 이타주의, 또는 사회에 대한 서비스 등과 같은 추상적인 관념을 포함하는 것이다.

'업무(job)'는 일 중에서 실제로 수행하는 구체적인 과제를 지칭하는 것으로 노동자가 특정한 맥락에서 수행하는 구체적인 과제를 지칭한다. 즉 노동자가 특정한 맥락에서 수행하는 기술적 · 사회적 활동이라고 할 수 있다.

한편, '직업(occupation)'은 일반적으로 어떤 사람이 수행하는 일의 유형을 지칭하는 것으로, 재화를 생산하거나 서비스를 제공하는 활동의 사회적 및 기술적 구성으로 규정될 수 있다. 추상적인 수준에서 직업은 비교적 분명하다. 즉 직업은 핵심적인 직무를 사회적으로 조직화한 것이라 볼 수 있다. 또한 직업의 사회적 구성은 사회경제적 특성과 기술적 혁신으로부터 영향을 받는다. 어떤 직업의 구성원은 그 직업에 소속된 구성원들이 공통적으로 자신에 대하여 파악하고 이해하는 '집합적 정체성'을 가지고 공유된 가치나 시각의 면에서 일치를 보이기도 한다.

'한국표준직업분류'에서는 직업을 "개인이 계속적으로 수행하는 경제 및 사회활동의 종류"라고 규정하고 있다. 여기서는 일의 계속성이 중요한 기준이 되고 있는데, 이는 "주기적으로(매일, 매주 또는 매월), 계절적으로 행하고 있는 경우 또는 명확한 주기가 없더라도 현재 하는 일에 대하여 의사와 능력을 갖고 행하는 것"을 말한다. 따라서 ⓐ이자 · 주식배당 · 임대료(전세금 및 월세금) · 소작료 · 권리금 등 재산수입이나, ⓑ 연금법이나 사회보장에 의한 수입에 의존하거나, ⓒ 자기 집에서의 자기 활동, ⓓ 정규 추천 교육기관에 재학하고 있는 경우, ⓔ 법률위반행위(예를 들면, 강도 · 절도 · 밀수 · 매매춘 등) 및 법률에 의한 강제노동(수형자의 활동) 등과 같은 활동은 직업으로 간주하지 않는다.

그렇다면, 한 사람이 두 가지 이상의 일에 종사할 때는 어떤 것을 직업이라고 볼 수 있을까? 그것은 취업시간이 많은 직업, 수입이 많은 직업, 조사를 할 당시 최근의 직업 등의 순서에 따라 개인의 직업을 판별하게 된다(송재범 외, 2001).

직업이라는 용어를 사용할 때는 대략 다음과 같은 기준을 충족할 수 있어야 한다.

첫째, 직업은 성인이 하는 일이어야 한다. 직업을 성인의 활동으로 제한하는 이유는 미성년자들이 경제적 소득을 목적으로 일하는 것이 사회적으로 기대되는 활동으로 제도화된 것도 아니며, 또한 미성년자들은 장래의 직업을 위해 준비하는 학습활동을 직업이라 말할 수 없기 때문이다. 우리 사회는 근로기준법에서 15세 미만의 미성년자가 직업을 갖는 것은 바람직하지 않다고 제한하고 있다.

둘째, 직업은 계속적으로 수행하는 일상적인 활동이 되어야 한다. 반드시 매일이나 정기적일 필요는 없지만, 잠정적인 활동을 통해 보수를 받았다고 하여 이를 직업이라 하지 않는다. 이는 직업 활동이 일정 기간 동안 영속성을 가져야 한다는 것을 의미한다. 직업을 일상적인 활동이라 보는 것은 성인들의 여가와 휴식을 위해 보내는 시간을 제외한 대부분의 시간을 생산적인 활동, 즉 일을 위해 사용하고 있을 때에만 그가 직업을 가졌다고 말할 수 있기 때문이다.

셋째, 직업은 경제적인 보상을 받아야 한다. 사람들이 일상적인 일을 가지고 있다 하더라도 그것이 경제적으로 보상되는 일이 아닐 때에는 직업이라 부르지 않는 것이 일반적이다.

넷째, 직업은 사회적 효용성을 갖고 있는 일이다. 사회규범상 반(反)사회적이라고 규정되는 일은 직업이라 할 수 없다. 만약 폭력과 사회적으로 역기능적인 활동을 통해 개인이 경제활동을 영위하였다고 했을 때 이러한 일은 직업이라 하지 않는다. 직업에 따라 사회의 유지 · 발전에 순기능적으로 작용해 사회적 효용성을 객관적으로 인정받는 것이어야 할 것이다.

다섯째, 직업은 자기의 의사에 따라 하는 일을 의미한다. 직업이란 자기의사에 반해 강제적으로 행해지는 일은 직업이라 할 수 없다.

여섯째, 직업은 노력이 소요되는 일이어야 한다. 특히 불로소득이나 운수·횡재 등을 주된 수입원으로 살아가는 경우 그 일을 직업이라 할 수는 없는 것이다.

이상의 정의를 분석해 볼 때, 직업과 일은 동의어처럼 보이지만 그 의미에는 차이가 있다. 직업이란 인간 개체의 생존 발전과 그들의 공동체인 사회적 기능의 역할분담, 그리고 자아의 실현을 목표로 하는 지속적인 노동이나 일을 의미한다. 인간은 직업에 종사하면서 일을 통해 만족감과 성취감을 얻고 삶의 의미와 가치를 발견하면서 행복을 느낄 수 있다. 따라서 직업과 일은 인간에 대한 구속이나 고통의 원인이 아니라 보다 나은 삶으로 인도하는 행복의 원천이다. 인간은 자신이 선택한 직업과 일을 통해서 자아실현을 성취하며 행복을 추구하고자 하는 것이다(정석용 외, 2009).

2. 직업관과 직업의식

1) 직업관

현대인들은 직업을 통해 생계유지, 사회적 역할의 실천, 자아실현과 같은 가치들을 달성하기 위해 삶을 영위한다.

먼저 생계유지의 가치는 직업에 있어 보수를 얻기 위한 계속적인 활동으로 경제적 조건을 강조한 것이다. 우리 사람들은 먹고 살기 위해서 생계유지에 필요한 물질적인 재화인 경제적 소득을 얻어야 하는 것이다. 따라서 생계유지는 삶의 영속을 위해 필요하며, 또한 사람들은 삶의 영속을 위한 수입의 원천으로 직업이 필요하다. 이러한 관점에서 수행하는 직업적 활동은 보통 생업의 의미를 지니고 있다. 여기서 보통 직업이 가져오는 수입은 물질적 수입만을 생각하지만 그 외의 여러 가지 정신적 보상이나 사회적 지위의 보상도 포함된다. 그러나 직업은 단지 수입을 얻기 위한 사람들의 활동만을 의미하지는 않는다.

다음으로 사람들은 직업을 통해 사회의 역할을 분담하고 있는 것이다. 전통사회에서는 사회적 신분에 따라 사회적 역할이 분담되어 있었으나, 근대 사회에서는 신분에 따른 역할의 분담이 아니라 직업에 따른 역할이 분담되고 있다. 따라서 직업은 현대사회의 조직적이고 유기적인 분업관계에서 사회적 분업단위의 직분을 수행하는 것이다. 사람들은 맡은 직분을 통해 사회에 공헌하며 사회발전에 기여하게 된다. 즉 직업은 사회적으로 유용한 것이어야 하며, 사회발전과 유지에 도움을 줄 수 있어야 할 것이다. 여기서 직업은 직업의 객관적 측면을 강조하는 천직의 의미를 지닌다.

마지막으로 직업은 개성의 발휘 내지 자아실현으로 규정할 수 있다. 인간은 개성적인 존재이기에 각자에 따라 소질과 재능 및 취미가 다르기 때문에 개성의 차이가 있다. 따라서 각 개인에게 있어 개성발휘의 기회는 직업을 통해 이루어질 것이다. 사람들은 직업적 활동을 통해 성취감을 느낄 수 있고, 성취감은 우리에게 큰 보람을 느끼게 해준다. 사람들은 저마다 어떤 목표를 정하고, 그 목표를 향해 달리고, 그 목표를 달성했을 때 삶의 보람을 느끼게 된다. 따라서 사람은 직업 활동을 통해 자신의 이상(자아)을 실현한다. 즉 직업은 개인의 자아실현 매개체인 동시에 장(場)이 된다. 자신이 가지고 있는 욕구를 충족하고, 자신의 이상이나 정체성을 직업을 통해 실현함으로써 인격완성을 이룰 수 있는 것이다.

그러므로 직업은 위에서 살펴본 3가지의 가치 측면이 균등하게 조화를 이룰 때 가장 바람직한 직업이라 할 수 있다. 그러나 직업에는 어떤 경우에는 영리추구의 수단으로, 혹은 순수한 생업의 경우도 있을 수 있으며, 신분사회에서는 개성이 충분히 발휘되지 못하는 경우도 종종 있다. 이러한 상대적인 가치결여상태의 직업도 직업인 것은 틀림없다. 직업은 위 3

가지 가치 측면의 균형이 이상적인 형태의 조건이지, 직업 그 자체의 필수 조건은 아니다.

따라서 직업의 세 가지 요소 중 어떠한 측면에 중점을 두는가에 따라 사람들은 각각 다른 직업관을 형성하고 있는 것이다. 이에는 보수지향형 직업관, 기여지향형 직업관, 자아실현형 직업관이 있다.

첫째, 보수지향형 직업관은 직업이 생계유지의 수단으로 생각하는 직업관이다. 대부분의 사람들은 직업 활동으로 얻는 소득으로 자신과 가족의 생계를 책임진다. 사람들은 생산적인 직업 활동을 통해 얻는 소득으로 가족의 생계를 꾸려 나간다. 이러한 직업관은 생계에 필요한 보수의 제공을 중시하며, 무엇보다 직업에서 높은 보수를 얻는 것이 가장 중요하고, 그런 직업이 가장 좋은 직업이라고 본다.

둘째, 기여지향형 직업관은 직업 활동으로 이웃과 사회의 발전을 위해 무엇인가 기여하려 한다. 이는 개인의 필요나 이익을 중심으로 하는 직업이 아니라 개인이 속해 있는 집단, 즉 사회공동체가 지향하는 목적이나 이익을 가치기준으로 하는 직업이다. 모든 직업은 그 사회가 필요로 하는 여러 가지 기능을 분담해서 수행하는 사회적 역할이라고 할 수 있기 때문에 모든 개개인의 직업 활동은 나름대로 전체사회의 유지와 발전에 공헌하는 일을 나누어 수행하는 셈이라 할 수 있다.

셋째, 자아실현지향형 직업관은 직업을 통해 자질과 능력을 충분히 발휘함으로써 참다운 개성을 실현하려는 의미이다. 모든 사람들은 자신의 소질과 재능, 그리고 역량을 마음껏 발휘하려는 욕구를 가지고 있고, 이러한 욕구를 충족하는 과정에서 개인은 자신의 존재가치를 깨닫고 자신에 대한 긍지를 갖게 된다. 즉 대부분의 사람들은 직장에서의 일을 통해 자신의 가치를 추구한다. 따라서 직업이 개인의 능력을 실현하는 장이 될 때, 인간은 개인적으로 만족을 느끼고 사회적으로 높은 생산성을 이룰 수 있다.

2) 직업의식

(1) 천직의식

자신의 직업이나 하고 있는 일을 자신의 의지에 의해 선택된 것이 아니라 운명적인 어떤 것, 즉 하늘이나 자연, 하나님, 신, 운명, 국가, 민족, 조상 등에 의해 부여된 사명으로서 선택받은 것이라는 직업의식을 말한다.

직업이동이 어려웠던 전통사회의 직업관에서도 이러한 의식을 찾을 수 있으며 매우 소극적, 수동적인 직업관으로 흐를 수가 있는 단점이 있다. 즉 농사나 목축을 주로 생업으로 삼고 있었던 전통사회에서는 다른 직업을 평생 동안 바꿀 수 없었으며, 심지어 대대로 부모의 직업을 세습 받을 수밖에 없었으므로 직업에 대한 이러한 천직사항이 오히려 자연스런 것이 될 수 있었을 것이다.

그러나 현대에서 자유의지에 따른 직업의 선택이 가능해졌으므로 오늘날의 천직사상은 자신의 일에 대한 적극적, 능동적으로 임하는 사명의식으로 나타나게 되므로 매우 바람직한 직업의식이라고 할 수 있을 것이다. 천직의식의 현대적 해석으로서 정의를 내린다면, "자신의 직업이 적성에 맞는다고 생각하여 그 일에 열정을 가지고 임하는 성실한 직업의식이며, 따라서 자신의 직업을 소중히 여기고 자신의 직업적 활동에 최선을 다해 수행하고자 하는 직업의식"이라고 말할 수 있을 것이다.

(2) 소명의식(vocation)

근세 종교개혁자인 개신교의 루터, 캘빈주의자들에 의해 직업을 하나님의 소명으로 보고, 세상의 직업적 활동을 통하여 하나님의 부르심(소명, calling)을 받을 수 있으며 또한 구원을 받을 수 있다고 보는 직업의식을 말한다. 직업을 하나님의 소명이라고 보는 것은 모든 사람에게 부여된 직업은 하나님이 주신 것으로서, 그 직업을 통하여 하나님의 영광을 지상에 드러내는 것이라고 보며, 또한 하나님은 모든 사람에게 서로 다른 재능을 주시고 그 재능에 따라 여러 가지 직업을 정해주셨으므로 자신의 직업에 최선을 다함으로써 하나님의 뜻을 이룰 수 있다고 믿는 것을 말한다.

이 소명의식은 돈, 권력, 명예 등과 같은 세속적 가치의 보상으로서의 직업의식이 아니다. 종교적 구원을 목적으로 한 직업의식으로서 ⓐ 성실, 근면(Time is Gold), 정직(Honesty is the best policy), 검소한 생활을 신조로 삼으며, ⓑ 신용은 생명이라는 철저한 직업의식을 가짐으로써 서구의 신용사회와 상도의가 확립된 자본주의의 정신적 기초가 되었다.

(3) 직분의식

직분의식이란 직업적 활동을 통해서 사회의 여러 가지 기능을 분업적으로 나누어 참여하고 있다는 직업의식을 말한다.

직장 내에서의 직분의식으로서는 ⓐ 자신의 업무를 최선을 다해 충실히 수행하는 것이며, ⓑ 동료와 상사, 부하와의 공식적 · 비공식적인 역할관계가 협동적으로 이루어질 수 있도록 하고, ⓒ 서로의 경쟁은 어디까지나 공명정대한 페어플레이 정신에 의하여, ⓓ 부하는 상사의 권위를 존중하며 동시에 상사는 부하의 직책에 따르는 권한을 존중해야 하며, ⓔ 상사는 부하의 인격을 침해하지 않도록 조심해야 하며 공식적인 관계를 떠났을 때는 서로 평등한 인격체로서의 인간관계를 유지하며, ⓕ 상거래 시에는 고객에게 항상 친절하고 봉사하는 정신으로 직무수행을 하여야 한다.

(4) 가업의식

가업의식은 부모나 조상의 대(代)를 이어 직업을 물려받아서 자신이나 가문의 명예를 걸고 제품을 최선을 다해 만들며, 고객에게 최대의 봉사정신을 갖는 직업의식을 말한다.

이러한 가업의식은 훌륭한 제품의 생산에 크게 기여할 수 있으며, 가업의 신용과 명예를 지키기 위해 성심을 다해 서비스하는 직업정신이라고 말할 수 있다.

(5) 장인정신(craftsmanship)

장인정신이란 자신의 일에 긍지를 가지고 정성을 다해 끊임없이 연구하며 창의적으로 일해 나가는 정신을 말하며 이러한 정신을 갖고 한 가지 일에 일생을 바쳐 일을 한 결과 뛰어난 기술과 숙련도를 익힌 사람을 장인(craftsman)이라고 한다.

장인들은 일을 하나의 인간이 완성되어 가는 도(道)로 여겨 그의 밑에서 배우는 도제(徒弟)에게 일에 임하는 마음가짐과 직업 정신, 성실한 인간성까지 철저히 배우도록 엄격한 수련을 시켰으며, 그들은 온 정성을 다해 명품(名品)과 명기(名器)를 만드는데 일생을 바쳤다. 그들은 항상 마음을 깨끗이 하고 자신의 혼을 불태우는 정성으로 심혈을 기울여 명품을 만드는 것을 가장 큰 보람으로 여겼다. 현대 산업사회는 규격화된 표준품을 대량생산 판매하는 사회가 됨으로써, 장인정신이 현저히 퇴색하고 있으나 아직 영화, 연극, 미술 등 예술분야에는 아직도 거장(巨匠)이 많이 나오고 있음은 다행한 일이라고 하겠다.

장인정신의 현대적 해석으로서 정의를 한다면, 부귀와 공명을 추구하려는 세속적인 야망보다는 자신의 참된 삶을 자신의 직업을 통해 완성해 나가는 고귀한 직업정신이라고도 할 수 있을 것이다.

(6) 앙트레프레너십(entrepreneurship)

앙트레프레너십(entrepreneurship)은 프랑스어 앙트레프레너(Entrepreneur)와 영어접미사 '-ship'을 결합하여 만든 20세기의 신조어이다. 먼저 앙트레프레너(Entrepreneur)란 무엇인가에 대해 알아보아야 할 것이다. 앙트레프레너(Entrepreneur, 창조적 파괴자)는 '수행하다, 시도하다, 모험하다'의 의미를 가지고 있으며(Lewis, 1983), 200년 전에는 중개상(between-taker 또는 go-between)이 라는 뜻을 가진 말로 '아무도 신경 쓰지 않는 것에서 의미 있는 무엇을 찾아낸 사람'을 지칭하는 용어로 사용하였다(김종재, 2000). 18세기 프랑스 경제학자인 캉티용(R. Cantillon)은 앙트레프레너라는 용어를 처음 사용하였는데, 확실한(certain) 가격에 상품이나 원료를 구매하여 불확실한(uncertain) 가격에 제품을 판매하는 상인, 농부, 장인 등을 관찰한 후 이들에게 '위험을 감수하고 경제활동에 종사(risk bearing activity)하는 사람'으로 정의하였다. 19세기에 들어와 프랑스의 경제학자 세이(Jean Say)는 캉티용의 정의에 생산의 기능을 추가하여 앙트레프레너를 '경제적 자원을 생산성과 수익성이 낮은 곳으로부터 보다 높은 곳으로 이동시키는 사람'으로 보았다.

세이의 사상에 영향을 받은 미국의 경제학자 슘페터(Joseph Schumpeter)는 앙트레프레너를 '혁신(innovation)을 통해 창조적 파괴(creative destruction)를 주도하는 사람'으로 정의하였다. 슘페터는 혁신의 유형을 ① 신제품의 개발, ② 새로운 생산방식의 도입, ③ 신 시장의 개척, ④ 새로운 공급자의 확보, ⑤ 새로운 조직의 실현 등으로 규정하였다.

나이트(Knight, 1921)에 따르면 불확실성하에서는 변화에 대한 적응정도에 따 라 기업이 이윤 또는 손실을 얻을 수 있고, 앙트레프레너의 선택과 능력이 이윤 의 원천이 된다. 한편 현대의 경영학자인 드러커(Peter Drucker)는 앙트레프레너를 '변화를 탐구하고, 변화에 대응하며, 변화를 기회로 이용하는 자'로 정의하였다. 이처럼 앙트레프레너에 대한 정의는 시대와 학자에 따라 다소 차이를 보이지만, OECD(1998)가 제안한 다음의 정의는 현세대의 인식을 보여주고 있다. "앙트레프레너는 경제의 변화와 성장의 주체로서 혁신적 아이디어의 생성 · 확산 · 활용을 가속화할 뿐만 아니라, 이를 통해 자원의 효율적 활용을 도모하고 경제활동의 범위를 확장하는 주체이다."앙트레프레너(창조적 파괴자)가 가지고 있는 혁신적이며, 진취적이고 위험감수적인 특성을 수반한 앙트레프레너십은 경제주기 상에서 경기하락을 다시 회복시키는 역할을 수행하며, 이것은 혁신이라는 궁극적 목표를 달성하는데 도움을 주고 있다(Schumpeter, 1934).

슘페터 이후, 앙트레프레너십은 다양한 학자들에 의해 정의되고 있다(Low and MacMillan, 1988). 예를 들어, 슘페터(Schumpeter, 1934)는 앙트레프레너십을 새로운 조합을 수행하는 것으로 정의했으며, 나이트(Knight, 1921)는 미래를 성공적으로 예측할 수 있는 능력으로 정의하였다. 리벤스타인(Leibenstein, 1978)은 경쟁자들에 비해 보다 진취적이고 현명하게 일을 수행할 수 있는 능력으로 정의하였으며, 커즈너(Kirzner, 1973)는 불완전하고 불균형이 발생할 수 있는 다음 시장을 정확히 예측할 수 있는 능력과 관련지어 앙트레프레너십을 정의하였다. 유사하게 이를 정의하였지만 약간의 시각 차이를 보이고 있는 스티븐슨, 로버트, 그리고 그로스벡(Stevenson, Roberts, and Grousbeck, 1985)은 현재 통제된 자원보다는 기회지각에 의해 주도되는 것으로 앙트레프레너십을 정의하였으며, 가트너(Gartner, 1985)는 신생조직의 창업으로 이를 정의하였다. 이처럼 앙트레프레너십에 관한 정의는 매우 다양하다.

앙트레프레너십에 대한 개념은 현상을 바라보는 학문적인 입장에 의해 영향을 받는다. 경제학에 기반을 둔 관점에서는 주로 시장의 불확실성과 변화에 기반 한 위험을 내포한 기회, 그리고 혁신에 중점을 두고 있는 반면, 경영학자들은 새로운 조직의 출현(창업), 또는 새로운 자원의 조합과 활용 등 조직과 전략의 관점에서 앙트레프레너십을 정의하고 있다. 그리고 앙트레프레너(창조적 파괴자)의 특성(trait)을 바탕으로 앙트레프레너십을 정의하고 있는 심리학자들은 앙트레프레너(창조적 파괴자)가 일반인과는 다른 심리적 특징을 가졌을 것이라는 가정 하에서 앙트레프레너(창조적 파괴자)의 성취욕구, 위험감수성, 통제의 위치 등의 특성을 밝히고자 한 경우가 많다(고종길, 2009).

〈표 3-1〉 앙트레프레너십의 정의 관련학자들

연구자	정의	중심내용
Knight(1921)	불확실성과 위험의 부담으로부터 생기는 이윤을 추구하는 행위	위험감수, 이윤추구
Schumpeter(1934)	생산적 요소의 새로운 조합을 발견하고 촉진하는 창조적 파괴 과정	새로운 결합촉진
Leibenstein(1968)	조직의 비효율성을 제거하고 조직의 엔트로피를 역전시키는 과정 · 활동	비효율성제거, 가치창출
Stevenson(1983)	현재 보유하고 있는 자원에 구애 받지 않고 기회를 추구하는 것	기회추구
Hisrich(1985)	또 다른 가치를 창조하는 과정	가치창출
Gartner(1985)	신조직의 창조(과정/활동)	조직체 창조
Drucker(1985)	새로운 부 창출 능력을 가진 기존 자원의 할당을 포함한 혁신의 한 행동	혁신 (자원의 할당)
Schuler(1986)	사내기업가들의 혁신적인 위험감수 활동	혁신과 위험감수
Stevenson & Jarillo-Mossi (1986)	기회를 개발하기 위해 자원을 결합함으로써 가치를 창조하는 과정	가치창출
Amit, Glosten, & Muller(1993)	불확실하고 모호한 환경 하에서 새롭고, 독특하고, 가치 있는 자원의 조합으로부터 수익을 창출하는 과정	자원의 조합
Timmons(1994)	기회에 초점을 두고, 총체적 접근방법과 균형 잡힌 리더십을 바탕으로 하는 사고/추론/행동방식	기회추구 사고, 추론, 행동방식
Kao(1995)	부가가치를 창출하는 과정	가치창출

Lumpkin & Dess(1996)	조직의 신규진입	조직체 창조
Duane & Hitt(1997)	파악된 기회의 이점을 취하기 위해 자원을 수집하고 통합하는 것	자원수집과 통합, 이윤추구
Timmons(1999)	사실상의 무로부터 비전을 창출하는 능력	가치창출
김종년(2004)	실질적으로 아무것도 아닌 것으로부터 가치 있는 어떤 것들을 이루어내는 인간적이고 창초적인 활동	가치창출
배종태 · 차민석 (2009)	현재 보유하고 있는 자원이나 능력에 구애받지 않고, 기회를 포착하고 추구하는, 사고방식 및 행동양식	기회추구 사고방식 및 행동양식

출처: 이민화(2015). 지속가능한 혁신의 리더십 기업가정신 2.0, p.24-26

2009년 마이클 루퍼트 펜네더(Michael Rupert Peneder)는 기업가정신에 대해 한마디로 정의를 내릴 수가 없기 때문에 이를 모듈식 개념으로 이해해야 한다고 지적한다(〈표 3-2〉 참조). 모듈은 크게 3개로 구분되며 앙트레프레너가 어떤 행태(behavior)를 보여야 하고, 어떤 임무와 기능(function)을 해야 하고, 어떤 지위와 직업(occupation)을 가져야 하는지에 대해 각각 정의하고 있다.

〈표 3-2〉 앙트레프레너십의 모듈

	주요 특성
행태적 측면	– 기업가정신은 이윤기회의 추구와 개척임. – 기업가적 행동의 특성 ① 경험적 지식에 입각한 리더십의 발휘 ② 불확실성하에서 의사결정 ③ 새로운 수단, 목표, 혹은 수단–목표의 관계 창출
기능적 측면	– 균형 달성(equilibrating) ① 시장에서 수급의 조정자 ② 신기술의 채택과 확산 – 불균현 조성(disequilibrating) ③ 혁신을 통한 새로운 기회의 창출
직업적 측면	– 독립 기업가(independent entrepreneur): 자신 소유 기업을 경영 – 조직 기업가(corporate entrepreneur): 전문 경영인

출처: Peneder, M. (2005). Tracing empirical trails of Schumpeterian development. In Entrepreneurships, the New Economy and Public Policy (pp. 203–221). Springer Berlin Heidelberg.

행태적 측면에서 앙트레프레너십은 이윤기회(profit opportunities)의 추구와 개척으로 정의되고, 기업가는 리더십을 발휘하고, 불확실성하에서 의사결정을 하며 새로운 사업 목표와 수단 혹은 이의 관계를 창출하는 특성을 갖는다. 기능적 측면에서 앙트레프레너는 시장 조정자로서 신기술의 수용과 확산을 통해 시장균형을 달성하는 기능을 수행하고, 동시에 창조적 파괴를 통해 시장불균형을 발생시키는 기능을 수행한다. 끝으로 직업적 측면에서 기업가는 자신 소유의 기업을 경영하는 독립적 앙트레프레너(independent entrepreneur)와 타인 소유의 기업을 경영하는 전문 경영인과 같은 조직 앙트레프레너(corporate entrepreneur)로 구분할 수 있다.

3) 직업의 기능

직업이 한 개인 및 가족의 삶에 주는 기능에 대해 많은 학자들의 다양한 논의를 제시하였는데 이를 종합해 제시하면 다음과 같다.

첫째, 직업은 개인의 지위와 정체성의 원천이다. 계급과 지위 그리고 영향력을 중심으로 사람들을 분류하는 데 있어서 직업은 중요한 요인이 되고 있다. 또한 직업은 안전 · 인정 · 소속감을 갖게 해주는 계층과 집단을 형성하게 해주며, 이러한 직업에 의한 직업인의 정체성은 다른 사람들에게 전달 · 이입된다.

둘째, 직업은 가정 밖에서 다른 사람들과의 관계를 형성해주는 원천이다. 직업은 대인관계의 범주를 확대시킴은 물론, 가족관계에서 발생하는 부정적 감정을 배출하는 역할을 수행함으로써 가정생활에 도움을 주게 된다.

셋째, 직업은 의무적인 활동의 원천이다. 직업은 규칙적이며 목적적인 행동을 위한 매우 유용한 틀을 제공한다. 이러한 틀은 대부분 직장인의 의사에 반한 채 억지로 부과되기도 하지만 반대로 이런 틀이 없어지면 오히려 상당한 어려움과 곤란을 겪게 될 수 있다.

넷째, 직업은 기술과 창의성을 개발하는 기회를 제공한다. 직장에서의 일은 두려움이나 분노를 가라앉혀주기도 하고, 반대로 감각적이고 공격적인 본능을 충족시켜 줄 수도 있지만, 아울러 환경을 정복하고 통제하며 변화시키는 기회를 제공하기도 한다. 또한 직업은 설령 만족하는 일이 아니더라도 어느 정도 완성감이나 성취감을 제공하게 되며, 창의적인 활동은 인간을 자극하고 만족감을 가져줄 수 있다.

다섯째, 직업은 시간을 조직화하는 요인이 된다. 직업은 시간을 휴식과 실제업무가 구분되는 규칙적이고 예측가능한 시간대로 구축해주기 때문에, 그 시간적 틀 안에서 사람들이 가장 활동적이고 만족할 수 있게끔 만들어준다.

여섯째, 직업은 창의성과 목적성이 원천이다. 직업은 무력감이나 자기소원감, 고립감 및 무의미함과 같은 소외감을 예방해주는 반면, 삶의 목적을 개발하고 성취하는 데 도움이 되는 타인과의 상호의존성을 갖게 해준다.

일곱째, 직업은 수입과 통제의 원천이다. 직업은 고용주에게 근무기간 동안 자신을 맡기는 대신, 독립과 자유로운 여가선택, 그리고 미래를 보장하기 위한 수입을 제공받는 것을 의미한다.

여덟째, 직업은 활동의 원천이다. 모든 직업은 어느 정도의 육체적 혹은 정신적 노력을 수반하게 된다. 지나친 활동은 피로와 스트레스를 가져오는 반면, 활동이 지나치게 부족하면 권태와 불안감이 쌓이게 된다. 따라서 사람들은 자신의 욕구를 충족시켜줄 수 있는 특정한 직업과 일을 선택함으로써 자신에게 적합한 활동의 양을 극대화하려고 하는 것이다.

3. 직업의 선택

1) 직업선택의 의의

직업선택의 자유가 보장된 것은 봉건제도가 무너진 후 개인의 자유와 권리가 보장된 근대 시민사회가 형성된 이후부터라고 하겠다. 우리나라에서도 조선시대 말까지는 신분제도가 세습적이었으므로 자신의 직업을 자유롭게 선택할 수가 없었다. 그러나 오늘날은 자기 자신이 갖고 싶은 직업을 자유로이 가질 수 있게 되었으며 이것을 직업선택의 자유라고 하며 이러한 자유를 법으로 보장하는 제도를 직업자유제도라고 말한다.

직업자유제도를 인정하고 있는 기본적인 취지는 첫째로 개인의 개성을 존중하고, 그 개성을 효율적으로 발휘하여 개인의 직업을 선택하게 함으로써 각자의 행복과 동시에 사회의 발전에 공헌하게 함으로써 개인과 사회의 통합적 조화를 꾀하는데 있다고 보겠다. 둘째로 직업선택의 자유는 개인의 생계유지를 지속하는 경제적 소득활동을 보장함으로써 개인의 경제적 독립과 이러한 경제적 활동에 대한 국가적 간섭을 배제함으로써 최대한의 경제적 내지 인격적 자유권을 보장하려는데 있다고 보겠다.

따라서 직업선택에 있어 가장 중요한 일은 개인의 개성에 가장 적합한 직업과 직종 내지 직무를 선택하여 그 직업을 통하여 개인적 자아실현과 사회적 역할 수행을 잘할 수 있게 하는데 있다고 하겠다. 그렇다면 우리는 우리에게 가장 적합한 직업은 무엇이며, 또한 우리에게 가장 적합한 직업을 선택할 수 있는 방법은 무엇인가를 알지 않으면 안 될 것이다. 여기서 우리가 고려해야 될 두 가지 사항이 있다.

첫째는 어떤 직업이 우리에게 가장 적합한지 아닌지의 판단은 그 개인의 희망이나 주관적인 판단만으로는 곤란하다는 점이다.

둘째는 어떤 직업이 어떤 개인에게 가장 적합한 것이라고 판단되는 경우라 하더라도 그 개인의 가정환경조건이나 자격조건, 또는 직업의 수요공급측면의 불균형이나 국가경제 정책적 조건에 따라 그 직업을 선택할 수 있는 자유가 현실적으로 제한되어 있다는 사실이다. 따라서 현실적으로는 직업의 자유란 어떤 조건하에서만 가능한 자유라고도 볼 수 있다.

이러한 점이 있다고 하더라도 어디까지나 적합한 직업이란 어떤 개인이 그것을 희망하거나 주관적 판단으로서 선택한 결정이기 이전에 무엇보다도 그 개인의 개성과 소질에 알맞은 것이 아니면 안 된다. 여기서 뜻하는 개성이나 소질의 개념은 단순히 적성검사나 인성검사를 말하는 것이 아니라 개인의 신체적, 정신적 특성과 능력을 포함한 생활체험, 가치관, 전문적 지식과 기술의 습득정도 등의 모든 것들을 의미한다고 보겠다.

개인의 희망과 그 개인의 적성에 관한 문제는 기본적으로 별개의 문제이긴 하지만 상호연관성이 있다고 보는 것이 타당한 것이다. 어떤 직업에 적합한 개성을 갖고 있다는 것은 그 개인이 그 직업에 대한 희망과 선택을 용이하게 할 수 있으며, 또한 어떤 직업에 강한 선호도를 갖게 되면 그 직업에 적합한 개성을 형성해 갈수도 있을 것이기 때문이다. 그러나 이러한 양자가 상호 밀접한 연관성이 있다 할지라도 무엇보다 먼저 고려되어야 할 점은 그 개인이 어떠한 직업이나 직종에 적합한 개성이나 소질을 가지고 있느냐 하는데 있다.

우리가 직업의 선택에 있어 주의해야 될 점은 많은 사람들이 그들의 직업에 대한 견해나 판단이 부정확하고, 단견이며, 단순히 외관에 의해 영향을 받고 있다는 사실이다. 직업에는 많은 종류가 있고 또한 여러 가지 유형이 있다. 이러한 여러 직업들에 관한 많은 정보와 지식이 없이 선택한 직업은 결국 나중에 가서 후회하게 되며 다른 직업으로 전직하게 되는 이유가 되는 것이다. 이러한 점에서 우리는 직업의 선택에 앞서 자신이 희망하거나 선택 예정인 직업에 대해 조직적, 구체적 조사와 연구를 하지 않으면 안 되며 자신의 적성과 희망을 잘 이해하고 파악해 두지 않으면 안 될 것이다.

개인에게 가장 적합한 직업의 선택은 그 개인의 미래를 보장하며, 행복한 삶을 영위할 수 있는 동시에 유능한 사회인(직업인)으로서 자기가 속한 지역사회의 사회적 직분을 잘 수행할 수 있기 때문인 것이다. 그러므로 오늘날의 모든 국가에서는 국민 각 개인에게 가장 적합한 직업의 선택을 할 수 있도록 하는 직업교육 정책과 사회정책을 실시하고 있는 것이다.

2) 직업선택의 기준

(1) 직업적성과 직업선호도

직업적성은 일반지능과 함께 선택한 직업에 적응하는데 직접적인 영향을 미친다. 일반지능이 직업이나 직업수준에 따라 요구되는 개인의 일반적 지능수준이라면, 적성은 특정 영역에 요구되는 특정 능력 · 재주를 뜻하므로 직업에 대한 적합성 여부이다. 직업적성이 간과된다면 그 직업에 적응하거나 성공할 가능성이 희박해질 수 있다.

(2) 직업가치관

가치란 어떤 방식으로 행동하게 하는 원리나 믿음, 신념이라고 할 수 있다. 이러한 가치판단의 기준은 크게 외재적 가치와 내재적 가치로 양분해 볼 수 있다. 외재적 가치는 돈이라든가 사회적 명예 · 권력 · 지위와 같이 가치가 밖으로 나타나 있는 것을 말한다. 내재적 가치는 일을 하면서 얻게 되는 정신적 즐거움 · 보람 · 만족 등을 의미한다.

직업가치관은 의식적 혹은 무의식적으로 내 · 외재적 직업가치를 중심으로 나타나는 근본적 태도나 평가로서 직업 활동에 직면하여 평가하거나 행동으로 나타내는 관점이라고 할 수 있다(김대규 외 2, 2006).

(3) 장래성

직업선택의 중요한 기준으로 또 다른 하나는 직업과 직장의 발전가능성 즉, 장래성이다. 일반적으로 직업은 일시적인 것이 아니라, 자신의 평생 직업이 된다는 점에서 직업에 대한 앞으로의 전망과 발전가능성을 신중히 고려하여 선택하여야 한다. 직업의 선택이 자신의 경제적인 요구에 의한 것만이 아니라 그 직업을 통해 자신의 행복과 자아실현을 이루려고 한다는 점에서 직업의 장래성은 반드시 고려해야 하는 중요한 기준이 된다. 직업의 장래성이 밝을 때 개인의 직업적 성공과 개인의 장래성이 함께 높아진다는 점을 이해할 필요가 있다.

(4) 안정성

직업의 안정성은 직업을 지속적으로 유지하고 발전하는데 있어서 비교적 직업에 대한 사회적, 기술적, 인간적 도전을 덜 받는 직업을 한정적인 직업이라고 한다. 직업을 선택하는 데 있어서 어떤 사람들은 지나친 모험을 하기 보다는 평생을 통해 안정된 직업생활을 할 수 있는 직업을 선택하기를 원한다. 특히 사회나 경제가 불안정한 상태에 놓이거나 직업의 장래성이나 전망이 불투명한 경우에는 더욱 더 안정적인 직업적 생활을 희망한다.

(5) 경제적 소득

직업을 통해서 자신의 생계를 유지하고 재산을 축적해 나가는 것이 일반적이기 때문에 직업 선택에 있어서 직업 활동에 의한 경제적 소득을 고려하지 않을 수 없다. 따라서 사람들은 같은 조건이라면 누구나 더 많은 소득을 얻을 수 있는 직업이나 직장을 선호한다. 그러나 직업의 보람은 반드시 경제적 소득에 의해서만 얻을 수 있는 것은 아니며, 자아실현과 사회참여 등 여러 가지 보람을 함께 추구하는 것이 직업 활동이라고 할 때 경제적 소득이 유일한 또는 가장 중요한 직업 선택의 기준이 될 수는 없다.

(6) 자아실현

좋은 직업은 자신의 적성에 맞고 자아실현의 가능성이 높으며 장래의 전망과 안정성을 함께 보장해줄 수 있는 것이다. 따라서 직업을 통해 자아실현이 가능한지에 대한 판단도 직업선택의 조건이 될 수 있다.

직업적 자아실현이란 직업을 통해서 스스로의 인생목표를 실현할 수 있는 실현성으로 직업 활동을 통해 보람과 성취감을 맛볼 수 있는 창조적인 삶을 살 수 있는 직업을 의미한다. 자아실현의 직업을 찾는다는 것은 곧 창조적 인생을 살 수 있다는 의미로 인간에게 창조적 삶은 가장 보람 있고 위대한 삶을 산다는 것을 의미한다.

(7) 작업 환경 및 기타

직업 선택의 중요한 기준의 하나로 직업적 환경을 들 수 있다. 직업적 환경은 지리적 요건, 즉 회사와 집과의 거리나 교통 여건에 따라 선택할 수 있다. 또한 환경적 여건은 직업병의 발생 유무, 정신적 · 신체적 적응 가능성, 직장 소재지의 지역사회 환경적 특성, 복지제도 및 인사관리제도, 시설의 첨단성 정도, 일과 삶의 균형(work–life balance), 경영자의 운영방침 등이 고려 대상이 된다.

읽을거리

변화하는 적성에 따른 자기계발[1] 노하우

적성과 관련하여 자신의 자기계발을 한번 쯤 점검해봐야 할 것이다.

첫째, 사전지식이 필요하다.

우선 급변하는 사회환경으로 인해 채용시장이 위축되었기 때문이다. 또한 전문직에 대한 사회 진입장벽이 높은 것도 주요한 원인이 된다. 사회진입장벽이 높은 전문직종을 갖는 데 실패한 많은 이들이 성장하면서 현실에 좌절감을 느끼고 일반적인 직업을 선택한 후, 직업에 흥미를 느끼지 못하는 경우가 종종 있다.

그리고 자신이 하고자 하는 일에 대한 사전지식이 부족하기 때문이다. 직업을 선택하기 전 다양한 직업에 대해 간접 체험해보고 정보를 얻는 것이 중요하지만, 현실적으로 이러한 기회가 부족하기 때문에 직장경력을 쌓은 후에 다시 적성에 대해 고민하는 악순환을 겪는 것이다.

둘째, 적성은 스스로 개척해 가는 것이다.

자신의 적성이 무엇인지조차 깨닫지 못한 사람들, 또한 새롭게 적성을 찾은 직장인들이 무리하지 않고 지혜롭게 대처할 수 있는 방안을 개발해야 할 것이다.

셋째, 직업은 계속 분화하고 다양화되어 가고 있으며 새로운 상품과 서비스의 등장이 새로운 직업을 탄생시키기도 하고 소멸시키기도 한다. 동시에 태어날 때부터 적성을 깨우치고 있는 사람은 없으며 살아가면서 적성은 변하기 마련이다. 따라서 본인의 직업이 적성에 맞지 않는다고 판단될 때 무조건 회사를 그만두고 적성을 찾으려고 애쓸 것이 아니라, 평소 타 업무와 분화되는 직업군을 틈틈이 살펴보면서 본인의 관심분야에 대한 지식을 높여 가는 것이 중요하다. 이러한 관심이 있을 때 이직이나 사내부서이동 등의 기회를 잡을 수 있고, 또 다른 사업의 기회를 통해 본인의 적성을 발휘해 나갈 수도 있을 것이다.

업무수행을 통한 자기계발

- 문서를 입력하면서 내용을 읽고 이해할 것
- 수신된 우편물을 상세하게 읽을 것
- 업무 수행시 항상 좀 더 나은 방법을 생각할 것
- 여유시간을 자신의 계발 시간으로 활용할 것
- 회사의 상품들과 사업분야에 대해 지식을 넓힐 것
- 상사로부터 전문지식을 배운다는 자세를 지닐 것

1) '개발'은 '지식이나 재능 따위를 발달하게 함.'의 뜻을, '계발'은 '슬기나 재능, 사상 따위를 일깨워 줌.'의 뜻을 나타내는 말이다. "표준국어대사전"은 이러한 뜻을 나타내는 '개발'과 '계발'을 비슷한 말로 보고 있다.

직업윤리의 의의

1. 직업윤리의 개념과 성격

사람을 흔히 사회적 동물이라고 한다. 이는 사람은 혼자 살 수 없고 사회적 관계속에서 함께 살아가야 한다는 의미이다. 다른 사람과 함께 살아가기 위해서는 집단의 질서를 유지하기 위한 규범이 필요한데, 이런 집단의 질서를 위한 근본원리를 윤리라고 한다.

윤리(ethics)란 원래 관습을 의미하는 희랍어의 '에토스(ethos)'에서 온 말로 사회의 발전과 번영을 위해 요구되는 바람직한 행동규범이 관습으로 정착된 것을 의미한다. '윤리(倫理)'라는 의미를 한자의 어원에 근거하여 풀이해 보면, '인간의 무리 속에서 더불어 살아가기 위한 삶의 이치'를 의미한다. 즉 윤리라 함은 사람이 더불어 살아가는 데 지켜야 할 도리를 뜻하는 것이다.

일반적으로 사람이 더불어 살아가는 데 지켜야 할 윤리는 크게 두 가지로 구분된다. 하나는 보편적 윤리를 바탕으로 한 모든 사회구성원의 상호작용관계를 지배하고 사회질서를 유지 · 통합하려는 일반윤리이고, 다른 하나는 특수윤리로 부분적 집단구성원 간의 행위관계를 지배하는 특수한 분야에 한정된 윤리이다.

오늘날의 사회는 급변하는 변화 속에서 다양한 분야로 노동이 확대 · 분화되고 많은 형태의 새로운 직업이 생성 · 확대된다. 이런 사회에서 살아가기 위해서는 사회전체에서 요구하는 일반적이고 보편적인 윤리만으로 집단질서를 유지하기 어렵다. 보편적인 윤리 이외에 집단과 조직에서 요구하는 특수한 윤리에 의해서 또 다른 형태의 행위적 통제를 받지 않으면 안 되는 상황이 전개되고 있다.

1) 직업윤리의 개념

직업윤리(work ethics)란 '직업을 공통분모로 하여 형성된 특정사회에서 개개인이 함께 더불어 살아가기 위한 삶의 이치'를 의미하는 것으로 직업인으로서 지켜야 할 행위와 규범을 일컫는 말이다. 직업윤리의 개념은 학자들에 따라 여러 관점의 개념을 정리해보면 다음과 같다.

- 직업윤리란 '직업인으로서 마땅히 켜져야 하는 도덕적 가치관'을 말하는 바, 이는 직업윤리를 일정한 사회적 규범이 내면화된 것으로서 직업에 종사하는 사람들의 의식 속에 내재화된 윤리이다.
- 직업윤리란 직업인에게 평균적으로 요구되는 정신적 자세나 행위규범을 말한다.
- 직업윤리란 일반윤리의 한 특수한 형태이며, 직업이 갖는 본래적인 기능이란 목적을 충분히 달성하도록 조장하는 직업행위의 사회적 공인 규범이다. 직업이 갖는 본래적 기능과 목적을 충분히 달성할 수 있도록 하는 직업행위는 긍정적인 가치를 갖게 되나, 그렇지 못한 직업 행위는 부정적인 가치를 갖게 된다. 직업 활동에 대한 이러한 평가가 사회적 공인을 받을 경우 직업윤리가 형성된다고 본다.

- 직업윤리는 모든 직업에 공통되는 윤리, 즉 모든 직업인에게 일반적으로 요구되는 직업 일반의 윤리와 각 직종에 따라 특수하게 요구되는 특정 직업의 윤리를 포함하는 개념으로 구분된다.
- 직업윤리는 국민윤리나 일반윤리보다는 좁은 의미의 직업에 대한 가치 체계라고 할 수 있으며, 모든 국민이 그의 직업을 통해서 사회나 국가의 발전에 공헌한다는 점에서 직업윤리가 국민윤리나 일반윤리의 가장 핵심적인 내용이 된다.

이상에서 살펴본 바와 같이 직업윤리는 일반 직업인 모두가 지켜야 할 행위 규범이라는 것을 알 수 있겠다. 보편적인 윤리의 규범을 정립하는 것은 인류의 윤리적 과제이며 이러한 인류의 보편적 윤리의 기초가 되는 것은 인간의 이성이라고 볼 수 있다. 우리가 올바른 삶을 추구하는 한 이성의 요청에 어긋나는 행위는 수용될 수 없으며, 직업 활동에 있어서도 이러한 이성적 행위가 철저히 적용되어야만 할 것이다. 따라서 일반윤리의 규범에 어긋나는 직업윤리의 규범은 옳은 규범이 될 수 없는 것은 당연하다고 보겠다.

모든 사람은 그 직업의 특수성에 따라서 각기 다른 도덕적 규범을 갖는다고 함은 일반윤리의 원칙을 바탕으로 삼고 그 바탕위에서 직업의 특수성에 맞는 직업윤리를 정립해야 한다는 의미로 해석되어야 한다.

이와 같이 일반윤리와 직업윤리는 서로 대립되는 것이 아니라 상호보완적 관계에 있어야 함을 의미한다. 그러나 직업윤리를 구체적으로 해석함에 있어 우리는 두 가지 측면을 고려해야 된다고 본다. 그 하나는 모든 직업에 공통되는 윤리, 즉 모든 직업인에게 일반적으로 요구되는 윤리이고, 다른 하나는 각 직업이나 직무에 따라 요구되는 그 직업의 특수한 윤리가 있을 수 있다는 것이다. 전자의 윤리를 편의상 직업일반의 윤리로 하고 후자의 윤리를 특수 직업의 윤리로 구분하여 설명하고자 한다.

우리의 직업사회는 시대와 산업의 변화에 따라 많은 직업이 분화, 발달 또는 쇠퇴, 소멸되어 왔다. 이러한 현상은 모두 그 시대적 사회의 불가결한 요청에 의하여 이루어진 것이며, 이렇게 사회적 요청으로서 변천된 직업은 그 나름대로의 특수한 직업윤리를 요구하며, 그 직업의 종사자들은 어떤 일정한 직업 활동의 윤리적 기준을 준수할 경우에만 직업인으로서 그 사회적 역할을 하고 있다는 긍지와 자부심을 인정받을 수 있었다.

이와는 달리 직업일반의 윤리는 어떠한 직업에 있어서도 요구되는 행동 규범이라고 볼 수 있다. 어느 사회나 어느 시대에서도 변하지 않는 일정한 하나의 윤리체계가 존재하였던 것은 아니지만 대체로 한 시대나 사회를 지배한 윤리적 의식체계가 있어 왔다고 볼 수 있다. 우리는 이러한 일반적인 가치체계에 근거하여 직업일반의 활동에 적용되는 윤리의식 체계를 정립할 때 이것이 바로 직업일반의 윤리가 된다고 볼 수 있을 것이다.

이러한 직업일반의 윤리는 특수직업 집단의 윤리보다는 보다 근본적이고, 포괄적인 인간의 생활규범에 적용된다고 보겠다. 즉 특수 직업 집단의 윤리가 어떤 특정한 직업에서만 요구되는 규범을 다루는데 반해, 직업일반의 윤리는 모든 직업인의 기본적인 행위규범과 직업 활동에 적용된다고 할 수 있다. 그리고 특수직업의 윤리가 직업생활에서 보통 외적인 규제 형태로 나타나는 데 비해서 직업일반의 윤리는 주로 내면적인 가치체계로서 나타나고 요구되어진다고 볼 수 있다. 물론 이러한 구분은 절대적인 것은 아니며 실제로는 두 윤리가 현실 속에서 상호 내재되어 있어 서로 함께 밀접히 관련되어 있음을 부인할 수가 없다.

직업 활동은 인간 활동의 일부분이므로 직업윤리 역시 일반윤리의 테두리에서 벗어날 수 없다. 그러나 직업 활동이 직업과 무관한 사람의 활동과 같을 수 없으므로 직업윤리는 그 직업적 특수성에 의하여 일반윤리와는 다른 특정한 윤리적 내용을 가지고 있다고 보아야 할 것이다. 따라서 직업윤리는 그 직업의 본래적 기능과 목적을 달성하기 위하여 지켜야 할 행위의 규범이라고도 정의할 수 있을 것이다.

2) 직업윤리의 중요성

우리들의 직업 활동은 수많은 사람들과 직 · 간접적으로 관계를 맺고 상호 작용을 하는 것이기 때문에 직업인들은 자신의 직업 활동을 수행함에 있어 사람과 사람 사이에 지켜야 할 윤리적 규범을 따라야 한다. '윤리'는 사람과 사람의 관계에서 우리가 마땅히 지켜야 할 사회적 '규범'이기 때문이다. 그러므로 직업 활동을 하는 사람들은 '직업윤리'를 지키지 않으면 안 된다. 이와 같은 직업윤리는 우리들의 공동체적인 삶에 있어서 핵심적인 중요성을 갖는다.

더욱이 수많은 이질적인 직업인들이 공식적이고 비인격적인 '거래관계'를 통해 직업 활동을 하고 있는 현대의 산업사회에서는 직업윤리의 중요성은 더욱 커진다. 전통적인 농업 사회에서는 대부분의 직업 활동의 대면적이고 인격적인 관계속에서 이루어졌지만, 현대 사회에서는 직업적인 관계가 대부분 비인격적이고, 간접적이기 때문에 직업인들 간의 '신뢰(trust)'의 중요성이 더 커지는 것이다. 직업인들에 대한 신뢰가 전제되지 않고서는 산업사회는 모래 위에 쌓은 성에 지나지 않는 것이기 때문이다.

직업적 활동과 거래의 신뢰성을 확보하기 위해 현대사회는 수많은 복잡한 법 규범들을 만들어 놓고 있지만 그것만으로는 충분하지 못하다. 법망을 피해서 자신의 개인적인 이익을 따르는 사람들은 어느 사회에나 있기 마련이기 때문이다. 그러므로 직업인들이 직업윤리를 통해 '자발적'으로 상호 간의 신뢰를 구축할 수 있어야만 현대의 산업사회는 '공정하고, 합리적으로'운영될 수 있다. 물론 직업윤리가 잘 확립된 사회에서도 일어날 수 있는 '예외적인' 범죄행위나 계약위반행위에 대해서는 공식적인 법 규범에 의한 제재가 필요할 것이다. 그러나 아무리 강력하고 많은 법적 규범이 제도화되어 있더라도 직업윤리가 확립되지 못한 사회는 부패, 부정, 비리, 범죄 등의 사회병리가 만연할 것이며, 서로가 서로를 믿지 못하는 불신사회가 되어 사회불안이 끊이지 않을 것이다(김정기 외, 2006).

3) 직업윤리의 기본덕목

(1) 직업적 양심

직업적 양심이란 직업인이 가져야 할 최소한의 도리를 의미한다. 직업적 양심에 따르지 않는다는 것은 직업인으로서 해야 할 최소한의 규범을 수행하지 않는다는 것을 뜻한다. 그러므로 직업적 양심에 따른 행동은 직업인이 지녀야 할 최소한의 윤리적 자격 조건이다.

일반적으로 직업적 양심을 말할 때 핵심 항목으로 책임과 성실을 제시한다. 이는 직업인의 전제조건이라 할 수 있다. 우리는 자기가 하는 일에 대해 책임의식을 가져야 한다. 책임의식을 갖고 직업적 업무를 수행해야 하며, 업무 수행의 결과가 좋지 않을 경우 그 결과에 대해 책임을 지는 자세가 필요하다.

물론 책임의 범위에 대해서는 논란이 있을 수 있다. 누군가가 특정 회사에 소속되어 있다 할지라도, 그가 가지고 있는 책임이 반드시 회사에만 국한되지 않을 수 있다. 특히 전문직 종사자나 사회적으로 중요한 직무를 수행하는 사람들의 경우 그들의 업무 수행과 업무결과는 사회적으로 중요한 영향을 미친다. 이 때문에 책임의 범위를 한 집단이나 회사가 아니라, 사회 차원에서 다루어야 한다는 주장도 설득력이 있다.

성실 역시 직업인이라면 반드시 가져야 할 가장 기본적인 덕목이다. 자신이 하는 일을 성실히 수행하지 않는 것은 직업과 직장 그리고 동료에 대해 기본적인 예의를 갖추지 못했다는 것을 의미한다.

(2) 연대의식

현대 사회는 치열한 경쟁 사회이다. 이러한 사회적 상황이 개인과 개인, 집단과 집단, 국가와 국가 간의 연대와 협력을 방해하는 현실적 힘으로 나타난다.

물론 경쟁이 꼭 나쁘다고 할 수는 없다. 그러나 과도한 경쟁은 연대와 협력을 불가능하게 만든다. 바로 이 점 때문에 경쟁만을 강조해서는 안 되며, 개인들 간의 경쟁도 무조건적으로 허용되어서는 안 된다. 현대 사회에서는 여러 부문 간의 연대와 협력을 필요로 하기 때문이다.

연대의식과 연대 행동은 한 국가, 한 공동체 내에서도 필요하다. 한 국가 내에는 다양한 이익 집단이 존재하고, 이들의 충돌 가능성은 항상 존재한다. 만일 이들 집단의 갈등과 충돌을 방치한다면, 결국 공동체 전체의 이익을 심각하게 침해할 수도 있다. 국제 사회의 평가가 나빠질 가능성도 높고, 경우에 따라서는 공동체 자체가 위기에 처할 수도 있다. 물론 국가 차원에서 강제력을 동원해서 문제를 해결할 수도 있으나, 윤리적 차원에서 문제를 해결하고자 한다면, 국가의 이익과 관련해서 각 이익 집단이나 기업들의 자제와 절제 그리고 연대가 필요하다. 연대와 협력은 공동체 유지 및 존속의 전제이다.

(3) 전문적인 기술과 지식의 습득

전문적인 지식과 기술의 습득은 직무 수행의 필수 조건이다. 또한 전문적인 지식과 기술의 습득은 신뢰와 존경을 받기 위한 조건이기도 하다. 우리는 직장생활을 하면서 업무를 정확하게 제대로 처리하는 동료를 신뢰하게 마련이다. 정확한 업무 처리 능력도 없으면서 말만 앞세운다거나, 권위를 앞세운다면 직장동료로부터 신뢰를 받을 수 없다. 특출한 전문성을 가지고 업무를 처리하는 동료나 상사에 대해서는 존경심을 표하기도 한다.

그렇듯 뛰어난 전문성은 누구나 가질 수 있는 것이 아니다. 뿐만 아니라 그것을 습득하고 배양하기 위해 흘린 땀은 마땅히 존중받아야 한다.

(4) 노동을 존중하는 태도

현대 사회에서 노동은 엄청난 사회적 힘으로 나타나며, 이것을 소유하고 관리하는 기업주는 사회적으로 상당한 영향력을 행사할 수 있다. 이처럼 노동은 기업주와의 관계속에서 이루어지며, 사회적으로 중요한 영향을 미칠 수 있는 요소이다. 뿐만 아니라 개인들의 생계유지를 가능하게 만들고, 자아실현의 원천이 되며, 사회 및 인간에 대한 개인의 의식이나 태도 형성에도 매우 중요한 의미를 띠고 있다.

기업주가 노동자의 노동을 존중하지 않는다면, 여러 심각한 문제가 나타날 수 있다. 우선 건전한 노동자-자본가 관계 형성이 불가능하다. 기업주가 자신의 경영 행위에 대해서는 높은 평가를 하고 존중하지만, 노동자의 노동 행위에 대해서는 낮은 평가를 한다면, 양자 간의 갈등과 충돌은 더욱 격심한 형태로 전개될 것이다. 노동자들은 기업주의 부당한 평가에 대해 집단적으로 저항할 것이고, 기업주는 그들의 저항을 용납하지 않을 것이기 때문이다. 이러한 일이 반복된다면, 노사 합의에 기초한 즐거운 일자리, 높은 생산성은 기대하기 어렵다.

기업주의 경영행위는 노동자의 노동행위를 전제로 한다. 아무리 좋은 계획이고, 아이디어라 할지라도, 노동자의 노동행위가 결합되지 않는다면 생산물은 나올 수 없다. 따라서 기업주는 노동자의 노동행위에 대해서 정당한 평가를 해야 하며, 이는 기업주가 마땅히 해야 할 의무이다.

또한 노동자가 자신의 노동 행위를 존중하지 않는 경우도 문제이다. 그 경우 노동자는 일을 즐겁게 할 수가 없을뿐더러 일을 할수록 고통스러울 것이다. 따라서 노동자 역시도 자신의 노동행위를 긍정적으로 평가해야 할 것이다.

(5) 인간애와 주도성

인간으로서 다른 인간에 대해 예의를 지키고 존중할 줄 아며, 배려를 한다는 것은 인간이 지켜야 할 최고의 덕목이다. 오로지 개인이라는 차원에서 판단하고 행위를 한다면 그는 자신의 근본, 즉 인간이라는 토대를 망각한 것이다. 나아가 인간애와 인간에 대한 예의는 모든 직업윤리의 근본이기도 하다. 인간을 배려하고 사랑하지 않는다면, 우리의 직업은 온전한 의미의 직업이라고 보기 어렵다. 인간애가 빠진 직업은 삭막하기 그지없다. 인간애를 고려하지 않고 직업을 선택 한다거나, 직업 생활을 영위하는 것은 윤리적으로 심각한 결과를 가져올 수 있다. 모든 직업이 정당화될 수 있고, 모든 직업적 행위가 용납될 수 있기 때문이다. 인간이 사회를 이루고 사회생활을 하는 한 윤리가 필요하다.

주도성은 스스로 강한 동기를 갖고 타인의 계속적인 감독을 필요로 하지 않으며 기대 이상으로 일을 해내는, 즉 '솔선수범'을 말한다. 도전적이고 기대 이상으로 일할 수 있는 능력을 갖추고, 주도적으로 자신의 일을 만족스럽게 완성하게 되면, 직업 활동의 폭이 넓어지고 보다 더 높게 성장할 수 있다.

2. 직업 활동에서의 윤리적 갈등과 대처방안

오늘날 대부분의 사회구성원들은 직장(조직)생활을 하면서 다양한 윤리적 갈등상황을 경험한다. 이런 윤리적 갈등상황에는 예를 들어 나의 이익과 회사의 이익이 대립할 때도 있고, 전문가로서의 직업윤리와 회사(조직)의 이익이 갈등하기도 하며, 공공의 이익과 나 또는 회사(조직)의 이익이 충돌하는 등 다양한 양상이 존재한다. 이런 윤리적 갈등상황에서 개인이 '어떤 선택을 하는가?'는 타인이나 조직, 나아가 사회에도 큰 영향을 끼칠 수 있다.

그런데 직장(조직)에서의 위와 같은 다양한 윤리적 갈등상황에서 명쾌한 해답을 찾고, 올바른 선택을 하는 게 결코 쉬운 일이 아니다. 그럼에도 불구하고 우리는 비윤리적 선택을 하지 않기 위해 다양한 노력을 끊임없이 기울이지 않을 수 없다.

그렇다면 여러 가지 이익이 갈등하고 대립하는 상황에서 윤리적인 방향으로 선택하기 위해 우리는 어떤 노력을 기울여야 하는가? 윤리적 결정을 내리기 위한 방법으로 다음과 같은 네 가지 단계를 제시할 수 있다(이관춘, 2006).

첫째, 개인적 가치에서 출발하라. 이는 윤리적인 가이드라인의 출발점을 개인이 지닌 가치에서부터 찾고자 하는 것이다. 삶에서 돈을 가장 중요하게 생각하는 사람이 있는가 하면 인간관계를 가장 중요하게 생각하는 사람도 있다. 인간은 자신이 소중하게 여기는 윤리적인 방향이 있을 때 사람은 상사의 말이나 이익이 쉽게 흔들리지 않는다. 따라서 개인이 윤리적인 가치를 더 많이 인식하고 더 소중하게 여기도록 하는 것, 그리하여 윤리적 가치를 지닌 사회구성원이 더 많아지도록 하는 게 필요하다. 이를 위해서는 교육뿐만 아니라 사회의 제도와 문화가 함께 뒷받침되어야 한다.

둘째, 황금률을 적용해보라. 여기서 황금률이란 황금처럼 오랜 시간을 거쳐도 변하지 않는 삶의 규칙을 말한다. 윤리는 기본적으로 인간이 타인과 함께 살 수밖에 없는 존재이기에 요청되는 것이다. 또한 윤리적 갈등상황에서 타인과의 관계에 대해 황금률을 적용하라는 것이다. 나와 타인과의 관계에 대한 황금률의 내용은 다양하게 변주될 수 있다. 즉 내가 원하지 않은 것을 남에게도 하지 말라는 것, 내가 인격적인 대우를 받고 싶다면, 나도 남을 그렇게 대우해야 한다는 것, 내가 싫어한다면, 남도 싫어한다는 것을 인식하는 것이다. 윤리적 갈등상황에서 흔들릴 때 이런 황금률을 적용하자는 것이다.

셋째, 공개적인 폭로를 가정해보라. 이는 어떤 비리나 잘못된 결정을 한 자신의 선택이 신문이나 TV에 완전히 공개적으로 폭로되었을 때를 가정해 보자는 것이다. 예를 들어, 내가 뇌물을 받고 부실을 눈감아주었다고 공개되었을 때, 어떤 기분이 되겠는가, 어떤 심정이 되겠는가를 상상해보자는 것이다. 나와 우리 가족을 향하는 사람들의 비난과 항의를 상상한다면, 내가 지금 하려는 선택의 비윤리성을 좀 더 본명하게 인식하게 될 것이다.

넷째, 보편화 원칙에 대입해보라. 이는 잘못된 행위가 타인에게 미치는 영향에 초점을 맞춘다는 측면에서 황금률 적용이나 폭로 테스트와 같은 맥락이긴 하지만 좀 더 넓고 일반적인 시선에서 질문을 던진다. 이런 보편화 테스트의 물음으로는 '다른 사람들이 모두 지금과 같은 나의 선택을 따라 한다면, 이 세상의 모습은 어떻게 될까?', '내가 지금 하려는 행동은 이 세상을 좀 더 좋게 만들 수 있는 그런 종류의 행동인가?'등이 있다. 보편화 원칙의 적용은 이런 물음들을 윤리적 갈등 상황에서 자신에게 던져보는 것이다.

이상으로 직업 활동에서 겪게 되는 윤리적 갈등 상황에 대처하는 기본적인 방법을 알아보았다. 윤리적 갈등 상황 앞에서 먼저 자신의 가치를 점검하고, 황금률도 적용하며, 자신의 선택에 대해 공개적인 폭로 테스트를 상상해보며, 보편화 원칙을 적용해보기도 하는 것이다.

이런 방법들을 통해 인간이 곧바로 윤리적 실천을 할 수 있다고 말하기 어려울지 모른다. 그러나 이런 노력을 통해 인간은 윤리적 인식에 좀 더 민감해지고, 좀 더 많이 고민하게 되는데, 이것이 윤리적 실천의 출발점이라 할 수 있다.

읽을거리

내부고발이란?

내부고발(whistleblowing)은 조직의 구성원(기존 또는 현직)이 조직 내에서 행해지고 있는 불법적, 비도덕적, 또는 비합법적(illegitimate)인 행위에 대해 영향을 미칠 수 있는 사람이나 조직에 알리는 행위로 정의 할 수 있다.

어떠한 사건이 발생했을 때, 그 사건 경위에 대해서 구체적으로 밝혀내는 가장 좋은 방법은 내부자가 진술해주는 것이다. 하지만 내부고발자들이 이렇게 자신의 목소리를 낸다는 것은 많은 고민과 엄청난 용기를 필요로 한다. 동료나 자신의 잘못을 인정해야만 하는데다가 옳은 길을 가기 위한 선택으로 인해 손가락질을 받는 경우도 있기 때문이다. 그렇기 때문에 기업과 사회는 이들을 보호하고 독려하기 위한 제도를 만들기 위해 힘쓰고 있다.

우리나라는 2011년 3월, 「공익신고자 보호법」이 제정되었다. 이 법은 '공익침해행위(국민 건강과 안전 · 환경 · 소비자 이익 · 공정한 경쟁 및 이에 준하는 공공의 이익을 침해하는 행위)'를 신고한 사람을 보호하고 지원하는 것을 목표로 만들어졌다.

이 법률에 따라 공익신고자(특히, 내부 공익신고자)는 '비밀의 보장''신변보호조치''인사조치''보호조치''불이익조치 금지''보상금 및 포상금, 구조금 등의 지급'을 요청할 수 있다. 즉, 신고자의 신분은 비밀에 부쳐지며, 공익신고로 인해 신변을 위협받는 경우에는 신변보호 조치를 요구할 수 있고, 직장 등에서 불이익을 당하지 않도록 요청할 수 있으며 그럼에도 불이익이 발생한 경우 보호 조치와 구조금 등을 요구할 수 있다. 또한, 공익신고를 통해 공공기관 등에 직접적인 수입의 회복 또는 증대를 야기한 경우엔 보상금을, 재산상 이익이나 손실을 방지한 경우엔 포상금을 받을 수 있다.

내부고발의 가장 큰 수혜자는 기업이다. 기업은 내부고발자의 목소리를 통해 회사 내의 문제점을 빠르게 확인하고 이를 시정할 수 있게 된다. 하지만 아직도 많은 기업들이 내부고발에 대해 부정적 인식이나 이를 배척하는 기업문화를 가지고 있다. 기업이 내부고발을 진심으로 독려하고 이들의 목소리를 적극 활용하기 위해서는 당장의 손해에 연연하며 질책하는 문화를 타파해야 한다. 부정행위가 장기적으로 기업에 미칠 위험성을 고려하는 기업문화가 확산되어야만 조직원들은 자신의 잘못을 인정하고 이를 시정하는 것에 대한 부담을 덜 수 있으며 내부고발을 더 적극적인 자세로 수용할 수 있다. 자사의 문제를 그 어떤 이해관계자보다 빠르게 확인하고 먼저 나서서 바로잡는 책임감 있는 기업, 신뢰할 수 있는 기업의 출발은 내부고발자에 대한 위상을 높이는 것임을 기억하자.

자료: 국민권익위원회(2017.12), 내부고발자를 지키기 위한 노력

비서의 태도

1. 비서의 직업윤리

1) 정직

정직은 인간에게 기본적으로 요구되는 규범이다. 회사의 규칙과 정책을 준수하며 불의한 행동, 즉 뇌물수수, 거짓진술, 회사 비품의 개인적인 사용 등을 하지 않으며, 정당하게 일을 하고 그에 대한 보상으로 임금을 받는 투철한 직업 정신이 필요하다.

2) 신뢰감

상사가 비서를 믿고 일을 맡기기 위해서는 신뢰적인 관계가 먼저 형성되어야 한다. 신뢰는 하루아침에 얻어지는 것이 아니라 일정기간 동안의 직무관계를 통해 쌓아 나가야 한다. 상사가 비서에게 상사의 일정에 관하여 이야기하지 않거나 비밀서류를 맡기지 못한다면 그것은 비서를 신뢰하지 못한다는 신호이다. 비서는 신뢰 받을 수 있는 행동과 정확한 업무처리를 통하여 신뢰를 쌓아 나가야 한다. 꾸준히 그리고 모든 업무처리에 있어서 상사의 신임을 얻을 수 있도록 최선을 다하고 행동하는 것이 필요하다.

3) 비밀엄수

(1) 문서관리

문서관리를 철저히 한다. 업무 중 책상에 놓인 서류도 잠시 자리를 비울 때는 안 보이는 곳에 보관하고 서류함이나 기타 자료들은 퇴근 시 꼭 잠그도록 한다. 컴퓨터 사용 시 중요한 서류에는 암호를 사용하며 컴퓨터 화면은 통로에서 보이지 않도록 한다.

(2) 기밀 발설 절대 금지

아직 공표되지 않은 사항은 회사 내의 친한 사람에게라도 미리 누설하지 않도록 한다.

(3) 유도질문 주의

전화 통화 시, 혹은 방문객 대응 시에는 답변할 때 주의해서 하도록 한다. 예를 들면 '출장 중'이라고 답변하면 충분한 것을, 부주의로 '포항에 출장가셨다'라고 대답할 경우 상대가 경쟁 회사일 경우 상대방은 이 한마디로 여러 사항을 유추할 수 있다.

(4) 서류유출 주의

회사명이 찍힌 서류봉투를 회사 바깥으로 가지고 나가지 않도록 한다. 자신도 모르게 경쟁사로부터 정보 수집을 위한 대상으로 선택될 수 있다.

4) 충성심

충성심은 상사에게 무조건 복종하는 것이라기보다는 자신의 임무를 최선의 결과를 위해, 최선을 다해 그리고 열심히 하는 것이라고 할 수 있다. 또한 업무처리에 있어 상사의 지위와 입장을 고려하며, 상사의 편에 서서 자신을 앞세우기보다는 상사가 돋보이도록 앞세우는 태도를 의미한다.

상사에 대한 충성심뿐만 아니라 회사에 대한 애사심이나 조직에 대한 관심도 포함한다. 자사에서 생산되는 상품에 대한 지식을 넓히고 회사에 대한 긍지를 가지며 회사의 생산성에 항상 관심을 기울여서 보다 능률적으로 업무를 처리할 수 있어야 한다.

2. 한국 비서협회의 윤리강령(Code of Ethics)

● 서문

전문비서윤리강령은 비서가 전문 직업인으로서 신뢰와 책임감을 갖추고 성실히 업무를 수행하며, 나아가 사회에 공헌하도록 함을 목적으로 제정되었다.

비서는 윤리강령을 준수할 의무를 지니며 직무를 수행함에 있어 본 강령을 행동준칙으로 채택한다.

Ⅰ. 직무에 관한 윤리

ⅰ. 【상사 및 조직과 고객의 기밀 유지】 비서는 업무와 관련하여 얻게 되는 상사나 조직, 또는 고객에 대한 정보의 기밀을 보장하고 업무 외의 목적으로 기밀 정보를 사용하지 않는다.

ⅱ. 【조직과 상사와의 관계】 비서는 전문적인 지식과 사무능력을 보유하고 업무를 효율적으로 수행함으로써 상사와 조직의 이익을 증진시킨다.

ⅲ. 【예의와 정직】 비서는 항상 상사와 고객에게 예의를 갖추어 친절하게 대하며 직무수행에 있어 직위의 범위를 벗어나는 언행을 삼가고 정직하게 임하여 신뢰를 받도록 노력 한다.

ⅳ. 【동료와의 관계 및 팀워크】 비서는 존중과 신뢰를 바탕으로 동료들과의 관계를 협조적, 우호적으로 유지하여 효과적인 팀워크를 이루어 나갈 수 있도록 노력한다.

ⅴ. 【보상】 비서는 최선의 업무결과에 대한 정당한 대우를 받을 권리가 있으나 부당한 목적을 위해 제공되는 보상에 대해서는 응하지 않는다.

ⅵ. 【자원 및 환경 보존】 비서는 업무 수행 시 경비 절감과 자원 절약, 환경보존을 위해 노력한다.

ⅶ. 【직무수행 봉사정신】 비서는 자신의 직무와 관련된 사항에 대해 직무수행 효과를 제고 한다.

Ⅱ. 전문성에 관한 윤리

ⅰ. 【전문성 유지 및 향상】 비서는 지속적인 자기 계발을 위해 교육 훈련 프로그램에 적극적으로 참여함으로써 비서로서의 전문성을 유지 및 향상시킨다.

ⅱ. 【전문직 단체 참여】 비서는 자신의 전문성을 향상시킬 수 있는 전문직 단체에 참여하여 정보 교환과 상호 교류를 통해 비서직 성장 발전과 권익 옹호를 도모한다.

ⅲ. 【품위 유지】 비서는 직업의 명예와 품위 향상을 위하여 노력한다.

iv. 【사회봉사】 비서는 지역 사회의 발전 및 공공의 이익을 도모할 수 있는 각종 봉사 활동에 적극적으로 참여한다.

3. 미국 전문비서협회의 윤리강령(Code of Ethics)

● 전문

비서직은 신뢰를 바탕을 둔 직종으로, 전문비서협회의 회원들은 비서에게 부과된 윤리적 의미를 인식하여, 회사와 고객 그리고 공공대중이 이익을 위하여 직무수행에 있어서 아래와 같은 윤리규정을 제정하고 공포한다.

▶ 강령 1

비서는 업무관계에 있어서 신뢰받는 대리인으로 행동한다. 직속상사와 회사의 이익증진을 위하여 지니고 있는바 지식과 기술을 발휘하여 가장 능률적인 태도로 책임을 수행한다.

▶ 강령 2

비서는 비서직과 비서직에 종사하는 사람들의 권위, 지위, 그리고 능력뿐만 아니라 비서직의 표준을 유지, 향상시키기 위하여 노력한다.

▶ 강령 3

첫째, 비서의 계속적인 근무, 급여, 그리고 승진에 관련되는 결정은 비서의 전문지식, 능력, 경험 그리고 업무성과에 따라 보상되어야 한다.

둘째, 비서는 동료들이나 상사가 개인적인 혹은 비업무적인 이익을 위하여 그들의 지위를 남용할 때, 협조하거나 묵과해서는 안 된다.

셋째, 비서는 직장에서 성별, 신조, 인종 혹은 나이로 인한 불이익이나 위협의 경우에 항의하여야 하며, 필요한 경우에는 해당부처에 알리도록 한다.

넷째, 비서는 직무수당, 직원혜택 등을 포함한 자신의 고용조건에 변화가 있을 때는 직속상사에게 알리도록 한다. 왜냐하면 이러한 요소들이 규정된 임무를 수행하는 데 있어서 비능률을 초래하거나, 적절한 업무수행을 어렵게 할 수도 있기 때문이다.

▶ 강령 4

비서는 공공대중의 안전과 복지의 수호와 증진을 제1차적인 중대한 의무로 인식하여야 한다.

4. 바람직한 비서의 태도

비서가 업무를 수행할 때 업무 수행방법 뿐만 아니라 업무 태도도 매우 중요하다. 왜냐하면 비서는 조직 및 상사의 이미지에 중대한 영향을 끼칠 수 있는 위치에 있으며, 비서의 업무들 중 많은 부분이 대인관계에서 일어나고 처리되는 일들이기 때문이다. 업무수행과정에서 비서의 태도는 업무성과와도 밀접한 관련을 가지므로 결코 소홀히 할 수 없다.

다음은 비서의 업무 본질과 관련해 필요한 태도와 마음가짐이다.

1) 상사로부터 신뢰를 받을 수 있도록 한다.

비서는 상사를 보좌하는 업무를 수행하므로 상사와의 신뢰관계가 형성되어야 원활한 업무 수행이 가능하다. 상사는 믿고 맡길 수 없는 사람에게 비서 업무를 줄 수 없기 때문이다.

비서가 상사의 신뢰를 얻기 위해서는 무엇보다 성실함과 진실한 태도로 상사를 보좌해야 한다. 이러한 태도는 상사와 비서 간의 인간적 유대 관계를 견고하게 해 주며, 나아가 신뢰감 형성에 이바지 한다.

또한 상사와 비서 간에 커뮤니케이션이 원활하고, 비서가 다양하고 도전적인 일을 좋아하며, 새로운 것을 배우려는 의욕이 높을수록 상사의 신뢰는 높아진다.

2) 상사를 존경하는 자세로 보좌한다.

상사의 일거수일투족을 일일이 파악하게 되는 비서는 상사의 장점뿐만 아니라 단점까지 알게 된다. 비서는 상사의 결점을 비난하기보다 이해하고, 가능하다면 자신이 보완적인 역할을 수행하며, 상사의 장점을 존경하는 마음가짐으로 보좌한다.

3) 상사의 업적을 높여 주는 일을 본분으로 생각한다.

비서는 항상 본연의 위치에서 벗어나지 않고, 상사를 표면에 나타나게 함으로써 상사의 업적으로 최대한으로 올릴 수 있도록 노력한다.

업무처리과정에서 절차 및 방법에 더 효율적인 방식은 없는지 검토 · 개발하여 자신의 업무처리능력을 향상시키고, 결과적으로 상사의 업적 향상에 이바지하도록 한다.

4) 상사의 사고방식 및 성격을 정확하게 파악한다.

상사를 대신하여 서신, 축하 및 대외 발표 문안을 작성할 경우, 상사의 입장에서 작성해야 하므로 비서는 평소에 상사의 가치관, 철학, 사고방식, 성격 등을 정확하게 파악해 둘 필요가 있다. 또한 이것은 상사의 말과 행동을 이해하는 데 도움이 된다.

5) 헌신적인 태도로 봉사한다.

헌신적인 태도란 조직이나 상사가 무엇을 원하는지를 적극적으로 파악하여 조직시민정신과 봉사정신으로 응하는 것을 말한다.

다방면의 지식 함양과 능력 계발[2]에 힘써 자신에게 주어진 일을 효과적으로 처리할 수 있도록 한다. 또한 일을 스스로 찾아서 열심히 함으로써 조직, 상사, 동료로부터 꼭 필요한 구성원으로 인정받도록 한다.

6) 기밀을 엄수한다.

비서는 업무 수행 중에 기업의 기밀사항이나 상사의 공적 또는 사적 비밀을 알게 되는 경우가 종종 있다. 이런 기밀사항은 무슨 일이 있어도 절대 누설해서는 안 된다는 것을 누구나 알고 있지만 지키기란 쉽지 않다.

기밀이 누설되기 쉬운 때는, '이 정도는 말해도 괜찮다'고 잘못 판단하여 말하거나, 회사 내부나 외부에서 불평을 늘어놓을 때, 또는 상대방의 관심을 끌려고 하거나 상대방의 교묘한 질문에 말려들 때이다.

---

2) 계발(啓發)은 '슬기나 재능, 사상 따위를 일깨워 줌'이라는 의미로 '상상력 계발'이나 '외국어 능력 계발'처럼 인간의 지적 능력을 나타내는 말과 어울린다. 이에 비해 개발(開發)은 재능이나 능력뿐 아니라 기술, 경제, 제품, 토지, 인력 등 물질적인 것과 조화를 이룬다. 같은 대상을 가리킨다 하더라도 '능력 등을 발달하게 하는 일'에는 '개발'을, '능력 등을 일깨워 주는 일'에는 '계발'을 써야 한다.

기밀을 누설하면 상사는 물론이고 조직에도 엄청난 영향을 미치게 된다. 기밀 유지는 비서 업무의 핵심이라 할 수 있으므로 항상 말과 행동에 신중해야 한다.

7) 준비는 세심하게, 처리는 분명하게 한다.

비서는 업무 진행시에도 세심한 사전 준비와 계획이 필요하다. 최선의 방법을 취할 수 있도록 대안을 검토하고, 사전에 충분한 조사와 준비에 신경을 쓴다.

그러나 실천 단계에 들어가서는 중요 사항이라고 하여 지나치게 신중하거나 망설이지 말고, 업무 처리 기간을 고려해서 신속·정확하게 처리하도록 한다.

8) 자신을 계발시켜 전문가로 인정받도록 한다.

자신의 일을 소중히 여기고, 업무와 관련된 분야에 대한 새로운 지식 및 기술을 꾸준히 습득하여 자신의 능력을 계발시켜 나갈 때 비서는 조직 내에서 인정받고, 더욱 책임 있는 업무를 위임받게 될 것이다.

5. 비서의 인간관계 태도

비서는 업무특성상 다양한 계층의 사람을 상대하게 되기 때문에 인간관계에서 고도의 기술이 요구된다. 비서의 직무특성상 고위의 상사를 보좌하다 보면 동료들로부터 소외당하기 쉬우며, 상사의 지위와 권력을 자신의 것으로 동일시하여 자신의 위치를 정확히 파악하지 못하고 행동하는 오류에 빠지기 쉽기 때문이다.

또한 비서는 조직 내에서 의사전달의 통로가 되기 때문에 조직 내 상황을 상부에 정확히 알림과 동시에 상부의 입장과 의사를 하부에 전달하는 역할을 한다. 그러므로 상사와의 인간관계나 동료와의 인간관계가 원만한 비서가 아니면 중간통로 역할을 효과적으로 수행할 수 없다.

인간관계를 원만하게 유지하는 것이야말로 비서의 인간관계의 핵심이다. 비서의 인간관계는 곧 상사의 인간관계에 영향을 미칠 수 있다는 사실을 잊지 말아야 한다.

비서의 인간관계 개선방법

- 상대방을 이해해야 함(항상 관용을 베풀 것)
- 상대방의 장점을 빨리 찾을 것
- 자신의 감정을 조절할 것
- 상대방의 이야기를 진지하게 들어줄 것
- 갈등과 실망에 찬 사람을 위로하고 용기를 줄 것
- 아는 체보다는 겸손한 마음으로 상대방을 존중할 것
- 이성을 갖고 차분하게 행동할 것
- 사소한 약속이라도 소중히 여기고 지키도록 할 것

1) 상사 및 내방객과의 인간관계

(1) 상사와의 인간관계

상사와 비서의 관계가 존경과 신뢰의 관계로 이루어지는 것이 이상적이다. 이를 위해서 비서는 상사의 업무영역에 필요 이상으로 개입해서는 안 되며, 사전에 합의되고 이양된 업무에 한하여 융통성을 발휘한다. 비서는 성숙한 태도로 상사의 단점이나 실수를 이해하며 조용히 보완 · 해결하는 태도로 임해야 한다. 상사의 업무나 성격을 잘 이해하고 항상 상사의 입장이 되어서 생각하고 행동하는 것이 필요하다.

상사와의 인관관계 개선방법

- 상사를 존경할 것
- 상사로부터 인정과 신뢰를 얻도록 할 것
- 모든 일은 상사를 기준으로 수행하고 판단할 것
- 상사를 바꾸기는 어렵지만 비서가 상사에 맞추기는 쉬움
- 어떤 유형의 상사와도 일할 수 있는 자신감을 가질 것

(2) 내방객과의 인간관계

비서는 회사를 방문하는 손님에게 그 조직과 상사에 대한 첫인상을 주게 된다. 전화를 받거나 손님을 응대할 때에 항상 마음에서 우러나오는 친절함과 상대를 위한 배려의 자세를 보인다면 고객들은 그 조직에 대해 좋은 인상을 가지게 된다. 또한 손님을 응대하는 입장에서는 손님을 공평하게 대우하는 것이 필요하다. 모든 손님에게 한결같은 친절한 마음으로 성의껏 응대하도록 노력한다.

내방객과의 인관관계 개선방법

- 자신의 태도와 자세가 외부인에게 큰 영향을 미칠 수 있다는 점을 기억할 것
- 상대방에게 기계적으로 대하지 말고 성의를 다하여 응대할 것
- 회사를 대표하는 마음가짐으로 친절함과 상대를 위한 배려심을 지닐 것
- 손님 응대 시 손님을 공평하게 대할 것

- 조직과 상사를 대표하는 입장임을 항상 명심하여 첫인상에 주의할 것

(3) 상사의 부하 및 타 부서와의 인간관계

비서는 상사로부터의 명령을 전달하는 경우에 정중함과 임기응변적인 재치를 가져야 한다. 상사의 부하 또는 직접 접촉이 없는 부서에 소속한 사람들에게도 회사 내 · 외부에서 마주치면 먼저 인사하는 등 작은 일도 항상 주의한다.

상사의 부하, 임원과의 인관관계 개선방법

- 조직 내에서 가장 어려워해야 할 인간관계는 상사의 부하나 간부급 임원들임을 명심할 것
- 전혀 예측하지 못한 오해나 원망을 들을 수 있음을 명심하여, 항상 깍듯이 대할 것
- 상사의 입장을 전달함에 있어 내용은 분명히 전달하되, 공손함을 지킬 것

2) 직장 내 인간관계

(1) 선배와의 인간관계

선배를 존중하는 태도를 가지고 지도를 잘 받고, 또 그것이 자신의 생각과 다르다고 해도 처음에는 종래의 방법에 따라서 일을 처리하고 자신이 상당한 책임을 가지고 업무를 수행할 수 있게 되었을 때 개선을 시도하는 것이 좋다. 또한 선배들 중에서 존경하고, 특히 자신의 미래에 되고자 하는 위치에 있는 인생의 선배를 직정에서 찾아 도움이나 조언을 구할 수 있다면 더욱 바람직하다.

(2) 동료와의 인간관계

비서의 직무성격상 조직 내의 고위 직급자와 주로 근무를 하다 보면 일반직원에 대해서는 자신도 모르는 사이에 불친절하게 대한다는 오해를 받기 쉽다. 따라서 일반부서의 사원들과도 직장 내 모임이나 취미활동 등을 통해서 폭넓은 인간관계를 형성하도록 한다.

다른 비서 및 동료와의 인관관계 개선방법

- 팀워크(team work)를 중시할 것
- 다른 비서와 원만한 인간관계를 유지하되, 업무적 기밀사항에 대해서는 선을 분명히 긋도록 할 것
- 자신의 상사뿐만 아니라 조직(비서실)의 상사, 선배비서에 대한 예우를 지키도록 할 것
- 후배 비서를 가르치려 하기 전에 자신을 냉철히 돌아볼 것(행동은 큰 가르침)
- 비서가 아닌 다른 사원들에게도 항상 친절하고 예의 바르게 대할 것
- 다른 사람들의 고충이나 의견들을 잘 선별하여 상부에 전달함으로써 가교역할을 충실히 해낼 것

(3) 후배와의 인간관계

후배로부터 신뢰할 수 있는 선배, 이해심 많은 선배로 존경을 받으려면 자신의 경험을 기초로 하여 친절하게 지도를 해야 한다. 선배의 입장에서 여러 가지 도움을 제공하여 신뢰받는 선배, 고충을 잘 들어주는 선배로서의 자세를 확립하도록 한다.

후배와 타인과의 인관관계 개선방법

- 본인이 후배로부터 '신뢰할 수 있는 선배', '이해심 많은 선배'로 존경을 받기 위해 노력할 것
- 사려깊은 배려와 체계적인 지도로 사무절차를 지속적으로 지도할 것
- 잘한 일에 대해서는 칭찬과 격려를 실수에 대해서는 신중하게 주의를 줄 것
- 자신의 입장에서, 상대방의 입장에서, 제3자의 입장에서 문제를 다각적으로 검토하고 종합적인 시야를 갖도록 노력할 것
- 균형있는 인간관계를 유지하기 위해 나 자신의 입장보다는 상사의 입장에서, 고객의 입장에서 상황판단을 하도록 할 것

자기

1. 자기의 발달

사람들은 사회생활을 하는 자신을 움직이는 내부의 '진짜 나(眞我)'가 있다는 생각을 한다. 비록 내가 보이는 행위가 상황마다 다르고, 감정이 시시각각 바뀌어도 그런 것들에 의해 영향을 받지 않으면서 지속적으로 나의 행위에 영향을 미치는 '참된 나'가 있으리라는 것이다.

이렇듯 자기(self)[1]는 한 개인의 전체로서 매우 폭넓게 사용되고 있다. 자기에 대한 인식은 태어날 때부터 주어지는 것이 아니다. 외부의 대상에 대한 인식이 거의 대부분 발달적 과정을 거치는 것처럼, 자기도 역동적인 과정을 통해서 만들어 진다.

1) 반영평가

사람은 태어나면서부터 다른 사람들과 상호작용을 시작한다. 유아는

1) 자아(ego)는 자기(self) 중에서도 특히 의식적인 부분을 의미하며, 또한 자기와 관련되어 있으면서 개인의 태도, 가치, 관심사를 구성하는 모든 심리적 현상과 그 고정을 의미한다.

양육을 주로 담당하는 부모와 상호작용하고 그 속에서 정서적 유대감을 형성한다. 그 후 발달하면서 유아의 상호작용은 또래와 낯선 사람으로 넓어지고 그 내용도 깊어진다. 이와 같은 대인관계를 통해 우리는 자기에 대한 정보를 획득한다. 구체적인 상황에서 나의 행동에 대한 상대방의 피드백은 나 자신에 대한 많은 정보를 제공해 준다. 가령 한 친구가 내게 내향적으로 보인다고 말하면, 그 정보는 내가 나 자신을 이해하는데 영향을 줄 수 있다.

상징적 상호작용 이론(Mead, 1934)은 자기지식(self-knowledge)의 사회적 근원을 설명한 이론이다. 이 이론에 따르면, 자기가 발달하기 위해서는 반드시 사회적 공간이 필요하고 그 속에서 이루어지는 한 개인의 행동은 다른 사람과의 상호작용 속에서만 이해할 수 있다. 이때 사회는 다양한 개인들의 조직적이고 유형화된 상호작용의 결과를 의미한다. 또한 사회는 다른 여러 사람들의 단순한 존재가 아니라 서로 다른 역할을 떠맡은 구성원들 간의 역동적 상호작용을 의미한다. 이러한 상호작용을 통해 이루어지는 사회화는 자신에게 의미 있고 중요한 타인의 태도를 따르는 것으로 시작해서 전체 구성원의 일반적인 태도를 따르는 것으로 나아간다.

이때 사람들은 다른 사람들로부터 자기를 배우게 된다. 반영평가는 다른 사람이 나를 어떻게 생각하고 있는지 그것에 대한 나의 생각이다. 우리는 자신의 삶에서 중요한 타인들이 우리를 어떻게 보는지를 파악함으로써 우리 스스로를 이해하고 평가한다. Cooley의 거울 속에 비친 자기(looking glass self)개념은 한 개인에게 중요한 타인들은 그 개인이 ㅇ떤 사람인지를 행동을 통해 마치 거울처럼 반사해준다는 의미이다. 사람들은 자신의 성격이나 행동을 평가하기 위해 반영평가를 사용한다.

상징적 상호작용 이론의 타당성은 한 개인에 대한 자기평가와 타인에 의한 평가의 일치 정도로 검증할 수 있다. 일찍이 Shrauger와 Schoeneman(1979)은 다수의 문헌을 검토하여 이 이론이 타당하다는 증거를 제시했다. 이후의 연구(Baumeister, 1999)들도 이 둘 사이에는 정적 상관이 있다는 것을 확인하였다. 특히 Kenny(1994)는 여러 사람들이 한 개인에 대하여 서로 비슷한 평가를 내리는 경우에 한해서 자기평가와 타인에 의한 평가의 관련성을 알아보았는데, 상당히 높은 관련성을 보였다. 그러나 자기평가는 다른 사람이 나를 어떻게 볼 것이라는 나의 믿음, 즉 반영평가와는 거의 동일한 정도로 매우 유사했다. 이러한 결과는 나의 반영평가가 나에 대한 타인평가와는 일정 수준 차이가 있다는 것을 보여준다.

이처럼 반영평가가 타인의 실제 평가와 다른 데에는 몇 가지 원인이 있다. 그 하나로 사람들은 타인에 대한 자신의 인상을 있는 그대로 드러내지 않을 수 있다. 사람들은 다른 사람들에게 좋은 인상을 주고 싶은 욕구를 가지고 있기 때문에(Goffman, 1959; Leary & Kowalski, 1990), 타인에 대한 부정적인 인상도 조금 완화해서 표현하거나 긍정적인 인상을 과장할 수도 있다.

또한 사람들은 타인의 피드백을 왜곡하거나 일부의 정보만을 선택적으로 취할 수 있다. 이와 같은 경향성은 어릴 때부터 나타난다. 아동들은 긍정적인 피드백을 제공하는 자극에 더 우선적으로 반응함으로써 자기를 긍정적으로 구성하는 전략을 선택하는데 이것을 긍정지향성(positive tropism)이라고 한다(Harter, 1998).

이와 같은 동기적 원인 외에도 사람들은 나에 대한 타인의 생각을 정확히 파악하는 데 인지적인 어려움을 겪는다. [그림 6-1]에서 보듯이 우리는 타인이 어떤 행동을 어떤 이유로 할지에 대해 자신의 현재 상황으로부터 때로는 부정확하게 추론할 수밖에 없다. 우리는 어떤 상황이든 타인의 행동이나 그 이유를 자신의 생각으로부터 추론해서 해석할 수밖에 없다. 우리가 직접 타인이 되어 보지 않는 한 이러한 추론은 틀릴 가능성이 있을 수밖에 없다.

반영평가 이외에도 사람들은 자신의 행동을 관찰함으로써 자기를 알 수 있다. 그들은 어떤 대상이나 쟁점에 대해서는 명확한 태도가 없을 수도 있고 맥락이나 행동과 관련하여 자신의 성격특성을 모를 수도 있다. 이와 같은 경우 자기지각이론(self perception theory)에 따르면 사람들은 때로 자신의 행동을 보고 자신이 어떤 사람인지를 결정한다. 예를 들면, 첫 산행에서 좋은 기분을 경험한 사람은 자신이 산을 좋아한다고 생각한다.

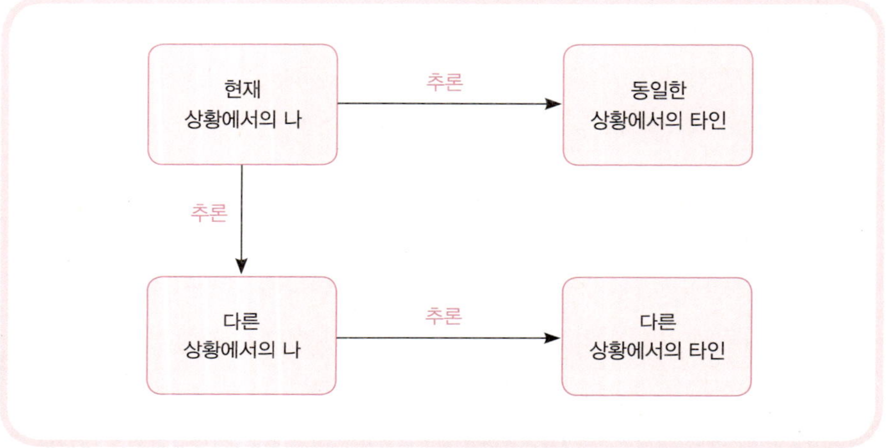

[그림 6-1] 자신과 타인의 행동에 대한 이해

2) 사회비교

한 개인이 자신을 어떻게 보는가 하는 것은 남들이 그 개인을 어떻게 보는가와 밀접하게 엮여있다. 자기에 대한 평가는 홀로 이루어지는 것이 아니고 다른 사람들과 관계하는 맥락 속에서 이루어진다. 가령 중간고사에서의 성적 80점이 높은 점수인지 아닌지는 다른 학생들의 점수에 따라 달라진다. 이러한 점에서 자기는 절대적인 실체가 아니라 사회적으로 중요한 기준과 비교해서 지각 · 구성 · 평가 되는 존재다(Klein, 1997).

사회비교이론(Festinger, 1954)에 따르면, 사람들은 자신의 의견과 능력을 평가하려는 동기를 가지고 있고 그러나 동기는 비교를 통해 충족된다.

우리는 자기평가를 위한 객관적인 비교 기준이 있을 때 그것을 이용하지만 그 기준이 모호할 경우 다른 사람의 의견이나 능력과 같은 주관적 평가기준을 사용한다. 이때 사회비교의 종류에는 비교의 방향에 따라 상향비교, 하향비교 그리고 유사비교로 구분할 수 있다.

상향비교(upward social comparison)는 비교의 대상을 자신보다 나은 사람으로 선택하는 것이다. 상향비교는 자신의 능력이나 노력에 대한 정보적 가치를 제공한다(Taylor & Lobel, 1989). 그래서 자기향상 욕구가 강한 사람은 상향비교를 통해 자신에게 도움이 되는 정보를 얻고자 한다(Feldman & Ruble, 1981). 그들은 자신의 능력이 좀 더 우수한 사람에 비해 어느 정도인지, 혹은 자신이 투자한 노력이 어느 정도 효과가 있었는지를 확인하고자 한다. 이때 그들은 상향비교를 통해 이러한 정보를 확보할 수 있고 때로 비교의 결과는 이후의 노력을 촉진하는 자극제의 역할도 한다. 뿐만 아니라 사람들은 상향비교를 통해 자신보다 우월한 사람과 동일시하면서 자기개념을 좀 더 긍정적으로 이끌 수 있다(Collins, 1996). 이것을 동화 효과(assimilation effect)라고 한다. 반대로 비교대상이 월등히 우월한 경우 상향비교는 자기에 대한 부정적 평가를 초래할 수도 있다. 이것을 대비 효과(contrast effect)라고 한다.

때로 사람들은 자신보다 못한 사람과 비교하는 하향비교(downward social comparison)를 선호한다. 즉 하향비교는 타인과의 비교에서 자기보다 열등한 사람을 준거 삼아 비교하는 전략이다. 하향비교는 자기개념이 위협받는 상황에서 그것을 보호하는 데 유리한 전략이다. 이 상황에서는 객관적 비교보다는 하향비교를 통해 주관적 안녕감을 유지하는 것이 더 중요한 동기다(Wheeler & Miyake, 1992). 또한 사람들은 자기를 긍정적으로 평가함으로써 좋은 기분을 느끼고자 한다. 이러한 동기가 강할 때 그들은 하향비교를 선호하는 양상을 보이고, 실제로 이를 통해 관계에 대한 높은 만족을 경험한다(Buunk, Ybema, Gibbons, & Ipenburg, 2001). 그러나 하향비교는 자신의 능력에 대하여 제공하는 정보의 양이 적고 자기고양을 위해 자신의 능력을 과장할 수도 있다(Alicke, 2000).

유사비교(lateral social comparison)는 자신과 유사한 사람과 비교하는 것이다. 이것은 자신과 유사한 상황이나 수준에 있는 대상을 준거로 삼아 자기를 비교하는 전략이다. 이러한 비교는 자신의 능력을 제대로 평가하기 위한 전략이다. Festinger(1954)에 따르면, 자기평가 동기는 유사한 대상과의 비교과정에서 커지고, 관련 특징이 비교 대상과 동등하거나 유사할 때 비교하려는 특징을 가장 정확하게 비교할 수 있다. 한 연구(Kulik & Mahler, 1989)에서 병원에 입원한 환자들은 가능하면 자신과 비슷한 처지의 사람들과 같은 방을 쓰고자 했다. 그들은 자신의 상황에 대한 불안과 불확실성 속에서 타인의 신념과 행동 및 태도를 파악한 후 자신의 행동이나 태도를 결정하고자 했다.

3) 문화

자기(self)는 주어진 맥락에서 다른 사람과의 상호작용을 통해 발달한다. 이러한 맥락 중에서 가장 포괄적인 것이 문화다. 한 문화의 구성원들은 주어진 물질적 조건하에서 가치, 신념 그리고 세상에 대한 의미체계를 공유하고 그것을 사회적으로 수용되는 행동으로 드러낸다(Kottak & Colson, 1994). 문화의 이러한 측면은 다음 세대로 계승되면서 그 안정성과 일관성을 확보한다. 또한 문화는 사회학습을 통해 다른 사람으로 획득하는 모든 종류의 정보로서 그것은 그 구성원들의 행동에 영향을 미친다(Richerson & Boyd, 2004). 그래서 동일한 문화에 속한 사람들은 유사한 제도와 관습의 영향을 받으면서 소통하고 행동한다. 이처럼 자기를 포함한 여러 대상에 대하여 사람들이 가지는 인식체계는 그들이 속한 문화의 영향 아래 있다. 문화를 분류한 가장 대표적인 차원이 집단주의와 개인주의다(Triandis, 1972). 집단주의 사람들은 자신을 개별적인 존재라기보다는 공동체의 일원으로 보는 경향이 강하다. 그래서 공동체가 부여하는 의무와 규범에 우선적으로 동기화됨으로써 개인의 목표보다 공동체의 목표를 우선시하는 경향을 보인다(Triandis, 1995). 따라서 타인에 대한 관심과 염려, 집단의 원활한 결속에 대한 깊은 관심, 상호의존성 및 집단의 통합과 조화, 건설적 대인관계, 가족의 안녕, 부모와 연장자에 대한 존경 등을 특징으로 하는 문화다. 이에 집단주의자는 집단을 단위로 사고하고 개인의 외적 요인에 반응하는 경향이 있다. 또한 내집단과 외집단에 대한 편향이 심한 것이 큰 특징인데 이러한 이유로 타문화에 대한 적응력이 낮은 편이다.

반면, 개인주의는 자신을 집단과는 어느 정도 독립된 개인으로 보는 문화에서 나타나며 개인의 선호, 필요, 권리를 집단의 그것보다 우선시하는 특징을 가진다. 따라서 개인주의 문화는 개인의 자율성, 독립심, 목표와 신념 그리고 만족을 중시하는 반면 집단의 결속에 대해서는 관심이 덜하다(Hofstede, 1992; Triandis, 1995). 그래서 이 문화권의 사람들은 개인적 의사결정에 따라 행동을 하고 따라서 행동의 원인을 개인 내부의 요인에서 찾는 경향이 강하다. 또한 그들은 개인의 필요에 의해 동기화되며 내집단과 외집단에 대한 구별이 명확하지 않다.

이와 같은 문화적 속성을 반영하여 Markus와 Kitayama(1991)는 상호의존적 자기와 독립적 자기를 제시하였다. [그림 6-2]에서 보듯이 상호의존적 자기는 집단주의 문화권의 구성원들이 보유하고 있는 자기 도식(self-schemas)[2]인데, 자기가 개인적인 요소로만 이루어진 것이 아니라, 중

2) 자기와 관련된 정보 처리를 가능하게 해주는 자신에 대한 생각들, 즉 자기 자신에 관한 정보의 망 조직으로, 과거 경험에 기초하여 조직한 자신에 관한 지식구조를 말한다.

요한 타인과 공유하는 부분이 있는 것이 특징이다. 이러한 특성으로 인해 상호의존적 맥락에서 자신을 지각하고 이해하는 경향이 강하다. 반면에, 독립적 자기는 개인주의 문화권의 구성원들이 보유하고 있는 자기 도식으로, 자기를 타인과 완벽하게 분리하여 이해하는 것이 특징이다. 이로 인해 독립적 자기개념을 가진 사람들은 타인보다는 자신에게 더욱 주목하는 독립적 특성을 강조한다.

독립적 자기와 상호의존적 자기는 일관성 차원에서 두드러진 차이가 있다. 독립적 자기는 외부와의 경계가 명확하고 개인의 자율성을 강조하는 특징이 있으며 타인이나 사회적 맥락으로부터 분리되어 존재하는 경향이 강하다(Geertz, 1975). 이러한 자기의 소유자들은 자기를 전체적으로 통합적이며 안정적인 실체로 보기 때문에 타인이나 상황적 요인의 영향을 받지 않는 것을 가장 중요하게 여긴다(Shweder et al., 1998). 즉 그들은 주변적 조건이 변화하더라도 자기의 변화하지 않는 일관성을 중요시하며, 그렇게 때문에 일관성을 유지하는 것이 정신건강에도 중요한 영향을 미친다(Ryan & Deci, 2000).

반면 상호의존적 자기는 개인적 태도나 성격 혹은 선호와 같은 개인의 내적 특성을 넘어 관계나 집단에서 조화와 역할을 중시한다. 그래서 상황에 따라 자신의 관계와 집단에 적절한 서로 다른 역할을 수행해야 한다. 이러한 자기개념에는 자기일관성 보다는 융통성이 더 중요한 개념이다. 예를 들어, Bon과 Cheung(1983)의 연구에서 자기를 기술할 때, 일본인은 상황에 관계없는 자기만의 내면적 특성을 미국인 보다 덜 언급하는 경향이 있었다. 반면, 미국인에 비해 아시아인은 자기가 속한 집단이나 그 안에서 맡고 있는 역할로 자신을 설명하는 경향성이 더 강했다(Rhee et al., 1995).

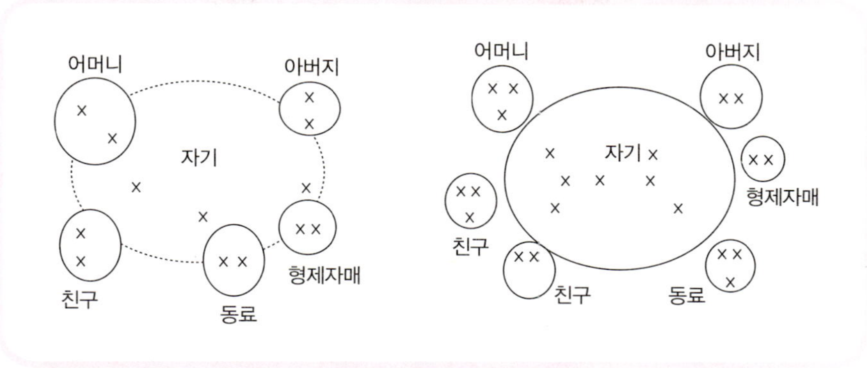

[그림 6-2] 상호의존적 자기(왼쪽)와 독립적 자기(오른쪽)

같은 맥락에서 상호의존적 자기를 지닌 아시아인들의 의사결정은 독립적 자기를 지닌 서구인들과는 다를 수 있다. [그림 6-3]에 등장하는 가운데의 2번 친구가 얼마나 행복해 보이는지를 물었다. 그 결과 서양인은 2번 친구가 두 그림에서 똑같이 행복해 보인다고 대답한 반면, 동양인은 왼쪽 사진 속에서는 행복해 보이지만 오른쪽 사진 속에서는 불행해 보인다고 대답했다. 이러한 결과는 독립적 자기를 지닌 사람들에 비해 상호의존적 자기를 가진 사람들은 자신이나 타인을 지각하고 평가할 때 맥락적인 요소를 더 많이 고려한다는 점을 잘 보여준다(김명진 외 2012).

[그림 6-3] 맥락적 효과

2. 자기에 대한 표상

1) 주체적 자기와 객체적 자기

James(1980)는 자기를 '한 개인이 자기 것이라고 말할 수 있는 모든 것'이라고 정의하면서, 주체적 자기(I-self)와 객체적 자기(Me-self)로 구분하였다. 여기서 'I'는 한 유기체에 대한 타인들의 태도에 대하여 그 유기체가 보이는 반응이며, 'Me'는 그 유기체가 가정하기에 자신에 대하여 타인들이 보이는 일련의 태도다. 즉, 유기체에 대한 타인들의 태도가 'Me'를 구성하고, 유기체는 'I'로서 거기에 반응한다. 이때 I-self는 종교심리학에서의 영성과 같은 개념으로 외적 영향을 받지 않은 순수한 개념의 자기를 의미한다. 반면에, Me-self는 사회 속에서 외부의 자극을 반영하는 의미들로 구성되기 때문에 객관적인 평가가 가능하다.

James는 객체적 자기를 세 가지 구성요소로 분석하였다. 물적 자기(material self)는 개인이 지니고 있는 것으로 자기의 신체, 의상, 가족, 집 그리고 소유물들로 구성되어 있다. 우리는 귀중한 것을 잃게 되면 스스로의 한 부분을 잃은 듯 비탄에 잠긴다.

사회적 자기(social self)는 우리와 접촉하는 타인들로부터 받게 되는 자기에 대한 인상, 평가들이다. James에 의하면 우리는 남과 단순히 어울리는 것이 아니라, 남들에게 나를 내 보이고 싶어 하고, 좋게 인정받으려는 욕구가 있다.

영적 자기(spiritual self)는 개인이 지닌 내면의 주관적인 것으로 성격, 취향, 정서 등의 심리적 속성들이다. 아울러 영적 자기는 생의 의미를 생각하고, 만물의 원리를 모색하는 등 사색적인 면모를 지니고 있으며 자기관조의 능력을 지니고 있다. James에 의하면 세 구성 요소 중에 가장 중요한 부분은 영적 자기다. 왜냐하면 "우리는 자기의 어느 다른 면모보다도 스스로의 도덕성과 양심, 고고한 의지로 사유하는 자기 모습을 볼 때 보다 순수한 자기 만족감을 느끼기"때문이다.

2) 현실자기와 가능자기

사람들이 자기개념에는 현재의 모습에 근거한 자기와 미래에 실현가능한 모습으로서의 자기가 있을 수 있다. Markus와 Nurius(1986)는 이런 자기를 각각 현실자기(current or now self)와 가능자기(possible self)로 명명하였다. 현실자기는 지금 상황에서 평가하는 자기로, 여기서는 자신의 이미지를 구축한 그 근거가 중요한 역할을 한다. 대부분의 현실자기는 과거 행동으로 구성된 자기의 틀을 의미한다.

반면, 가능자기는 자신이 미래에 어떤 사람이 될 수 있고 되길 원하는 것과 같은 미래지향적 요소를 포함한다. 그래서 가능자기는 자신의 잠재력, 미래의 목표나 기대 혹은 공포와 불안을 떠올리게 한다. 또한 가능자기는 자신이 기대하는 모습을 실현하도록 유도하는 강한 동기로 작용할 수 있다.

가능자기가 모두 이상적인 형태의 자기만을 지칭하는 것은 아니다. 가능자기는 미래에 긍정적으로 기대하는 자신의 모습, 즉 이상적 자기 또는 희망하는 자기와 피하고 싶거나, 염려하는 부정적인 모습, 즉 원하지 않는 자기 또는 두려운 자기로 구분할 수 있다. 일반적으로 긍정적 자기의 속성은 과업 지향적인 측면을 반영하는 반면, 부정적 자기의 속성은 하지 말아야 할 것을 알려준다(Wurf & Markus, 1983). 그래서 보다 나은 과업수행을 위해서는 이 두 속성의 자기가 균형을 유지할 때 가능하다. 다시 말하면, 긍정적인 가능자기는 원하는 것을 성취하기 위해 무엇을 해야 하는지 앞으로 할 행동의 기틀을 잡아준다면, 부정적인 가능자기는 현재 자신의 행동 중에서 피해야 할 것을 알려준다(Ruvolo & Markus, 1992). 따라서 가능자기는 미래의 행동에 대한 동기와 현재 행동에 대한 평가를 모두 수반한다.

3) 자기불일치이론

Higgins(1987)는 자기불일치이론에서 자기를 현실적 자기, 이상적 자기 그리고 당위적 자기로 구분하였다. 현실적 자기는 현재 자신이 가지고 있는 속성에 대한 것으로 자신의 지금 상태를 보여주는 지표다. 이상적 자기는 자신이 소망하는 속성에 대한 것으로 자신의 개인적 포부나 이상, 희망과 소망이 여기에 해당한다. 당위적 자기는 자신이 반드시 가지고 있거나 없어야 하는 속성에 관한 것으로 의무나 책임이 여기에 해당된다.

현실적 자기는 현재의 자기개념을 이루고 있는 반면, 이상적 자기와 당위적 자기는 자기 지시적 기준(self-direction standards)이나 자기지침으로서의 역할을 한다(Strauman, 1992). 말하자면, 이 두 자기는 현재의 우리가 추구해야 할 미래의 목표다. 이때 대부분의 사람들에게 현실적 자기는 이상적 자기나 당위적 자기와 차이가 존재한다. 사람들은 이러한 차이를 자신의 입장에서 평가하거나 다른 사람의 시각에서 평가할 수 있고, 그로 인해 많은 다양한 부적 정서를 경험하게 된다(Hewitt & Dyck, 1986; Higgins, 1987).

〈표 6-1〉에서 보듯이 사람들은 현실적 자기와 이상적 자기의 불일치를 자신의 입장에서 평가하면 자기성취나 효율성 부족 등과 같은 긍정적 결과의 부재로 실망, 좌절 및 우울을 경험한다. 또한 이들은 편두통, 소화불량과 같은 신체적 증상과 정서적 각성 상태가 매우 높다(Higgins, Vookles, & Tykocinski, 1992; Strauman, 1992). 이러한 차이를 타인의 시각으로 평가하면 애정이나 존경의 상실이라는 위협으로 수치심, 당혹감과 의기소침을 겪는다.

반면, 현실적 자기와 당위적 자기의 불일치를 자신의 입장에서 평가하면 죄책감, 자기비하, 불편감과 같은 자기 처벌적 정서를 경험하고, 타인의 시각에서 보면 의무 불이행으로 인해 처벌과 같은 부정적 결과를 연상하게 되어 두려움, 위협감, 공포 등의 정서를 경험한다(Stein & Jewett, 1986).

〈표 6-1〉 자기불일치와 관련된 심리와 경험하는 정서

불일치 유형	실제 자기-이상적 자기		실제 자기-의무적 자기	
불일치 본질	긍정적 결과의 부재		부정적 결과의 존재	
시작되는 관점	자신	타인	자신	타인
경험 정서	실망 좌절 우울	수치심 당혹감 의기소침	죄책감 자기비하 불편감	두려움 위협감 공포

자기불일치로 발생하는 부정적 감정을 감소하는 방법이 있을 수 있다. 먼저 이 불일치 상황에서 현실적 자기에 더 많은 비중을 두면 부족한 현재의 상태에 더 초점을 둠으로써 부적 정서가 더 크게 발생하지만, 이상적 자기나 당위적 자기에 더 큰 비중을 두면 긍정적으로 기대할 수 있는 미래에 초점을 둠으로써 긍정적 정서가 나타날 수도 있다. 또한 마음 챙김 훈련도 부적 정서를 완화하는 하나의 전략이 될 수 있다. 마음 챙김 훈련이란 자신의 마음속에 남아 있는 부정적 정서를 조절하기 위한 훈련의 한 방식이다.

4) 개인적, 관계적 그리고 집단적 자기

자기에 대한 표상을 개인적 자기, 관계적 자기 그리고 집단적 자기 등 세 가지로 설명할 수 있다(Brewer & Gardner, 1996).

개인적 자기(individual self)는 자신을 타인과 구별하는 중요한 기준이라는 점에서 타인과의 비교과정이 중요하게 관여한다. 또한 개인적 자기는 자기를 보호하거나 개선하려는 동기와도 밀접하게 관련되어 있다(Sedikides & Brewer, 2001). 기억 역시 개인적 자기에 중요한 요인이 이다. Klein(2001)에 따르면 일관적 자기라는 인식은 개인적 경험에 대한 기억에 근거할 때 가능하다. 또한 현재 자기의 개념에서 벗어난 과거 기억들은 점점 사라지기 때문에 자기와 기억은 상호의존적인 관계에 있다. 여러 기억

중에서도 절차기억이나 의미기억보다 일화기억이 자기와 더 밀접하게 관련된다. 왜냐하면, 일화기억은 경험을 그대로 유지하는 편이지만, 절차기억이나 의미기억은 과거의 경험을 추상적으로 재구성하기 때문이다.

관계적 자기(relational self)는 친밀감이 높은 대상과 맺는 중요한 관계로 자기를 표상한 것이다. 수많은 주변 사람과 관련해서 자신이 차지하는 위치와 맡은 역할이 바로 관계적 자신을 규정하기 때문에 그들이 나를 어떻게 생각하는지 그것에 대한 반영평가가 중요하다. 또한 관계적 자기는 중요한 타인을 보호하거나 발전시키고 관계를 유지하려는 동기와도 밀접하게 연결되어 있다.

집단적 자기(collective self)는 거대한 사회적 집단 속에서 내집단구성원과 외집단구성원 간의 비교를 통해 자기를 표상하는 개념이다. 집단은 사회적 생활에 대한 규범적 틀을 제공한다는 점에서 자기를 구성하는 매우 강력한 요인이다. 그래서 외집단의 사람들에 비해 내집단구성원들은 지각, 태도 및 행동에서 서로 더 유사하고 내집단을 더 긍정적으로 지각하는 편향을 보인다(Hogg, 2001).

그렇다면, 집단적 자기의 주된 기능은 무엇일까? 자신을 특정 집단과 구분할 수 있는 근거를 마련해주는 범주화 기능을 말한다. 범주화를 통해 자신이 속하거나 속하지 않은 집단을 규정함으로써 자신의 소속집단을 결정하고, 그 집단에 기초하여 자신의 사회정체성을 형성한다. 이 과정에서 탈개인화가 일어나는데 이 개념은 집단의 태도를 자신의 태도로 수용하는 것을 의미한다.

3. 자기의 개인차

1) 자의식

우리의 사고와 행위는 개인 내적인 맥락과 관계적 맥락에 걸쳐 이루어진다. 남들과 공유할 수 없는 자신만의 사고나 감정, 이미지와 같은 내면세계의 존재에 대한 깨달음 그리고 다른 사람들이 나와 다른 관점을 가지고 있다는 인식이 우리의 사고와 행동에 영향을 미친다. 이때 자의식(self-awareness)이란 사고, 욕구, 소망, 정서 등 자신이 누구인지에 대한 지식이나 자신에 대한 주의집중을 의미한다.

Duval과 Wicklund(1973)는 자의식을 주관적 자의식과 객관적 자의식으로 구분하였다. 주관적 자의식은 자신에 대한 직접적 관찰과 경험으로부터 생기는 자의식으로 지각과 행동의 원천이 된다. 반면에, 객관적 자의식은 자신을 타인의 행동, 태도 및 성격특성과 비교하거나 옳고 그름에 대한 사회적 기준과 비교함으로써 생기는 자의식이다. 그래서 객관적 자의식은 주관적 자의식에 비해 외적인 요인에 주의를 더 기울인다.

이런 자의식에는 하나의 성격특질로서 개인차가 있을 수 있다(Buss, 1980; Fenisgstein et al., 1975). 자신의 내부에 지속적으로 관심을 두는 사적 자기의식이 높은 사람은 사적인 특성, 사고, 감정, 가치 등 자신의 내적 측면들에 주목하는 경향이 강하다. 이처럼 사적 자아(private self)가 중심이 되는 자기의식은 내적이고, 자기중심적인 요구를 반영하는 동기가 활성화됨으로써 자신의 신념이나 주관적 규범이 자신의 태도나 행동에 보다 더 큰 영향을 미친다. 따라서 사적 자기의식이 높은 사람은 상대적으로 태도나 행동의 높은 일관성을 유지하는 경향이 있다.

반면에, 공적 자기(public self)가 중심이 되는 공적 자기의식은 다른 사람이 나를 인식하는 데 더 많은 주의를 기울인다. 공적 자기의식이 높은 사람은 사회적 존재로서의 자기, 즉 외모, 행동, 정서, 자기표현 등을 타인의 기준으로 평가하는데 초점을 두고 있다(Fenisgstein, 1979). 가령 "내가 타인에게 어떻게 보일지 걱정이다.", "내가 집을 나서기 전에 최종적으로 하는 일은 거울을 보는 것이다."와 같이 다른 사람에게 보이는 자신에게 주의를 집중한다. 이처럼 공적 자기의식은 사적 자기의식과 달리 개인의 사고와 행동에서 그 자신의 내적 상태가 그다지 중요하지 않다는 점이다. 그래서 공적 자기의식이 높은 사람의 행동은 상황에 따라 변함으로써 상대적으로 일관성이 낮다.

자기의식이 지나치게 높으면 자기의식과잉(excessive self-consciousness)으로 인해 심리적 장애를 겪을 수도 있다. 지나친 자기의식은 강박증, 대인민감성, 우울 및 불안을 야기할 수 있고, 특히 지나치게 높은 공적 자기의식은 공포증과 정신증에도 영향을 미칠 수 있다.

2) 자기검색

성공적인 사회생활을 위해 사람들은 타인의 기대에 부응함으로써 그들의 인정을 받고, 그들에게 좋은 인상을 주고자 노력한다. 사람들의 이러한 심리적 특성을 설명하기 위해 Snyder(1974)는 자기검색이라는 개념을 제시하였다. 자기검색은 자신의 행동이 사회적으로 적절한 것으로 평가받도록 하기 위해 의식적으로 자기관찰, 자기통제 및 자기관리를 하는 전략이다. 구체적인 행동에 대한 자기검색은 타인이 수용할 만큼 자신을 얼마나 적절하게 표현하는가의 문제로, 다양한 상황적 조건에 따라 적합한 행동을 잘 수행할 수 있는가를 평가할 수 있다(Zuckerman, Gioioso, & Telini, 1988). 따라서 자기검색은 사회적 상황에서 자신의 표현과 타인의 표현을 조화시키기 위해 여러 상황적 단서에 맞추어 자신의 행동을 조절하고 관리할 수 있는 능력이라고 할 수 있다.

자기검색 수준이 높은 사람은 자신이 접하는 사건, 대인관계, 일과 같은 상황에서 자기를 적절히 표현하는데 필요한 기술을 가지고 있다. 또한 그들은 자신과 관련된 사회적 정보를 능동적으로 찾고자 하며, 자신의 표현이나 자기과시가 타인에게 어떻게 보일지 그런 점에서 민감하게 반응하여 상황단서를 자기 방어적 수단으로 사용하기도 한다. 반면, 자기검색 수준이 낮은 사람은 행동을 내적 기준을 통해 결정하며 자기에 대하여 타인이 가지고 있는 정보에는 큰 관심이 없다. 그래서 환경의 변화에도 적응적으로 행동하지 못하는 면이 있고, 비효율적 대처전략을 고수할 가능성도 높다.

그러나 자기검색을 많이 하는 사람이 늘 긍정적인 것만은 아니다. 자기검색이 지나치게 높은 사람은 내적 자의식이 결핍되어 장기적 목표를 지향하는 데 어려움을 겪을 수 있고(Metcalfe & Mischel, 1999), 자기통제력이 저하되어 즉각적인 보상에만 반응할 수도 있다(Hinson et al., 2003).

3) 자기복잡성

자신이 누구인지를 생각할 때 어떤 사람들은 자신의 다양한 사회적 역할, 대인관계, 활동, 성격특성, 목표 등을 고려할 수 있는 반면 다른 사람은 이 중에서 한두 가지만 고려할 수도 있다. 이처럼 자기복잡성(self complexity)은 자기개념 속에 들어 있는 개별적이고 관련이 없는 자기측면(self-aspects)들을 지칭하는 개념이다. 자기측면은 구체적인 사건과 행동에 대한 정보를 포함할 수 있고, 자신의 특정 행동이나 자기관련인식(예, 능력, 관계, 기대, 역할, 신체 등)을 포함할 수도 있다. 따라서 자기복잡성은 자기개념을 구체화하는 과정에서 드러나는 자기도식이라고 할 수 있다.

자기복잡성은 크게 두 가지 방식으로 평가할 수 있다. 그 하나는 자기개념 속에 있는 자기측면의 개수로 정의할 수 있다. 자기측면의 개수가 많을수록 자기복잡성은 증가한다. 또 다른 방식은 자기측면들의 중첩 정도로 자기복잡성을 측정할 수 있다. 중첩 정도는 다양한 자기의 모습들이 서로 얼마나 비슷한지 혹은 다른지를 나타낸다(McConnell et al., 2005).

자기측면들이 서로 많이 중첩되어 있는 경우 파급효과(spill-over effect)가 생겨 자기의 한 측면과 관련해서 발생한 반응이 다른 측면에까지 영향을 주게 된다. 따라서 자기측면들 간의 중첩정도가 낮을수록 자기복잡성은 높다고 할 수 있다.

Linville(1987)에 따르면, 자기복잡성이 높은 사람들은 자기측면의 수가 더 많고 경계가 분명하기 때문에 상대적으로 확산이 적게 일어나서 완충할 수 있다. 반면에, 자기복잡성이 낮은 사람들은 자기측면의 수가 적고, 경계가 불분명하기 때문에 상대적으로 확산이 크게 일어난다.

4. 자기와 동기

1) 행위주체로서의 동기

(1) 자기조절

자기조절(self-regulation)이란 환경의 요구에 따라 행동을 시작하고 멈추는 것에서부터 사회적이고 교육적 활동에 이르기까지 자기행동의 강도, 빈도와 지속성을 조절할 수 있는 능력을 의미한다(Kopp, 1982). 구체적으로 자기조절은 자신의 행동에 대한 지속적인 자기검색, 획득한 정보에 대한 자기평가 그리고 적절한 행동에 대한 보상으로서의 자기강화를 사용하여 자신의 행동을 통제하는 것이다. 자기조절 능력으로 인해 우리는 하고자 하는 목표나 목적을 성취하기 위한 행동을 유지할 수 있고 다른 외부적인 제한이 있더라도 비교적 안정된 행동을 수행할 수 있다.

실제 자기조절을 잘 하는 사람은 과제 수행 수준이 높고, 계획이나 문제해결과 같은 고차원적인 인지기능을 포함하는 실행기능이 뛰어나며, 학교와 직장에서 목표를 성공적으로 달성하고, 좋은 대인관계를 형성하여 인기가 많으며, 신체적으로나 정신적으로도 건강하고 만족스러운 삶을 영위한다(Tangney, Baumeister, & Boone, 2004). 반면, 자기조절의 실패는 대부분의 사람들이 경험하는 개인적 혹은 사회적 문제를 야기할 수 있다.

또한 자기조절은 정서적 반응에 대한 통제를 가능하게 함으로써 대인관계를 증진시킬 수 있다(Schmeichel & Baumeister, 2004). 우리가 사회적으로 관계를 형성하고 유지하는 것은 과업과 관계라는 두 중요한 측면에서 강력한 보상을 받을 수 있기 때문이다. 따라서 사람은 누구나 관계에 소속되어 인정받고 싶은 욕구가 있는데, 그 과정에는 현재의 욕구를 억제하고 미래를 위해 자신의 감정이나 행동을 사회적으로 더 바람직하게 조절할 필요가 있다. 특히 타인 앞에서 부정적인 감정의 표출은 때로 인간관계에 해를 끼칠 수 있기 때문에 집단 내에서 자신의 부정적 정서를 조절할 필요가 있다(Gross & Thompson, 2007).

따라서 자기조절능력은 의사결정에 필요한 인지적, 정서적 및 행동적 차원을 효과적으로 활용하고 자기조절을 방해하는 요인들을 잘 다루어, 융통성 있게 환경에 적응하고 자신의 행동과 사고 및 감정을 효율적으로 다루는 능력이라고 할 수 있다. 이 과정에서 가장 두드러지게 나타나는 특징 중 하나는 사전사고 단계에서 나타나는 자기효능감이다.

(2) 자기효능감

자기효능감(self-efficacy)이란 자신의 수행이 긍정적인 결과를 가져올 것이라고 믿음으로써, 목표를 달성하기 위해 지속적으로 시도할 가능성을 높이는 심리적 특성을 말한다. Bandura(1982)는 자기효능감이 높을 때 사람들은 어려운 상황을 이겨내고 긍정적으로 승화하는데 필요한 동기, 인지적 자원 그리고 행동을 최상화할 수 있다고 강조한다. 주어진 일을 할 수 있다는 자신에 대한 강력한 믿음은 그 과업을 시도할 가능성을 높이고 그 결과에도 긍정적인 영향을 미친다.

또한 자기효능감은 스트레스를 유발하는 상황에서도 제대로 적응하는 데 도움을 주는 원천이 될 수 있다. 자기효능감이 높은 사람은 자기신이 다양한 상황적 요구를 해결할 능력이 있다고 믿기 때문에 여러 어려움을 조절할 수 없다고 판단하거나 두려워하기보다는 해볼 만한 도전으로 생각하는 경향이 강하다. 그래서 그들은 스트레스 상황을 노력하면 얼마든지 해결할 수 있다고 사고하는 반면, 자기효능감이 낮은 사람은 자기의심과 일에 대한 두려움이 많아서 어려운 상황이나 과제에 부딪혔을 때 자신이 부족하다고 느끼는 경향이 강하다.

2) 자기고양 관련 동기

(1) 자아존중감

자아존중감(self-esteem)이란 자기 자신이 다른 사람들과 비교해서 전반적으로 훌륭하고 바람직한 사람이라는 주관적인 인식을 말한다. 일반적으로 사람들은 좋은 평가를 받기를 원하는데, 그러한 평가를 받는 사람들은 높은 자아존중감을 갖게 된다. 이때 높은 자아존중감을 유지하기 위한 전략에는 두 가지가 있을 수 있다. 먼저, 사람들은 자신뿐만 아니라 자신과 관련이 있는 타인, 단체 및 조직이 좋은 평가를 받으면 자아존중감이 높아진다. 또 다른 전략 사람들은 사회비교의 과정을 통해서 자아존중감을 높일 수 있다. 그들은 자신의 우월성을 추구하기 위해 하향비교나 상향비교의 전략을 선택하기도 한다.

자아존중감이 높은 사람은 자신의 가치를 보다 더 높게 평가하기 때문에 문제 상황에서도 그것을 해결할 수 있다는 자신감을 가지고 있다. 예를 들면, 자아존중감이 높은 사람은 삶의 만족도가 높고, 정신적으로도 더 건강하며, 대인관계도 우수하고, 학업수행과 위기대처에도 능숙한 것으로 나타났다(Lipschitz-Elhawi & Itzhaky, 2005; Swenson & Prelow, 2005). 그래서 심리적으로 약해지거나 외부의 스트레스에 노출되었을 때 자아존중감을 회복하는 것이 가장 중요한데, 무조건적으로 자신을 존중하는 것이 가장 효과적인 대처방법 중의 하나다(Wickman & Campbell, 2003).

(2) 자기고양 편향

때로 우리의 인지과정은 중립적이기보다는 한쪽으로 치우친 경향을 보인다. 이러한 편향은 긍정적일수도 있고 부정적일수도 있다. 일반적으로 사람들은 타인과의 비교에서 자신이 더 낫다고 평가하는 경향이 있고 자신의 미래를 예측할 때에도 타인에 비해 좀 더 긍정적으로 예상한다. 이처럼 자기 관련 현실을 긍정적으로 왜곡해서 지각하는 경향을 자기고양 편향이라고 부른다. 자기고양 편향(self-enhancing bias)은 지나치지 않을 경우 개인의 정신건강과 더불어 대인관계와 같은 사회적 기능에 긍정적으로 기여하는 역할을 한다(Taylor et al., 2003).

때로 자기고양의 과정은 상당히 전략적인 모습을 보인다. 예를 들면, 자신이 중요시하지 않는 특성에서는 나쁜 평가를 받아도 크게 문제 삼지 않는다. 이처럼 자기본위적 편향(self-serving bias)은 자기에게 유리한 정보만 수용하거나 특정 정보를 자신에게 유리한 쪽으로 해석하는 편중된 행동을 말한다. 부풀린 자기 평가는 기준이 비교적 뚜렷한 지능보다는 상대적으로 모호한 도덕성 영역에서 더 강하게 나타난다(Allison et al., 1989).

사람들은 귀인 편향을 통해 자아존중감을 유지할 수도 있다. 즉 실패한 일은 상황 탓으로 돌리고 성공한 일은 자신의 능력이나 노력 덕분으로 여김으로써 자아존중감을 지킬 수 있다. 또한 자아존중감이 위협받는 상황에서 사람들은 그 상황을 회피함으로써 자기를 보호하기도 한다. 이것을 자기불구화(self-handicapping)라고 한다.

(3) 인상관리이론

사람들은 다른 사람과의 상호작용 속에서 다양한 역할을 하지만 그 수행결과는 상황과 타인에 의해 달라진다. 사람들은 삶이라는 무대에 오른 배우로, 사회적, 심리적 또는 물질적 목표를 달성하기 위해 관련된 사람들에게 주는 자신의 이미지를 관리하고자 노력한다(Leary & Kowalski, 1990). 따라서 자기 인상관리는 의도적이며 목표 지향적인 편향된 행위라고 할 수 있다. 인상관리이론(Goffman, 1959)에 따르면, 이러한 목표를 달성하는 하나의 방법은 다양한 상황에서 자신의 행동을 조절해서 상대에게 전략적으로 자기제시를 하는 것이다.

자기제시(self-presentation)는 다른 사람이 자신에 대해서는 형성하는 인상을 관리하려는 시도다. 이렇게 관리한 인상은 자기 자신에 대한 지각뿐만 아니라 다른 사람들의 지각도 모두 반영하고 있다. 즉 사람들은 다른 사람이 자신을 어떻게 보고 평가하는지 그것에 지속적으로 관심을 가지면서 좋은 이미지를 전달하려고 노력한다. 이때 타인에게 긍정적 인상을 주고자 하지만 성공에 대한 확신이 없을 때 대인불안이 생긴다.

자기제시는 나에 대하여 타인이 갖는 인상을 조절하려는 것으로, 타인과 상호작용하는 과정에서 자신의 이미지를 조절함으로써 원하는 인상을 그들에게 주려는 일련의 의식적 · 무의식적 행동이다(Gardner & Matinko, 1988). 이때 타인이 형성한 자신의 인상을 설정하고 유지하거나 개선하기 위해서는 자기검색의 과정을 거쳐야 한다. 또한 타인에게 좋은 인상을 주고자 동기화되었다면, 자신이 만들고자 하는 인상의 유형을 결정하고, 그 인상을 만들기 위해 어떻게 행동할 것인지 자기제시 전략을 결정하여야 한다. 예를 들면, 목소리, 활동, 옷차림새 그리고 또 다른 여러 수단들을 통해 우리 자신의 인상을 전달할 수 있다.

인상관리 전술은 개인이 자기노출, 아부, 위협, 간청 그리고 과장하기와 같은 행동을 함으로써 자신의 인상을 관리하려는 행위들이다. 다시 말해서 현실 속에서 인상관리에 성공한 사람들이 상사로부터 강력하고 적극적인 관심을 얻어냄으로써 승진과 같은 이익을 얻기도 하고 자신에 대한 호의적인 인식을 주기도 한다.

3) 자기유지 동기

(1) 자기가치 확인 이론

자기가치 확인(self-affirmation)이란 총체적으로 긍정적 자기개념을 유지하기 위한 방법으로, 자기 이미지에 중대한 위협이 닥쳤을 때, 그 위협과 무관한 자기의 중요한 측면을 확인하는 것이다(Steele, 1988). 예를 들어, 중대한 시험에서 낙방한 사람은 자신이 매우 매력적이고 사교적인 사람이라는 점을 강조하면서 높은 자아존중감을 유지하고자 할 것이다.

자기가치 확인은 단순히 자기개념의 긍정적인 부분을 활성화시켜 정적인 느낌을 주는 것이 아니라, 자기가 위협받는 상황에서 그 위협을 완화하고 그 위협으로부터 벗어날 수 있는 심적자원을 제공한다(Steele, Spencer, & Lynch, 1993). 또한 자기를 위협하는 정보나 자극을 무조건 회피하는 것이 아니라, 그것을 체계적으로 점검하고 수용하도록 한다(Corell, Spencer, & Zanna, 2004).

(2) 자기확증이론

사람들이 자신을 칭찬하거나 좋아하는 사람을 좋아하고 자신을 비판하거나 싫어하는 사람을 거부하는 것은 매우 평범한 사실이다. 또한 호감은 일반적으로 상호적이어서 한쪽이 상대에게 호감을 보이면, 그 상대도 역시 호감을 보인다. 그렇다고 해서 자신을 칭찬하는 사람을 무조건 호의적으로 받아들이지 않는다. 사람들은 일반적으로 칭찬보다 비판을 더 충심 어린 것으로 생각한다. 그리고 상대의 칭찬이 아부와 같이 어떤 의도를 지닌 것으로 판단되면, 호감이 증가하지 않고, 스스로 부정적으로 생각하고 있는 특성에 대해 타인으로부터 긍정적 평가를 받는다 해도 그런 평가를 한 사람에 대해 친밀감이 높아지지는 않는다. 이것은 상호성(reciprocity)이 늘 일관적인 것이 아님을 의미한다. 이때 상호성이란 타인이 자신에게 한 만큼 동일하게 타인을 대한다는 의미다. 이런 현상을 포괄적으로 설명하는 이론이 자기확증이론(self-verification theory)이다(Swann, 1983).

자기확증이론은 자기를 긍정적으로 평가하는 사람에게 호감이 증가한다는 것이 아니라, 자신의 기대와 일치하는 정보를 선호하는 경향이 있음을 강조한다. 예를 들어, 사람들은 자기를 보는 관점이 자신과 일치하는 타인과 원만한 관계를 유지하는 반면, 자신과 다르게 인식하는 사람에게는 혼란스러움을 느낀다. 사람들은 타인으로부터 자기개념과 일치하는 평가를 받으면 진정성을 느껴 그 평가를 더 논리적이고 분별력 있는 정보라고 판단한다. 나아가서 사람들은 불확증적 평가를 피하고 확증적 평가를 유도하기 위해 보다 더 적극적인 전략을 사용하기도 한다. 또한 자기관점을 지지하지 않는 사람들보다는 지지하는 사람들과 더 관계를 맺고자 하고, 그 관계를 더 오랫동안 유지하고자 노력하는 등 선택적 상호작용을 한다.

대인지각

1. 대인지각의 원리

1) 개념

대인지각(person perception)은 다른 사람에 대한 인상형성을 지칭하는 개념이다. 우리는 이러한 지각을 통해 다른 사람의 성격을 추론하거나 그의 인상이 좋은지 혹은 나쁜지를 평가한다. 이때 지각이라는 말은 사물지각에서의 지각이라는 말과 항상 동일한 것은 아니다. 예를 들면, 우리는 어떤 사람의 움직임, 머리카락의 색깔 또는 몸의 크기를 사물지각과 같은 방식으로 지각할 수 있다. 그러나 사물지각과는 달리 우리는 그 사람을 보고 겉으로 드러나지 않는 그의 성격특성을 추론하기도 한다. 우리가 어떤 사람을 똑똑하다고 지각할 때, 이러한 지각은 그 사람의 똑똑한 성격특성을 직접적으로 관찰해서 이루어지는 것은 아니다. 대신에 이것은 그의 행동을 보고 그의 행동을 보고 그 사람이 똑똑할 것이라는 추론에 기초한 것이다.

대인지각은 사물지각과 여러 측면에서 다르다(Jones & Gerard, 1967; Kenny, 1994).

먼저, 대인지각의 대상인 사람은 사물과 달리 행위와 의도를 가지고 있기 때문에 스스로 자유롭게 운동하고 반응할 수 있다. 그래서 비사회적인 사물의 속성은 그들의 물리적 구조를 분석하면 드러나지만, 대인지각의 대상인 사람은 뇌의 해부와 같은 물리적 분석으로 그 속성을 모두 드러낼 수 없다.

둘째, 사물지각은 일방적이지만, 대인지각은 쌍방적이다. 그래서 한 쌍의 두 사람은 모두 지각자이면서 대상자이다.

셋째, 우리는 상대방을 지각하는 동시에, 나에 대한 상대방의 지각을 추측하기도 한다. 이러한 추측은 그에 대한 나의 지각에 영향을 미칠 수 있다. 예를 들어, 처음 만난 이성에게 호감이 생기더라도 그 사람이 나를 좋아하지 않는다고 생각하면 우리는 그에 대한 자신의 호감 수준을 낮출 수 있다.

마지막으로, 대인지각은 상호작용을 통해 변할 수 있기 때문에 시간적 차원을 고려하는 것이 필수적이다.

2) 대인지각의 특성

(1) 범주화

대인지각은 자동적으로 이루어지는 범주화를 통해 상대방의 성격특성을 추론한 다음, 필요하면 의도적으로 새로운 정보를 찾아 처음의 인상을 조정해 가는 과정을 거친다(Brewer, 1988; Friske & Neuberg, 1990). 이때 우리는 다양한 정보를 이용해서 사람들의 비슷한 특성을 가진 집단으로 묶는다. 이러한 범주에 기초한 정보처리는 도식(schema)에 근거한다. 도식은 특정 대상에 대하여 개인이 가지고 있는 지식이나 지식들 간의 관계, 그런 사례 등의 여러 내용을 포함한, 복잡하게 조직화되고 구조화된 인지의 세트다(Markus, 1977).

우리가 어떤 사람을 처음 보고 사용하는 범주 중에서 "Big Three"로 알려진 범주는 인종, 나이 그리고 성별이다. 우리는 여러 두드러진 생물학적 단서로부터 이 범주에 대한 정보를 쉽게 얻을 수 있다. 그래서 이 범주는 다른 사람들에 대한 지각을 다양한 상황에서 지배한다.

이처럼 범주에 기초한 인상은 각 범주에 대한 고정관념(stereotype)의 영향을 받는다. 고정관념이란 범주에 속하는 몇몇 사례의 속성을 그 범주에 속하는 모든 사람들에게 일반화하는 현상이다. 이러한 고정관념은 성별이나 인종에 따른 다양한 차별로 이어지기 쉽다.

(2) 내현성격이론

사람들은 상대방에게 주어진 특정 성격특질을 통해 또 다른 성격특질이나 행동을 그에게 부여하거나 추론한다. 이러한 경향성은 사람들이 특정 개인의 성격특질과 행동을 하나의 조직화된 실체라고 지각하기 때문에 나타나는 것이다. 이러한 조직화는 기본적으로 여러 성격특질 간의 지각된 일관성에 기초한다. 다양한 성격특질이 일관적으로 조직화되어 있다는 지각자의 믿음이 내현성격이론(implicit personality theory)이다. 즉 이는 어떤 성격특질은 다른 특질과 같은 범주에 속하고 또 다른 특질과는 같은 범주에 속하지 않는다는 지각자의 믿음이다. 내현성격이론은 도식의 한 형태로 추상적인 특질 간의 관계에 대한 사람들의 도식이다.

이때 '따뜻한-차가운'이나 '외향적인-내향적인'과 같은 중심특질(central traits)은 다른 특질에 비해 더 중요한 역할을 할 뿐만 아니라 좀 더 폭넓은 추론을 하도록 한다. 고전적인 연구로는 Ash(1946)는 중심특질로 '차가운-따뜻한'특질의 효과를 입증했다. 그는 두 집단의 학생들에게 동일한 사람을 기술하는 특질 목록을 읽어주었다. 한 집단에게는 '지적인, 능숙한, 근면한, 따뜻한, 단호한, 실질적인 그리고 신중한'의 목록을 제시하였고, 다른 집단에게는 '따뜻한'을 '차가운'으로 바꾼 것 말고는 나머지는 모두 동일한 목록을 제시하였다. 그 결과 두 집단은 이 사람에 대하여 매우 상이한 인상을 형성했다. '따뜻한'집단의 참가자들은 이 사람을 관대한, 행복한, 마음씨 좋은, 유머가 있는 그리고 인간적인 사람이라고 지각했다. 반면에, '차가운'집단은 이 사람을 마음이 좁은, 불행한, 화를 잘 내는, 유머가 없는 그리고 무례한 사람이라고 지각했다. '따뜻한-차가운'을 '공손한-무뚝뚝한'으로 바꾸었을 때 이러한 인상의 차이는 매우 미미했다.

또 다른 중심특질이 내외향성이다(Eysenck, 1973). 우리는 내향적인 사람은 비사교적이고, 생각이 많고, 소심하다고 생각하는 반면, 외향적인 사람은 사교적이고, 지배적이며, 대범하다고 생각한다. 한 연구에서 참가자들은 하나의 외향적 특성(예: 야심 있는)을 가진 사람이 다른 특성(예: 파티에서 수 시간 동안 다른 손님과 춤을 추는 행동)을 가질 확률을 평가했다. 이때 절반의 참가자는 평가할 사람이 외향적이라는 사실을 알고 있었고, 나머지 참가자는 이러한 사실을 모르고 있었다. 그 결과 후자에 비해 전자의 참가자들이 이 둘의 특성이 서로 더 연관되어 있다고 지각했다(Schneider & Blankmeyer, 1983). 이처럼 사람들은 외향적인 성격특질은 그에 부합하는 어떤 행동과 병행한다고 판단하는 경향이 있다.

(3) 초두 효과와 최신 효과

우리가 상대방에 대한 인상을 형성할 때, 그가 제공하는 모든 정보를 동일하게 중시하는 것은 아니다. 예를 들면, 우리는 상대방에 대한 인상형성에서 나중보다 처음에 제시된 정보를 더 중요시할 수 있다.

초두 효과(primacy effect)로 볼 때 첫인상인 중요한 이유는 그것이 이후의 인상에 대한 기저선 역할을 하기 때문이다. Ash(1946)는 두 집단의 참가자에게 한 가상적 인물에 대한 동일한 내용의 성격특질 목록을 제시하고 그 사람에 대한 인상을 보고하도록 했다. 첫 번째 집단의 참가자에게는 '지적인, 근면한, 충동적인, 비판적인, 고집 센, 시기하는'목록을 제시하였고, 두 번째 집단에게는 동일한 목록을 그 순서만 정반대로 해서 제시하였다. 즉 첫 번째 목록은 긍정적 특질에서 부정적 특질로 나아갔지만, 두 번째 목록은 부정적 특질에서 긍정적 특질로 나아갔다. 연구 결과 첫 번째 집단의 참가자들이 두 번째 집단의 참가자들에 비해 이 가상적 인물을 더 긍정적으로 지각했다.

이와 같은 초두 효과의 원인은 무엇일까? 처음에 제시된 형용사가 나중에 제시된 형용사의 의미를 변화시키기 때문으로 보인다. '지적인', '근면한'특질은 이후의 '비판적인'이라는 특질을 자신의 지적인 능력을 제대로 발휘하는 것으로, '고집 센'특질을 자신의 신념이나 입장을 견지하는 것으로 해석할 수 있게 한다. 반대로, '시기하는', '고집 센'특질은 이후의 '지적인'특질을 간교하거나 계산이 빠른 특질과 연결해서 해석하게 만들 수 있다. 또 다른 설명으로 초두 효과는 후속 자극에 대한 주의의 감소 때문에 나타나거나 초기의 정보에 근거해서 인상을 형성한 다음 이후의 정보를 경시하여 생길 수 있다(Anderson, 1981).

이와 반대로, 어떤 사람에 대하여 제시된 일련의 정보에서 나중에 제시된 정보가 인상형성에 더 큰 영향을 미칠 수도 있다. 이것을 최신 효과(recency effect)라고 한다. 초두 효과가 최신 효과 보다 더 강력하고 일반적이지만 최신 효과가 나타날 수 있는 여러 가능성이 있다. 가령 제시되는 두 정보 사이에 충분한 시간적 간격을 두고 두 번째 정보를 제시한 직후에 인상을 형성하도록 하면, 참가자가 처음의 정보를 망각할 가능성이 높기 때문에 최신 효과가 나타날 가능성이 크다(Myers, 2013). 또한 다수의 모범적인 행동 이후에 하나의 비열한 행동은 많은 주의를 끌기 쉽고 매우 진단적인 가치가 있어서 인상형성에 더 큰 영향을 미칠 수 있다. 또한 지각자가 정확한 판단을 하도록 동기화되면, 판단하기 전에 초기의 정보에 국한되지 않고 나머지 정보도 고려할 수 있다. Berza 등(1992) 연구에서 목표인물을 묘사하는 핵심 행동이 처음보다는 나중에 제시되었을 때 그것이 인상형성에 미치는 효과가 더 컸으며, 특히 그러한 행동이 매우 극단적일 때 최신효과가 초두 효과에 비해 훨씬 더 크게 나타났다.

(4) 긍정성 편향과 부정성 편향

사람들은 다른 사람을 평가 할 때 긍정적으로 평가하는 긍정성 편향을 가지고 있다. 판단, 회상, 연상 등 많은 언어적 행동이 낙관적인 경향을 띠고 있다(Markus & Zajonc, 1985). 그래서 사람들은 부정적 판단보다는 긍정적 판단을 하기 쉽고, 부정적인 용어보다는 긍정적인 용어를 기억하기 쉬우며, 단어 연상에서 긍정적인 단어를 떠올릴 가능성이 더 높다.

그러나 인상형성에서 긍정성 편향의 반대인 부정성 편향도 있다. 예를 들면, Fiske(1980)는 각 자극 인물의 행동을 담은 두 개의 사진을 참가자들에게 보여 주고 그 인물의 호감을 평가하게 했다. 이때 자극 인물의 특성으로 사교성과 시민운동을 극단성 차원과 긍정-부정 차원에서 조작하였다. 그 결과 참가자들은 극단적이거나, 부정적인 행동에 더 주의를 기울였으며, 자극 인물에 대한 인상형성에서 그러한 행동을 더 중시했다.

또 다른 연구에서 사람들은 중립적이거나, 우호적인 얼굴보다도 위협적인 얼굴에 더 주의를 기울이는 경향을 보였다. 참가자들은 한 세트로 이루어진 9개의 얼굴 자극 중에서 나머지 8개와 다른 형태의 하나를 찾는 과제를 수행했다. [그림 7-1]에는 3×2행렬 형태로 6개의 자극 세트가 제시되어 있다. 이때 각 자극세트는 서로 다른 얼굴 형태로 이루어져 있다. 예를 들면, 2행 1열에 있는 자극세트는 8개의 우호적인 얼굴과 1개의 중립적인 얼굴로 되어 있다. 연구 결과, 참가자들은 우호적인 얼굴보다 위협적인 얼굴을 더 빨리, 더 정확하게 찾아냈다(Öhman, Lundqris, & Esteves, 2001).

[그림 7-1] 얼굴의 표정에 따른 반응속도의 차이

더욱 사람들은 긍정적 사건에 비해 부정적 사건에 대하여 더 빨리 반응하고 그 영향력을 줄이기 위한 대처행위도 더 강하고 빠르게 한다. 동원-최소화 가설(Mobilization-Minimization Hypothesis)에 따르면, 긍정적 사건에 비해 부정적 사건은 생리적, 인지적, 정서적 그리고 사회적으로 더 강하고 빠른 반응을 유발한다. 또한 그 사건의 효과를 최소화하기 위한 생리적, 인지적 그리고 행동적 반응도 부정적 사건에 대하여 더 강하게 나타난다.

때로는 타인에 대한 우리의 첫인상이 바뀌기도 하지만, 어떤 경우에는 우리 자신의 신념을 지지하는 증거에 더 주목함으로써 자신의 첫인상을 유지하기도 한다. 이러한 경향성을 확증 편향(confirmation bias)이라고 한다. 또한 이러한 확증 편향은 성격특질에 따라 다를 수 있다. "Big Five"성격특질 중에서 호감성, 성실성 그리고 신경증에 대한 인상은 약간 반대 증거에도 쉽게 변화할 수 있는 반면, 나머지 외향성과 경험에 대한 개방성에 대한 인상은 모순적인 증거에도 불구하고, 지속될 가능성이 높다. 따라서 긍정적인 첫인상을 주는 것이 중요해 보인다. 일찍이 Newcomb(1947)은 자폐적 적대감 가설(Autistic Hostility Hypothesis)을 주장하였다. 이에 따르면, 일단 다른 사람에게 적대감을 갖게 되면 그는 의사소통을 회피하기 때문에 적대감을 바로잡을 수 있는 기회가 없다. 또한 그 사람에 대한 이용 가능한 정보에 반응하지 않고, 자신의 지각을 사회적 실체에 대입하여 정기적으로 점검하지 않기 때문에 자폐적이라고 할 수 있다. 반대로, 처음에 좋아하는 사람들은 이후에 더욱 상호작용을 많이 해서 더 잘 알게 된다.

2. 대인지각과 비언어적 정보

1) 얼굴

우리는 다른 사람의 얼굴 단서를 이용해서 그의 다양한 성격을 추론한다. 이때 얼굴 단서 중 매력과 같은 요소와 더불어 그 외의 얼굴 특성들도 대인지각에 영향을 미칠 수 있다. 한 연구(Rule & Ambady, 2008)에서 대학생들은 2006년 'Fortune 500'에 선정된 기업 중 최상위 25개와 최하위 25개 기업의 최고경영자 50명의 얼굴 사진을 보고 그들의 권력 특질(역량, 지배성 그리고 얼굴의 성숙성) 및 리더십을 평가하였다. 그 결과, 얼굴의 매력, 나이 및 호감을 모두 통제하고도 최고경영자의 얼굴에 나타난 권력 특질과 리더십은 그 회사의 3년간 평균 수익과 정적인 관계가 있었다.

한편 매력적인 얼굴은 성격특질을 추론하는 데 큰 영향을 미친다. 사람들은 아름다움은 좋은 것이라는 고정관념 혹은 신화를 가지고 있다. 그래서 아름다운 외모와 같이 하나의 긍정적인 측면을 가진 사람에게 여러 호감 가는 특질을 부여하는 경향이 있다. 이것을 매력적인 얼굴이 갖는 후광 효과(halo effect)라고 한다. 이러한 후광 효과는 관계적인 상황, 학교, 직장과 같은 다양한 맥락에서 매우 보편적으로 나타난다. 사람들은 매력적인 사람이 지적이고, 사교적이고 외향적이며, 자신감이 높다고 생각하는 경향이 강하다(김혜숙, 1993). 그런데 매력적인 얼굴에 대한 이러한 고정관념은 지능이나 적응과 같은 인지적 능력보다는 외향성, 자신감 같은 사회적 역량을 지각하는데 더 강한 반면 진실성이나 타인에 대한 배려에 대한 평가에는 큰 영향을 미치지 않는 것으로 보인다(Eagly et al., 1991).

후광효과와 반대로, 우리는 얼굴의 매력이 낮은 사람들이 덜 사교적이고, 덜 이타적이며, 덜 지적일 것이라고 생각한다(Griffin & Langlois, 2006). 이것을 부정적 후광효과 혹은 악마 효과(devil effect)라고 한다.

그러면 우리는 다른 사람의 매력을 얼마나 빨리 판단할 수 있을까? 여러 연구에 따르면, 우리는 신체적 매력에 대한 지각을 아주 짧은 시간에 한다. 한 연구에서 참가자들은 신체적 매력이 서로 다른 남녀 대학생(얼굴과 어깨)을 100ms 동안 흑백 스크린으로 본 다음 그들의 매력을 평가하였다. 그 결과 참가자들은 성별에 상관없이 평가 대상 대학생의 신체적 매력을 매우 잘 변별하였다(Locher et al., 1993).

2) 키와 몸무게

얼굴 특징뿐만 아니라 키도 대인지각에 상당한 영향력을 행사한다. 키는 신체적 매력을 결정하는 요소 중의 하나다. 한 실험 연구(Elman, 1977)에서 대학생들은 '공모전신청서'를 보고 그것을 작성한 남자 대학생의 성격을 평가했다. 이때 남자 대학생의 키를 크거나 작게 조작했다. 그 결과, 실험 참가자들은 키가 큰 남자 대학생을 더 외향적이고 매력적으로 지각했다.

키에 대한 지각은 존중감에 대한 지각과도 밀접하게 관련되어 있다. Lechelt(1975)의 연구에서 대학생들은 항공 엔지니어, 변호사, 기자, 성직자 등 10개 직업을 가진 남자들의 키를 추정했다. 3개월 후에 이 대학생들은 이러한 직업을 가진 사람들을 개인적으로 얼마나 존중하는지 평정하였다. 그 결과 대학생들은 키가 큰 사람들을 더 존중했다. 여러 메타분석에 따른 결과에서도 키가 큰 사람은 작은 사람에 비해 더 높은 자아존중감을 지니고 있었고, 직업적으로도 지도자의 위치에 있었으며 더 많은 수입을 올렸다(Judge & Cable, 2004).

몸무게 역시 인상형성에 큰 영향을 미치는 요인이다. 오늘날 서구화된 대부분의 문화권에서는 비만인 사람보다는 마른 사람을 더 매력적으로 지각한다. 더군다나 사람들은 보통의 사람들에 비해 비만인 사람들이 게으른, 무능한, 권태로운, 버릇없는 등과 같은 부정적인 성격특질을 가지고 있다고 생각한다(Brochu & Morrison, 2007).

3) 목소리

목소리를 음성지문(voiceprint)이라고 할 정도로 각 개인의 목소리는 독특한 비언어적 단서를 제공한다. 이러한 단서는 매우 풍부해서 우리가 다양한 차원의 인상을 형성하는 데 기여한다. 목소리의 매력에 대한 한 연구(Zukerman & Miyake, 1993)에서 단조롭거나, 비음이 큰 목소리일수록 매력이 낮고, 목소리의 크기와 울림 그리고 발음의 명료성이 클수록 매력적이었다. 그러나 음의 높이, 날카로움, 울림 등이 지나치게 낮거나 높으면 매력이 떨어졌다. 또한 매력적인 목소리를 가진 사람은 성격 평가에서도 더 우호적인 인상을 주었다. 그들은 더 따뜻하고, 호감이 가고, 정직하고, 우월하고, 성취 지향적인 사람으로 평가를 받았다. 매력적인 목소리의 이러한 효과는 목소리만 들려주거나 목소리와 얼굴 모습을 모두 제시한 경우에도 나타났다.

목소리는 그 사람의 연령, 성 등을 파악하는데도 유용하다. 사람들은 빈도, 음높이, 강도, 크기, 각 분절의 발음 기간 등 다양한 음성적 단서를 이용해서 상대방의 연령을 정확히 예측할 수 있다(Schötz, 2003). 나이가 들면서 목소리의 높이와 말의 속도가 낮아지는 경향이 있는 반면, 아이들은 성장할수록 말의 속도가 더 빨라지고 발음도 더 정확해진다.

4) 쳐다보기

사람들은 상호작용하면서 매우 다양한 시선 행동을 한다. 어떤 때는 상대방을 똑바로 쳐다보기도 하고, 또 다른 때에는 그의 시선을 피하기도 한다. 우리는 사람들의 이러한 시선행동을 통해 그들에 대한 인상을 형성한다. 또한 대인 간 상호작용에서 쳐다보기에는 큰 개인차가 있다. 정상적으로 쳐다보는 행동의 비율이 전체 상호작용의 30% 이하부터 70% 이상까지 매우 광범위하게 분포하고 있다(Richmond et al., 2012).

쳐다보는 시간도 인상형성에 영향을 미친다. 일반적으로 기대하는 것보다 좀 더 오래 서로 쳐다보는 것은 더 친밀하게 지내고 싶다는 바람을 보여 주는 신호로 지각된다(Knapp et al., 2014). 그러나 서구와 같은 문화에서 적절하다고 생각하는 것보다 일방적으로 더 오래 쳐다보면, 사람들은 그러한 사람을 너무 앞서가거나 무례한 사람으로 여긴다. 또한 말하는 사람을 쳐다보는 것은 그 사람이 말하는 것에 흥미를 느끼고 있다는 신호일 수 있지만 다른 문화권, 가령 아시아나 아프리카 국가의 사람들은 특히 지위가 높은 사람이 말을 할 때 똑바로 쳐다보는 것은 무례하다고 생각한다(Martin & Nakayama, 1997).

반면, 시선 피하기는 여러 의미를 해석된다. 불친절하거나 다른 사람의 말에 흥미가 없거나, 대화를 중단하고 싶다는 신호일 수도 있고, 자신에 대한 확신이 없을 때 그러한 내면의 상태를 상대에게 들키지 않기 위한 행위일 수도 있다.

비슷한 맥락에서 사람들은 시선 행동을 통해 여러 성격적인 특성을 추론한다. 몇몇 연구자(Kleck & Nuessle, 1968)는 자신의 파트너를 쳐다보는 사람들의 영상을 참가자들에게 보여 주었다. 이때 쳐다보는 길이를 상호작용 시간의 15%나 80%로 조작하였다. 그 결과 자신의 파트너를 15%만 쳐다본 사람은 차가운, 비관적인, 조심스러운, 방어적인, 미성숙한, 무관심한 등으로 기술한 반면, 80% 쳐다본 사람은 우호적인, 자신감이 넘치는, 성숙한, 성실한 등으로 기술하였다. 또한 사람들은 피면담자의 시선 접촉이 감소할수록 그들의 자아존중감이 낮다고 평가했다. 반면, 청중들과 더 많은 시선을 접촉하는 사람은 좀 더 설득력 있고, 신뢰가 가며, 진실하다는 평가를 받았다.

3. 귀인의 원리

일상적으로 우리는 자신이나 다른 사람이 왜 특정행동을 했는지 그 이유를 추론한다. 가령 우리는 어떤 사람이 어떤 상황에서 왜 공격행동을 하는지 혹은 왜 두 사람이 서로를 좋아하는지 질문한다. 이처럼 귀인(attribution)이란 자신이나 다른 사람의 행동의 원인을 추론하는 과정을 말한다.

귀인에는 크게 상황귀인과 성향귀인이 있다(Heider, 1958). 상황귀인(situational attribution)은 행동의 원인을 상황에서 찾는 것으로, 예를 들어 어떤 사람의 공격행동이 상대방의 도발 때문이라고 귀인하는 것이다. 반면에, 그는 원래 다른 사람을 때리고 욕설도 하는 등 공격적인 성격 때문에 그와 같은 행동을 했다고 생각할 수도 있다. 이것은 행동의 원인을 행위자의 내적인 특성에서 찾는 성향귀인(dispositional attribution)의 한 사례다. 일반적으로 상황은 성향에 비해 상대적으로 잘 변하는 특성을 가지고 있다. 반면에 우리는 사람의 성격이 일관적이라고 생각하는 경향이 있다. 그래서 어떤 사람이 정직하다면, 우리는 그가 어떤 상황에서라도 정직할 것이라고 생각한다.

그러나 귀인이 늘 일어나는 것은 아니다. 사람들은 자신의 기대와는 다른 일이 일어났을 때, 특히 그러한 사건이 부정적이고 자신에게 중요할 때 그 원인을 찾으려는 경향이 크다. 이러한 귀인의 기능(Anderson, 1991)으로, 귀인은 과거에 일어난 사건의 원인을 찾음으로써 미래를 예측하는데 도움을 준다. 또한 귀인은 환경을 통제하는데 기여한다. 타인이 자기를 비난한 이유가 그의 성격 때문이라고 생각하면, 그러한 비난을 피하는 최선의 방법은 그를 만나지 않는 것이다. 마지막으로 귀인의 결과는 사람들의 감정, 태도 및 행동에도 영향을 미친다. 채용시험에 떨어진 결과가 불공정한 채점 때문이라면, 이에 분노하고 그 채용에 대한 부정적인 태도를 형성할 수도 있다.

1) 상식심리학

초기의 귀인이론을 제안한 Heider(1958)는 귀인에 관한 일반인들의 생각, 즉 상식 심리학을 분석하고자 하였다. 그에 의하면, 사람들은 세상을 일관성 있게 이해하고 환경을 통제하려는 동기가 있다. 이를 위해 사람들은 타인의 행동을 이해할 필요가 있는데, 이때 귀인이 중요한 역할을 한다. [그림 7-2]에서 보듯이 Heider는 가정하기를, 일반인들은 어떤 행동의 결과(예: 성공과 실패)가 행위자의 동기와 '할 수 있다(can)'라는 개념의 곱으로 결정된다고 생각한다. 예를 들면, 어떤 시험을 위한 한 개인의 동기 수준이 0.8이고, '할 수 있다'가 0.6일 때 그가 이 시험에 합격할 가능성은 0.8□.6 혹은 .48이다. 이때 동기는 시험에 합격하려는 의지 및 노력과 같은 어느 정도 가변적이고 통제 가능한 개인적 요인, 즉 성향에 달려 있다.

반면, '할 수 있다'라는 개념은 권한이나 능력과 같이 개인의 상대적으로 안정적인 성향에 의해 결정된다. 또한 이것은 시험의 난이도나 운과 같은 상황적 요인에 의해서도 영향을 받는다. 뿐만 아니라, 일반인들은 '할 수 있다'는 권한−난이도+운의 합산에 의해 결정된다고 생각한다.

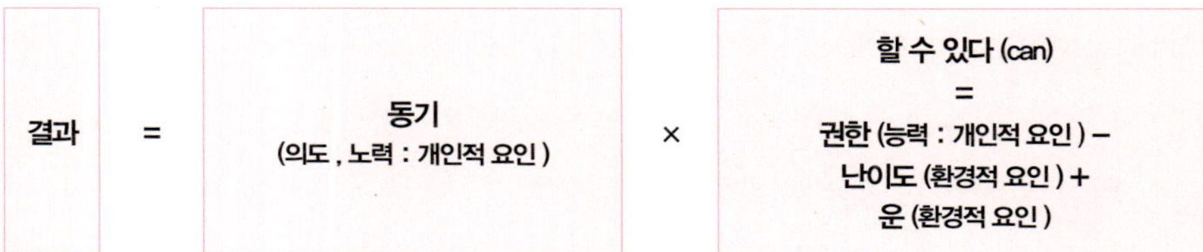

[그림 7-2] 상식심리학

2) 대응추리이론

대응추리이론은 사람들의 행동을 보고 그 행동에 상응하는 의도나 성향을 추론하는 방법을 규명하고자 하였다(Jones & Davis, 1965). 이때 대응이란 특정 행동을 관찰함으로써 그 기저에 있는 행위자의 의도나 성향을 알 수 있는 정도를 뜻한다. 어떤 행동이 그 행위자의 성향을 반영한다고 우리가 믿을 때 대응 수준이 높다고 말할 수 있다.

대응 수준을 결정하는 주요 선행조건 중의 하나가 비공통 효과(non−common effect)다. 이 이론의 가정에 따르면 우리는 관찰자로서 행위자가 실제 수행한 행위 이외에 그 대안적 행동도 고려한다.

대응 수준을 결정하는 또 다른 선행조건이 비공통 효과의 사회적 바람성(social desirability)이다. 비공통 효과가 사회적으로 바람직하면 그 효과는 행위자의 성향에 대해 많은 정보를 제공하지는 않는다.

대응을 결정하는 두 선행조건의 조합에 따른 효과가 〈표 7-1〉에 제시되어 있다. 이 표에서 보듯이 비공통 효과가 수적으로 적고 사회적 바람직성이 낮을 때, 행동과 성향 간의 대응수준은 매우 높아진다. 그러나 나머지 세 가지 경우에는 비공통 효과의 정보적 가치가 낮거나 귀인에 대한 확신이 낮아 행위자의 행동을 통해 그의 성향을 추론하기가 쉽지 않다.

〈표 7-1〉 대응의 선행조건

비공통 효과의 수	사회적 바람직성	
	높음	낮음
많음	사소한 /애매한	흥미로운 /애매한
적음	사소한 /분명한	높은 대응

3) 공변원리

Kelly(1967)는 귀인의 과정을 공변원리로 개념화하였다. 이때 공변이란 특정 원인이 특정 효과와 여러 조건에 걸쳐서 결합되어 있는 경우를 말한다. Kelly는 인과적 귀인을 위해서는 특정 행위자가 주어진 상황에서 자극 대상에게 어떻게 행동하는지와 관련한 세 가지 정보가 필요하다고 제안했다. 또한 그는 이러한 정보의 공변 정도에 따라 사건의 원인을 행위자, 대상(혹은 자극), 또는 상황에서 찾는다고 보았다.

이 세 가지 정보 중 하나인 일관성(consistency)은 한 사람이 동일한 상황에서는 늘 동일한 방식으로 행동하는지의 문제다. 또 다른 정보인 일치성(consensus)은 동일한 상황에서 다른 사람들도 그 사람처럼 행동하는가의 문제다. 마지막 정보가 특이성(distinctiveness)인데, 이것은 그 사람이 특정 상황에서만 이런 식으로 행동하는가의 문제다. 이 세 정보의 조합으로 만들어지는 9가지의 경우가 귀인을 결정한다. 〈표 7-2〉와 같이, 사람들은 세 정보가 모두 높을 때 대상에 귀인하지만, 일관성만 높을 때는 행위자에게 귀인하고, 특이성만 높을 경우 특정 상황에 귀인한다.

〈표 7-2〉 세 가지 정보의 공변 정도에 따른 귀인

귀인	정보		
	일관성	일치성	특이성
행위자	고	저	저
대상 (혹은 자극)	고	고	고
상황	저	저	고

귀인을 할 때 고려하는 하나의 중요한 요인이 행동에 영향을 미치는 상황적 제약이다. 상황적 제약이란 상황이 행동에 가하는 압력으로 사람들은 이러한 제약을 고려하여 처음의 귀인을 절감하거나 증가한다.

절감원리는 행동의 가능한 원인이 여럿일 때, 그 중 하나의 원인에 귀인할 가능성이 줄어드는 현상을 말한다. 이 절감원리는 상황적 제약이 그 행동을 촉진할 때 성향적 귀인을 덜 하는 것과 관련된다. 예를 들어, 운전자의 서툰 운전기술뿐만 아니라 주변의 어두운 날씨가 교통사고에 관련되어 있다면, 사고의 원인을 운전자의 운전기술에만 귀인할 가능성은 상대적으로 낮아진다.

반대로, 증가원리는 강력한 상황적 제약에도 불구하고 행동을 할 경우, 그 행동에 대하여 더 강항 성향귀인을 하는 것을 의미한다. 예를 들면, 우리 사회는 교통법규를 지키도록 요구하고 있으며, 그렇지 않을 경우 법적으로 처벌을 한다. 이러한 상황적 제약에도 불구하고, 교통법규를 지키는 않는 사람을 보면, 사람들은 이러한 위반 행동의 원인을 그의 성향에서 찾을 가능성이 더 높아진다.

4) 성취행동과 귀인

자신의 행동에 대한 귀인 중에서 성취행동에 관한 Weiner의 귀인모형은 매우 체계적인 이론적 모형이다(Weiner et al., 1978). 이 모형에 따르면, 성공이나 실패를 어디에 귀인하느냐에 따라 자아존중감, 경험하는 정서 그리고 이후의 성공 가능성에 대한 기대가 달라진다.

Weiner(1986)는 성취 관련 귀인을 세 가지 차원, 즉 내재성, 안정성 그리고 통제성 차원으로 구분하였다. 〈표 7-3〉에서 제시되어 있는 것처럼, 내재성 차원은 성공이나 실패의 원인이 행위자의 내부에 있는지 아니면 환경에 있는지의 문제다. 행위자의 능력이나 노력은 내적 원인인 반면, 과제 난이도나 운과 같은 요인은 외적 원인이다.

안정성 차원은 그 원인이 시간에 따라 변하지 않는지 혹은 변하는지의 문제다. 능력과 과제 난이도는 안정적이지만, 일시적 노력이나 운은 불안정적인 원인이다.

통제성 차원은 행위자가 그 원인을 스스로 조절할 수 있는지의 문제다. 노력은 통제 가능한 원인인 반면, 능력은 통제 불가능한 원인이다.

성취에 대한 통제소재(locus of control)가 행위자의 정서적 경험에 영향을 미친다. 사람들은 성공을 내부 귀인할 때 자부심과 긍정적 자아존중감을 경험하는 반면, 실패를 내부 귀인할 때 수치심을 경험한다. 반대로, 성공을 외부 귀인하면, 사람들은 놀람이나 감사를 경험하겠지만, 높은 자아존중감을 느끼지 않는다. 실패를 외부 귀인할 때, 자아존중감을 보호할 수 있고, 안도감을 느낄 수 있으며, 경쟁자에 대한 질투심을 피할 수 있다. 이처럼 정서 경험은 주로 원인의 내재성 차원에 의해 결정되지만, 통제가능성 차원도 정서 특히 실패와 관련된 정서의 경험에 영향을 미친다. 가령 죄책감은 내적이며, 통제 가능한 요인으로 귀인할 때 나타나고, 연민이나 동정심은 외적이며, 통제 불가능할 때 나타나는 정서다.

귀인의 안정성은 미래에 대한 기대에 영향을 미친다. 사람들은 특정 효과의 원인이 안정적이라고 지각할 때, 그러한 효과가 미래에도 나타날 것으로 기대하지만, 원인이 가변적이라고 지각하면, 그 효과도 달라질 것으로 기대한다. 안정적인 요인(예: 능력)에 귀인한 성공은 이후의 유사한 과제에서도 성공할 것이라는 기대를 증가시킬 것이고, 불안정적 요인(예: 좋은 기분)에 귀인한 성공은 미래의 성공에 대한 기대를 감소시킬 것이다.

〈표 7-3〉 성취 관련 상황에서 귀인의 차원

차원	통제 가능		통제 불가능	
	안정	불안정	안정	불안정
내적	지속적 노력	일시적 노력	능력	기분
외적	지속적 편향	일시적 편향	과제 난이도	운

4. 귀인의 한계

1) 기본적 귀인 오류

사람들은 다른 사람의 행동이 상황적 요인에 의한 경우에도 그 행동이 행위자의 내적인 특질이나 태도 및 의도에 의한 것으로 귀인하는 경향이 있다. 이처럼 귀인을 할 때 상황의 힘을 낮추어 평가하는 경향성을 기본적 귀인오류(fundamental attribution error) 혹은 대응편향 이라고 한다.

일반적으로 동양의 집단주의 문화에 비해 서구의 개인주의 문화에서 기본적 귀인 오류 현상이 더 두드러진다. 이에 대한 한 가지 설명은 집단주의 문화의 사람들이 행동에 미치는 상황의 영향에 좀 더 주의를 기울이기 때문에 그 둘이 더 연관되어 있다고 판단한다는 것이다(Nisbett et al., 2001). 기본적 귀인 오류를 야기하는 원인 중 하나는 인지 능력의 결여와 관련이 있다. 2단계 귀인모형(two-stage attributional model)에 따르면 사람들은 자신이 듣거나 보는 것에 기초해서 먼저 내부 귀인을 하고, 그 다음에 상황적 요인을 고려한다. 이때 정확한 귀인을 위해서는 상황을 고려할 필요가 있는데, 사람들은 주의방해와 같은 요인 때문에 상황적 요인을 충분히 고려하지 못함으로써 이러한 오류를 범한다. 또 다른 원인은 타인에 대한 비현실적 믿음에 기초한다. 우리는 사람들이 자신의 태도에 반하는 주장을 하거나, 자신의 성격 특성에 반하는 행동을 하지 않을 것이라고 잘못 믿는다.

2) 행위자–관찰자 효과

때로 우리는 자신의 행동과 타인의 행동을 다른 식으로 설명한다. 행위자-관찰자 효과(actor-observer effect)에 따르면, 우리는 다른 사람의 행동은 성향귀인을 하고 자신의 행동은 상황귀인을 한다.

행위자-관찰자 효과의 한 원인은 지각적 특출성에서 오는 차이다(Johnson & Boyd, 1995). 행위자는 자신의 행동보다는 그러한 행동을 요구하는 상황 요인에 주목한다. 그래서 자신의 행동은 배경(ground)으로 지각하고 상황을 전경(figure)으로 지각한다. 반면에, 관찰자에게는 상황보다는 행위자의 행동이 특출해서 그 행동을 전경으로 지각한다. 행위자-관찰자 효과의 또 다른 원인을 그들이 지닌 정보의 차이에서 찾을 수 있다. 관찰자들은 타인의 행동을 볼 수는 있지만, 그의 내적인 느낌이나 생각에 대한 정보는 없다. 반면에, 행위자는 자신의 내적인 성향에 대한 다양한 정보를 가지고 있고, 그것이 자신의 행동에 어떻게 영향을 미치는지 알고 있다. 이처럼 정보의 차이가 행위자-관찰자 효과의 한 원인이라면, 행위자에 대한 내적 정보를 관찰자에게 제공할 경우 이러한 효과가 사라질 것이다.

3) 거짓 일치성 효과

거짓 일치성 효과(false consensus effect)는 사람들이 자신의 태도와 행동이 실제보다 더 일반적이라고 가정하는 경향을 말한다. 이 효과를 입증한 고전적 연구(Ross et al., 1977)에서 실험자는 학생들에게 큰 글씨로 "회개하라!"라고 적힌 포스터를 들고 캠퍼스 곳곳을 다닐 마음이 있는지 물었다. 정확히 50%의 학생은 이 요청에 동의했는데, 그들은 다른 학생들의 58.3%도 동의할 것이라고 추정했다. 반면, 이 제안을 거부한 나머지 50%의 학생은 다른 학생들의 23.3%만이 이 요청에 동의할 것이라고 판단했다. 이러한 결과는 참가한 학생들의 추정에서의 거짓 일치성 효과를 반영하고 있다. 또한 참가자들은 자신의 결정이 더 보편적이라고 생각했으며 자신과 다른 결정을 하는 사람들의 행동을 더 성향적으로 귀인하는 경향을 보였다. 가령 이 요구에 동의한 학생은 다른 학생들이 동의하지 않을 경우 그 이유를 성격 때문이라고 생각했다.

거짓 일치성 효과에 대한 또 하나의 설명은 우리 자신에 대한 정보를 이용해서 타인을 예측하는 것과 관련된다. 우리는 다른 사람의 느낌을 알기 위해서 그 사람 속으로 들어가 그의 내적 상태를 파악할 수는 없다. 이러한 상황에서는 우리가 할 수 있는 유일한 방법은 그 상황에서 자신이 어떻게 행동하는지를 파악해서 그것을 그 사람에게 적용하는 것일 것이다. 일찍이 Allport(1924)는 자신에 대한 정보를 이용해서 그것을 다른 사람의 행동에 일반화하는 것을 사회적 투영(social projection)으로 개념화했다. 이러한 투영은 일반적으로 자기중심적으로 편향되는 경향이 강하고 자신과 타인의 유사성을 과대 추정함으로써 거짓 일치성 효과를 초래한다(Van Boven & Loewenstein, 2005).

4) 자기고양 편향

자기고양 편향이란 사람들이 자신의 수행 성적이 좋을 때 그것을 성향에 귀인하는 반면, 수행 성적이 나쁠 때는 그 결과를 외부 요인에 귀인하는 것을 말한다. 시험을 잘 본 학생들은 자신의 성공을 능력이나 노력에 귀인한 반면, 시험에 실패한 학생들은 운이나 시험의 난이도로 귀인했다(de Jong et al, 1988). 마찬가지로 운동시합에서 이긴 감독은 자신의 팀이 열심히 노력했고 더 우수한 재능을 가지고 있다고 말한 반면, 시합에서 진 감독은 판정이 엉망이었다든가, 상대방이 어쩌다 이겼다는 식으로 말했다(Grove et al., 1991).

이러한 편향은 다른 사람의 수행에 대한 귀인에서도 나타난다. 참가자들로 하여금 연산법칙을 다른 학생들에게 가르치도록 했을 때, 참가자들은 학생들의 성적이 좋으면, 그것을 자신의 훌륭한 교습기술에 귀인했고, 그들의 성적이 나쁘면 그것을 그 학생들의 탓으로 돌렸다(Johnson et al., 1964).

이와 같은 자기고양 편향은 인간의 이기적인 경향을 반영하는 것으로 해석되어 왔다. 성공을 자신에게 귀인하는 것은 긍정적 자아존중감과 관련된 정서를 가져오고 자기 능력을 높게 지각할 수 있도록 한다. 반면에, 실패를 외부 귀인하면 비참한 정서를 좀 덜 경험할 수 있고, 지신의 능력을 의심하지 않아도 된다. 또한 이러한 동기적 설명에 대한 하나의 대안적 설명으로, 사람들은 자신의 행동이 성공과는 병행하고, 실패와는 병행하지 않는다고 지각할 수 있다.

대인관계

1. 대인관계의 일반적 특성

1) 관계욕구

사람들은 누구나 다른 사람들과 관계를 맺고자 하는 욕구를 가지고 있다, 이러한 욕구는 상당부분은 내재된 것으로 다른 사람과의 상호작용을 통해 관계적인 욕구를 충족하는 것은 한 개인의 행복에 절대적으로 중요하다.

다른 사람과 관계를 맺으려는 경향은 전 생애에 걸쳐 나타나는 보편적인 현상이다. 유아는 자신에 반응을 보이고, 배려하는 사람과 상호작용하면서 일체감을 느낀다(Seeman, 2000). 성인 중에서도 적극적으로 관계를 맺는 사람들은 높은 건강수준을 유지한다(Cox & Fox, 2001; Berkman et al., 2006). 노인들을 대상으로 한 연구는 사회적 접촉이 죽음과도 관련성이 있다는 것이 밝혀졌다. 즉 사회적 접촉을 많이 한 노인이 더 오래 생존해있었다.

(1) 사회적 친화모형

사회적 친화모형(social affiliation model)에 의하면, 타인과의 관계는 항상성의 원리에 따른다. 사람들은 만남의 수준을 안정적으로 유지하며 자신이 원하는 수준에 맞는 가능한 정도의 친밀도를 유지한다(O'connor & Rosenblood, 1996). 즉 사람들은 다른 사람을 만날 때 자신이 원하는 만큼의 만남 수준이 있고, 그 수준을 유지하고자 한다는 것이다.

(2) 소속감 욕구이론

사람들은 관계를 통해 소속감을 추구하려는 욕구를 가지고 있다. 소속감 욕구이론(belong to need theory)는 진화론에서 그 욕구의 기반을 찾는다. 집단속에서 사회적 유대를 형성하고 유지하려는 욕구는 생존과 재생산(번식)이라는 이익을 가져다준다(Kenrick & Trost, 1997).

소속감 욕구가 인간의 기본적 욕구 중 하나라는 증거는 많다. 사람들은 일상적인 생활에서 쉽게 사회적 유대를 형성하고, 특히 어려운 상황에서는 사회적 애착을 더 잘 형성한다. 사람들 사고도 내외집단, 친밀한 관계 등 사회적 관계에 대한 내용을 상당히 많이 반영하고 있다.

(3) 돌봄 · 친화이론

돌봄 · 친화이론(tend and befriend theory)은 인간이 다른 동물과는 달리 위협에 처했을 때 '싸우거나 도망가는(fight or flight)반응'이외에도 서로 제휴하여 친밀한 관계를 형성한다는 점에 주목한 이론이다(Taylor, 2012). [그림 8-1]에서 보듯이 이 이론은 환경적 요구에 적합한 수준의 사회적 접촉을 점검하고 필요할 때, 관계행동을 촉진하는 생물학적 신호 시스템이 있다고 가정한다. 옥시토신(oxytocin)과 오피오이드 펩타이드(opioid peptide)

가 그것으로 어떤 위협이 감지되면 이것이 분비되어 궁극적으로 친화적인 행동을 촉진한다는 가정이다. 이러한 행동이 스트레스를 줄임으로써 교감 신경계의 활동이 감소하고 코르티솔(cortisol)이라는 스트레스에 대항하는 호르몬 분비도 함께 줄어들어 긍정적 정서가 증가한다.

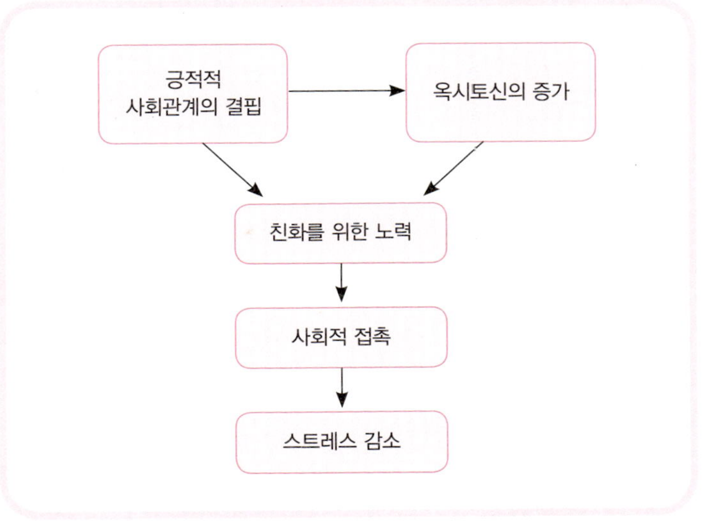

[그림 8-1] 돌봄 · 친화이론

2) 밀접한 관계

사람들이 맺고 있는 관계의 유형은 다양하다. 단순히 서로의 존재를 알고 있는 경우도 있고 가족이나 친지들처럼 혈연관계로 맺어진 경우도 있으며 선후배나 동료로 맺는 관계도 있다. [그림 8-2]에서 보듯이 관계에 영향을 미치는 요인들도 다양하다. 당사자들의 개인적 특성도 있고 물리적 요인과 사회 · 문화적 요인도 있으며, 이들 모든 요인이 복잡하게 엮어진 요인도 있다. 사회심리학자들은 주로 밀접한 관계에 관심을 갖는다.

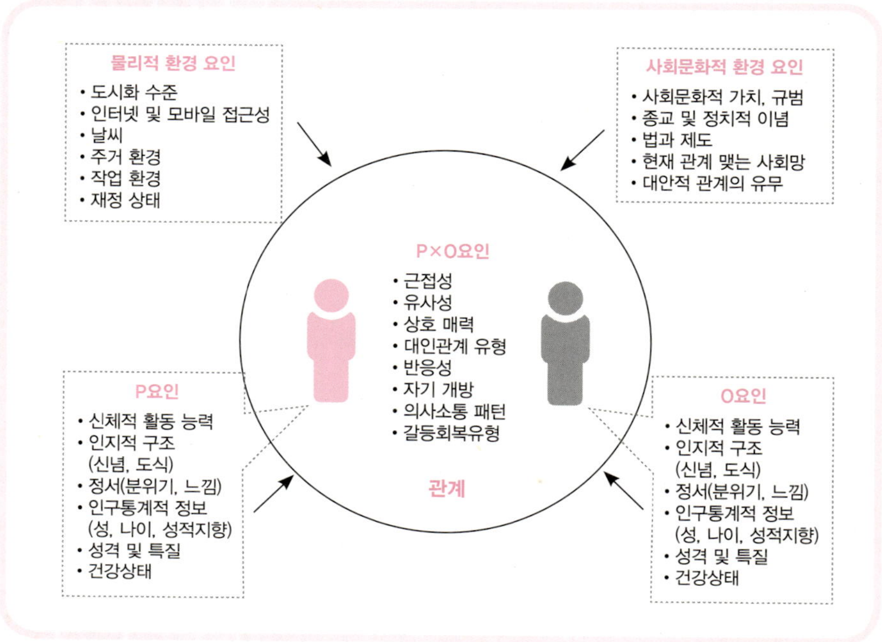

[그림 8-2] 많은 변인들에 의해 영향을 받는 관계

(1) 개념적 의미

밀접한 관계(close relationship)에서 밀접하다는 의미는 무엇일까? 밀접하다는 것을 당사자 간의 상호의존성 정도로 정의한다. 개인의 사고와 행동이 다른 사람에게 미치는 영향이 클수록 그리고 관계가 오래 유지될수록 더 밀접한 관계를 이루고 있다고 본다.

한편, 밀접하다는 것을 친밀(intimacy)하다는 것과 같은 의미로 해석하는 학자들도 있다(Reis & Patrick, 1996). 친밀한 관계에서는 상대방의 행복을 위해 행동하려는 동기가 생기고 상대방을 위해 시간과 돈, 노력 그리고 정서적 투자를 대가 없이 하고자 한다. 따라서 밀접한 관계란 상대방이 나를 위해 지속적으로 배려해 줄 것이라는 안정감 그리고 앞으로도 상대방에 대하여 반응적으로 행동할 것이라는 기대를 의미한다.

(2) 반응성

밀접한 관계를 맺고 있는 사람들은 서로 반응적이다. 반응성(responsiveness)은 상대방의 감정을 민감하게 알아차리고 상대방이 편안함을 느끼며 보호와 이해를 받고 있다고 느끼길 원하는 마음이나 신념이다. 서로에 대한 반응성은 상호적이기 때문에 상대방이 자신에게 반응적이라고 느끼면 자신도 상대방에게 반응적이고자 한다. 따라서 밀접한 관계는 상호 간에 민감한 반응을 주고받으면서 관계의 안정성을 유지하고 관계의 질을 향상시키는 관계다.

반응성은 어떻게 표현될 수 있을까? 가령 상대방이 스스로 충족할 수 없는 욕구가 생겼을 때 상대방에게 도움을 제공할 수 있다. 또한 상대방과 삶의 대부분을 함께 공유하면서 삶의 목표, 시간과 공간의 활용을 지지하고 성취를 함께 축하하는 것도 반응성을 표현하는 방식이다(Feeney, 2004).

반면에, 상대방의 독립적 행위에 대한 격려, 상대방의 부정적 결과나 행위를 덮어두는 것과 같이 상대방의 안녕을 위해 조용히 참고, 희생하고, 용서하는 것도 반응적 행동이다. 반응적 행위의 핵심은 상대방의 안녕을 촉진시키는 것이다.

3) 대인관계의 문제들

(1) 사회적 불안

특정관계에서 자신에 대한 다른 사람의 평가에 신경을 쓰면서 경험하는 부정적 감정이 사회적 불안이다. 사회적 불안은 상호작용을 하는 동안 발생할 수도 있고, 상호작용을 상상하는 것만으로도 발생할 수 있다. 사회적 불안은 말을 덜하거나 더듬는 행동으로 나타나고 타인과의 상호작용을 피하고 싶은 욕구와 행동으로 이어지기도 한다. 한 연구에 의하면 사회적 불안이 높은 사람은 상대방의 거절을 더욱 잘 예측했으며, 화를 내는 표정 등 부정적 표현에 더욱 민감해지는 경향을 보였다. 이처럼 사회적으로 불안한 사람은 상호작용을 하는 동안 부정적 피드백에 더 주의를 기울이기 때문에 긴장 속에서 행동할 가능성이 높고, 이것은 또한 부정적 피드백을 받는데 기여할 수도 있다.

(2) 외로움

대인관계의 또 다른 문제가 외로움이다. 외로움은 친밀한 관계가 없을 때 느끼는 정서다. 외로움은 사회적으로 배제된 느낌이나 고립감을 동반한다. 이러한 외로움에는 사회적 외로움과 정서적 외로움이 있다. 사회적 외로움은 친밀한 관계와 사회적 네트워크가 부족한 경우다. 이런 사람들은 모임이 적거나 없고, 친구와의 교류도 부족하다. 정서적 외로움은 낭만적 파트너가 없을 때 생기는 느낌이다. 어떤 형태든 외로움은 면역력 저하, 고혈압 및 높은 스트레스 호르몬 수준과 관련되어 있다(Pressman et al., 2005).

(3) 질투

밀접한 관계가 위협받는다고 느낄 때 경험하는 정서가 질투다. 즉 밀접한 관계의 안정성이 제3자의 대상에 의해 와해될 위기에 놓이거나, 위협받을 때 느끼는 부정적 정서다. 남성과 여성은 관계를 위협하는 사람이 누군지에 따라 질투심을 다르게 인식하는 것으로 나타났다. 남성은 파트너가 능력 있는 남성과 이야기 할 때, 더 많은 질투심을 느낀 반면, 여성은 파트너가 매력적인 여성과 이야기할 때 더 질투하는 것으로 나타났다(Buss et al., 1992).

2. 관계에 대한 이론

1) 상호의존이론

상호의존이론(interdependence theory)은 대인관계의 본질을 상호작용이라고 가정한다. 이때 상호작용이란 서로의 경험, 즉 사고와 감정, 동기, 기호, 행동과 그 결과에 영향을 주고받는 쌍방적 과정이다. 모든 사람은 특정 상호작용에서 할 수 있는 행동목록을 가지고 있다. 두 사람간의 상호작용에서 한 사람의 행동은 상대방에게 영향을 주고, 영향을 받는 상대방의 반응은 영향을 준 사람의 그 다음 반응에 영향을 준다. 둘의 상호작용은 순차적으로 서로에게 영향을 주기 때문에 모든 반응은 그 이전의 반응에 달려있다. 또한 각 개인은 순차적인 행동의 흐름 속에서 일관적으로 자신의 목표를 달성하고자 한다(Kelly & Thibaut, 1978).

이 이론의 가정에 따르면, 사람들은 관계에서 최대의 보상과 최소의 비용을 추구한다. 보상은 한 개인이 타인과의 상호작용을 통해 얻는 만족이다. 보상에는 가치, 능력, 재정, 유사성, 근접성과 같이 관계와는 무관하게 보상적 가치를 갖는 외적 요인과 두 사람의 상호작용에 따라 보상을 얻는 내적 요인이 있다. 따라서 보상은 선물과 같이 가시적이거나, 애정이나 따뜻함과 같이 비가시적이고 상징적이다(Rusbult & Van Lange, 2003). 반면, 비용은 상호작용 중에 발생하는 부정적 산물로 시간이나 에너지, 갈등의 발생 등이다.

그러나 모든 관계가 보상과 비용을 근거로 유지 또는 종결되는 것은 아니다. 두 사람이 상호작용하는 방식에는 크게 교환적 관계와 공동체적 관계가 있다(Clark & Mills, 1979, 2012). 교환적 관계(exchange relationship)에서는 단기적 상호호혜성이 중요해서 관련 당사자들은 보상과 비용을 공정하게 분배하는 것을 중시한다. 분배의 불균형이 생겨 불이익을 당한 사람은 분노를 느끼거나 우울을 경험하는 반면, 이익을 더 받은 사람은 죄책감을 느끼게 된다(Keith & Schafer, 1980).

반면, 공동체적 관계(communal relationship)를 맺고 있는 사람은 이익과 비용을 따지지 않고, 자기의 몫이라도 상대방의 행복이나 필요를 위해서 조건 없이 줄 수 있다. 혜택을 받는 사람도 상대방에게 도움이 되는 행동을 생각하지만 의무적으로 꼭 갚아야 한다는 생각을 하지는 않는다. 친구, 가족, 애인이나 배우자 등의 밀접한 관계가 이러한 특성을 가진다.

2) 사회적 침투이론

관계가 피상적인지 아니면 깊은지를 가늠해 보는 방법은 서로를 얼마나 잘 알고 있는지 따져보는 것이다. 사람들은 관계가 깊어질수록 상호작용의 빈도와 양이 증가하고 그러면서 자기를 개방하게 된다. 자기개방은 자신에 대한 정보와 감정을 의도적으로 드러내서 공유하는 것이다. 자기개방에 관한 가장 설득력 있는 이론 중의 하나가 사회적 침투이론(social penetration theory)이다. 사회적 침투는 상호작용에서 일어나는 대인 간 행동 그리고 그 행동과 관련된 개인의 내적인 주관적 과정을 지칭하는 개념이다. 즉 사람들 간의 상호작용을 통해 각자의 성격의 외층에서 내층으로 침투하면서 친밀감이 증가하게 된다.

[그림 8-3]에서 보듯이 성격이 다층구조로 이루어져 있고 이러한 구조의 일반적인 특징이 폭(breadth)과 깊이(depth)라고 가정한다(Altman & Taylor, 1973). 폭은 성격의 구조에 들어 있는 주제의 범주나 영역의 수를 의미하는 개념으로 직업, 친구, 가족, 종교, 여가 등이 여기에 해당한다. 깊이는 성격구조의 외층과 내층의 내용이나 정보의 차이를 지칭한다. 나이나 성별과 같은 주변적이고 공적인 정보는 주변의 층에 위치하고 태도나 의견은 중간의 층 그리고 두려움이나 자기개념과 같은 내용은 중심의 층에 위치한

다. 중심에 위치한 영역이 주변에 위치한 영역에 더 많은 영향력을 행사하고, 내부로 갈수록 좀 더 독특하고 관찰하기 어려운 내용들이 위치한다. 성격의 취약성은 깊이가 증가할수록 커지고 사회적으로 덜 바람직한 특성이 중심의 층에 자리한다. 또한 성격의 중심적 측면이 주변적 측면보다 더 일반적이기 때문에 구체적인 상황보다는 전체적인 자아에 더 기여한다.

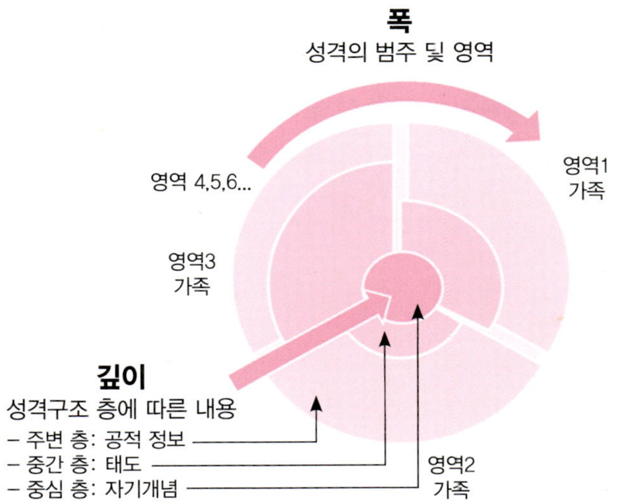

[그림 8-3] 사회적 침투이론

관계가 발전한다는 것은 공유하는 주제도 많아지면서 동시에 특정 주제에 관한 내용도 더 깊어진다는 것을 의미한다. 그래서 사회적 침투는 주변적인 수준에서 중심적인 수준으로 점진적으로 나아간다. 침투를 결정하는 요인은 개방에 따른 보상과 비용의 상대적인 비율로, 자기개방의 비용이 크지 않는 한, 침투는 지속되고 이와 함께 관계만족도도 증가한다.

자기개방은 호혜성의 규범을 따른다. 한 사람이 개방하면 그와 비슷한 수준으로 상대방도 자신을 개방한다. 그래서 개방의 속도가 서로 비슷하게 이루어진다. 그러나 호혜성은 사람들의 관계의 역동성, 대화하는 주체의 친밀도, 상황 그리고 개인적 특성에 영향을 받는다. 가령 공개적인 상황에서는 사적인 주제를 개방하기 쉽지 않다.

자기개방과 호감은 병행하는 경향이 있다(Hinde, 1997). 사람들은 다른 사람에게는 개방할 수 없는 내면의 비밀을 자신이 좋아하는 사람에게는 털어놓는다. 사람들은 점진적으로 서로 자신을 개방하는 상대를 좋아하는 경향이 있다. 그러나 자기개방이 항상 긍정적인 결과를 가져오는 것은 아니고 오히려 관계를 악화시킬 가능성도 있다(Derlega et al., 2008). 예를 들면, 내면에 있는 부정적 특성과 같은 내용을 개방할 때 상대방에게 거절을 당하거나 부정적인 인상을 줄 수 있다.

3) 자기확장이론

밀접한 관계에 있는 두 사람은 지속적인 상호개방과 광범위한 상호작용을 통해 상대방의 내면에 점차 다가간다. 그러면서 서로에 대하여 많은 것을 알게 되고 서로의 차이가 줄어들면서 점점 더 닮아간다. 또한 상대방의 행동, 생각과 감정의 이면을 이해할 수 있게 되고, 각각의 바람이 서로에게 영향을 미치게 된다.

자기와 상대방의 인지적 틀도 점점 비슷해지면서 상대방에 대한 이해는 점차 자기에 대한 이해처럼 변화된다. 이러한 과정은 상대방이 자신의 일부가 되는 자기확장이론(self expansion theory)으로 설명할 수 있다(Aron et al., 1995). 자기와 타인의 경계가 무너지면서 자기와 상대방은 서로를 '한 쌍'으로 인식하게 된다.

3. 관계의 발달

1) 매력의 요인들

(1) 신체적 매력

우리는 아름다운 사람을 보가나 교류하는 것에서 즐거움을 느낀다. 뿐만 아니라 우리는 매력적인 사람들이 따뜻하고 친절하며 자신감이 있다고 고정관념을 가지고 있다. 아름다운 사람들의 성격적 특성은 자기충족적 예언(self-fulfilling effect)[3]의 산물일 수도 있다. Snyder 등(1977)은 한 집단의 남학생에게는 매력적인 여성의 사진을 보여 주었고, 다른 한 집단에게는 덜 매력적인 여성의 사진을 보여 주었다. 그 다음 그들에게 사진 속의 여성과 통화를 할 것이라고 알려주었다. 그러나 실제 참가자들은 동일한 여성과 10분 가량 통화했다. 그 결과 매력적인 여성의 사진을 본 남성의 전화 내용이 상대적으로 더 사교적이었고 생기가 있었으며 자신감이 넘쳤다. 여성도 남성의 대화의 질에 상응하는 식으로 반응하기 쉽다. 결국 아름다운 여성은 자신에 대한 남성들의 기대나 판단을 실현하는 식으로 자기를 개념화할 수 있다.

한편, 매력에 대한 관찰자의 특정 선호는 신체적 매력 지각에 영향을 미친다. 한 실험(Owens & Ford, 1978)에서 남성 참가자에게 여성의 사진을 보여주고, 사진 속 인물의 성격 특징을 긍정적 혹은 부정적으로 설명해 주었다. 참가자들에게 사진 속 여성의 매력을 판단하도록 했을 때 긍정적 성격 특징을 들은 사람들은 부정적 성격특질을 들은 사람들보다 사진속의 여성을 더 매력적으로 판단하였다. 즉, 특정 내면적 측면에 대한 선호는 상대

3) 피그말리온 효과(pygmalion effect)라고도 하며, 무언가에 대한 사람의 믿음, 기대, 예측이 실제적으로 일어나는 경향을 말한다.

방을 아름답게 볼 수 있도록 돕는다.

(2) 근접성

매력에 강력한 영향을 미치는 상황적 요인이 근접성이다. 가까운 거리에서 자주 상호작용하는 사람들은 한정적 자원을 공유하는 경쟁자일지라도 서로에게 호감을 갖게 된다. 근접성에 따른 매력은 빈번한 상호작용을 통해 나타나는 친숙성에 근거한다. 어떤 것에 자주 노출될수록 그것을 좋아하게 되는 현상을 단순노출효과(mere exposure effect)라고 한다. 한 연구는 단순노출이 대인관계의 매력에 미치는 효과를 검증했다(Moreland & Beach, 1992). 나이와 생김새가 비슷한 4명의 여성이 수업에 임의로 참석했다. 3명의 여성은 각각 5주, 10주, 혹은 15주 동안 참석하였고 한명의 여성은 한 번도 참석하지 않았다. 그들은 교실의 뒤로 들어와서 모든 학생들이 그녀를 볼 수 있도록 앞자리로 걸어와 앉았다. 수업 마지막 주에 수업에 참여한 학생들은 4명의 여성에 대한 매력도를 평가하였다. 그 결과 수업에 자주 참석할수록 더 매력적으로 평가하였다. 즉 빈번한 노출이 매력을 증가시킨 것이다.

사람들은 가까이 자주 만나는 사람들에게 왜 매력을 느끼는걸까? 사람들은 타인과의 상호작용을 통해 세상을 이해할 수 있다고 믿는다. 타인과 함께 할수록 즐거운 일이 더 많으며 고민거리가 있을 때 친구들과 고민을 공유하면서 자신의 상황을 명확히 이해하고 대처방안에 대해서 생각할 수 있도록 돕는다(Rofé, 1984). 또한 반응적인 타인과의 상호작용을 통해서 상호 간 연결되어 있다는 느낌을 받는다. 이러한 느낌은 대인 간 상호작용이 주는 보상으로 관계를 깊이 있게 하는 요인이 된다(Reise & Patrick, 1996).

(3) 유사성

사람들은 자신과 유사한 사람을 좋아한다. 사람들은 좋아하는 음식이 비슷한 사람, 정치적 성향이 유사한 사람, 여가활동이 유사한 사람, 아니면 일처리가 비슷한 동료를 매력적으로 평가한다.

신체적 매력의 유사성도 관계의 매력에 중요하다. 덜 매력적인 사람들은 상대방의 거절을 피하기 위해 자신과 비슷한 매력을 가진 상대방을 원한다(Van Straaten et al., 2009). 한 연구에서 싱글인 남자 대학생에게 이성 친구를 소개시켜 주었을 때, 자신과 매력이 유사한 여성과 상호작용할 때 더 접근적인 행동을 보였다.

자신과 유사한 사람은 왜 매력적일까? 공통적인 관심사는 상호작용할 기회를 제공한다. 또한 비슷한 사람은 자신의 신념과 태도의 타당성을 제공한다. 사람들은 자신의 관점이나 태도를 바람직하다고 생각하기 때문에 신념 또는 태도가 유사한 사람을 좋아하게 된다(LaPrelle et al., 1990).

(4) 보상성

사람들은 자신에게 보상이나 강화를 제공하는 사람에게 매력을 느낀다. 보상이나 강화는 단순한 칭찬부터 값비싼 선물까지 다양하다(Aronson et al., 2007). 또한 사람들은 자기가 되고 싶거나 닮고 싶은 사람에게도 매력을 느낀다(LaPrelle et al., 1990).

한편, 사람들은 자신의 특성을 보완해줄 수 있는 사람에게 매력을 느끼기도 한다. 나에게는 없지만 가치 있고 중요한 특성을 가진 사람을 매력적이라고 생각할 수 있다. 이것은 자신의 어떤 특성과 반대적인 것에 느끼는 매력이 아니라, 자신에게는 없지만 갖고 싶은 점에 느끼는 매력이다.

(5) 상호성

우리는 자신을 좋아해 주는 사람은 좋아하고, 자신을 싫어하는 사람은 싫어한다. Finkel과 Eastwick(2009)연구에서 참가자들은 한 쌍씩 짝지어 주면서 한 집단에게는 상대가 자신을 좋아한다고 믿도록 했고, 다른 집단에게는 상대가 자신을 싫어한다고 믿도록 했다. 그 결과, 상대가 자신을 좋아한다고 믿은 참가자들은 상대방에게 자기개방을 더 많이 하고, 상대방의 말에 반론을 거의 하지 않았으며, 더 따뜻하고, 즐거운 모습을 보였다. 실제로 상대방은 이 참가자들을 더 호의적으로 평가했다. 사람들은 자신이 좋아한다고 생각하는 사람과 상호작용할 때, 더 친절하게 행동하고, 이것이 실제로 상대방의 호감을 사도록 한다.

상호성이 매력에 미치는 영향은 자아존중감과 같은 개인적 특성에 따라 다를 수 있다. Dittes(1959)는 한 집단의 참가자들에게는 상대방으로 하여금 수용적인 행동을 하도록 했고, 다른 집단에게는 거부적인 행동을 하도록 했다. 그 결과 자아존중감이 낮은 참가자들은 수용적으로 행동하는 사람에게 호감을 보인 반면, 부정적으로 행동하는 사람에게는 거부감을 보였다. 그러나 자아존중감이 높은 사람은 두 유형 간에 차이가 없었다.

2) 관계유지의 요인들

(1) 긍정적 착각

사람들은 자기 자신을 더 긍정적으로 볼 뿐만 아니라 자신과 애정관계를 맺고 있는 상대방도 더 긍정적으로 지각한다(Murray et al., 1996; Neff & Karney, 2005). 사람들은 자기 연인이 스스로를 평가하는 것에 비해 그를 더 매력적이고 지적이라고 생각한다. 상대방의 부정적 특징을 지각할 때조차도 이러한 경향이 나타난다. 가령 상대방의 고집부리는 모습을 확신에 찬 모습이라고 해석하는 것이다. 이러한 긍정적 착각은 어떻게 행복한 관계를 유지하도록 하는가? 우선 사람들은 고의적으로 부정적인 측면을 무시하면서 갈등을 최소화한다. 또한 관계의 위협을 조기에 방어하는 데 기여한다.

(2) 친밀감

친밀한 관계는 서로를 돌봐주고, 이해하며 인정해 주는 관계다. 돌봄은 상대방이 나를 사랑하고 신경을 쓰며, 정확하게 이해하고 있다는 느낌이다. 상대방을 정확하게 이해하는 관계는 보다 더 지속적으로 안정감을 경험한다.

그렇다면 사람들은 상대방과의 관계에서 어떤 실마리를 통해 친밀감을 확인할까? 친밀감의 표현에는 언어적 측면과 비언어적 측면이 모두 포함된다. 친밀한 관계를 맺고 있는 사람들에게는 상대방에게 주의를 기울이고 있고 반응하고 있음을 보여주는 많은 행동적 실마리들이 있다. 상대방과 많은 눈맞춤을 하고, 몸을 상대방을 향해 기울이고, 자주 고개를 끄덕이며 신체적으로 가깝게 다가가 다양한 얼굴 표정을 지으며, 길게 대화하면서 자주 강렬한 개입과 비언어적 반응(예: 목소리 톤, 침묵, 웃음, 맞장구 등)을 보인다.

(3) 귀인

사람들은 행복한 관계와 그렇지 않은 관계에서 상대방의 특성과 행동을 매우 다르게 해석한다. 상대방에 대한 귀인은 관계의 기능과 질에 영향을 준다. 여기에는 크게 원인귀인과 책임귀인이 있다. 원인귀인은 상대방의 행위의 원인을 어디에서 찾는가의 문제다. 책임귀인은 상대방의 행동에 대한 책임을 추론하는 것이다. Bradbury와 Fincham(1990)에 따르면, 관계에 만족하는 사람은 상대방의 긍정적 행동을 안정적인 그의 내적인 기질에 귀인한다. 또한 그들은 긍정적 행동을 자유롭게 의도적으로 선택한 것으로 지각해서 칭찬할 만한 가치가 있다고 생각한다. 동시에 그들은 부정적 행동은 외부적인 상황이나 상대방의 일시적 상태에 귀인한다. 또한 그들은 부정적인 행동은 의도가 없다고 판단해서 상대방의 행동을 비난하지 않는다.

(4) 의사소통

의사소통은 관계의 특성을 반영한다. 의사소통의 반영성(reflexivity)은 의사소통이 특정한 관계를 형성하고 관계의 특성에 따라 의사소통이 결정됨을 의미한다. 특히 일상의 반복적인 대화는 관계를 발전시키고 유지시킨다.

한편, 관계에서의 의사소통은 다중성(ambiguity)을 갖는다. 사람들은 메시지를 해석하면서 화자의 의도를 추론하는데, 관계적 측면을 고려하여 해석할 때 다중성은 더 두드러진다. 가령 상대방의 메시지의 의도를 추론하기 위해서는 상대방의 목표, 태도, 공유한 관계적 역사 등을 고려해야 한다. 이러한 관계적 요인에 따라 "우리는 한동안 말하지 않았잖아."라는 상대방의 메시지를 요청, 비판 혹은 시비걸기로 해석할 수 있다. 친밀한 관계에서는 다중성이 감소될 수 있다. 친밀한 상대방은 그렇지 않은 사람들보다 서로에 대해 많은 정보를 알고 있기 때문이다. 실제 관계이론가들은 장기간 관계를 맺어온 상대방인 서로에 대한 정보를 알 것이라고 예측했고, 상대방에 대한 정보가 늘어날수록 불확실성이 감소하면서 관계는 더 향상되고 친밀감이 증가할 것으로 보았다.

3) 사랑의 유형

(1) 사랑의 삼각형 유형

Sternberg(1986)는 사랑이 친밀감, 열정 그리고 헌신으로 구성되어 있다는 사랑의 삼각형 이론을 제안하였다. 이때 친밀감은 상호 이해와 온정 그리고 상대방을 향한 배려를 의미한다. 열정은 사랑의 동기적인 측면으로 강렬한 감정, 열망, 성적인 바람 및 끌림과 관련된 생리적 각성 상태를 의미한다. 헌신은 오랫동안 관계를 지키고자 하는 의식적인 결정을 의미한다. 즉 관계를 위해 헌신하고자 하는 의지와 노력이다.

[그림 8-4]에서 보듯이 사랑의 삼각형 이론은 이 세 요소가 어떤 조합을 이루는가에 따라 다양한 종류의 사랑이 존재할 수 있다고 설명한다. 낭만에는 친밀감과 열정이 조합된 사랑으로 신뢰, 성적 매력, 수용, 시간 공유하기, 생각과 비밀 공유하기 등 다섯 요인의 영향을 받는다. 동료애는 친밀감과 헌신이 조합된 사랑으로 애정 어린 우정에 기초함으로써 지속적이면서도 성공적인 관계를 만든다. 미성숙한 사랑은 열정과 헌신이 조합된 사랑이며, 얼빠진 사랑은 열정만 가지고 있는 사랑이다. 이 두 사랑은 미성숙하거나 비합리적 사랑이다. 열정은 시간이 지나면 시들기 때문에 지속되기 어렵다. 헌신만 있는 사랑은 공허한 사랑이다. 관계를 지속해야 한다는 이유 때문에 친밀감 없이 관계만 남아 있다. 가장 성숙한 사랑은 친밀감과 열정 그리고 헌신이 모두 높은 경우다.

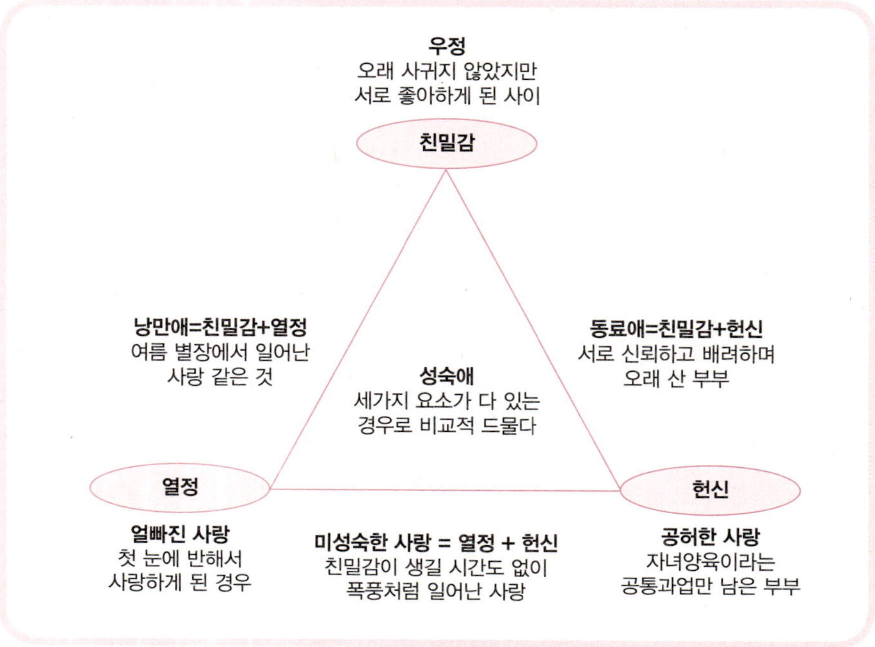

[그림 8-4] 사랑의 삼각형 이론

(2) 사랑의 색깔

캐나다의 사회학자 Lee(1973)는 원색물감이 어우러지면서 다양한 색상이 만들어지듯 일차적 사랑이 혼합되면 이차적 사랑이 나타날 수 있다고 보았다. [그림 8-5]에서 보듯이 일차적 사랑은 세 가지의 원형적 사랑, 즉 에로스(Eros), 루더스(Ludus), 그리고 스토르게(Storge)이다. 에로스 유형은 첫눈에 강하게 이끌리는 사랑으로 보통 신체적 매력에 이끌린다. 이런 유형의 사람은 매력적인 데이트 상대에게 초점이 맞춰져 있다. 루더스 유형은 다양한 낭만적 상대와 심리적 거리를 두면서 심각하지 않게 놀이를 하듯 만나는 유희적 사랑이다. 스토르게 유형은 동반자적 사랑과 유사하게 연인과 안정적이고 신뢰감 있는 우정을 나눈다.

세 가지 원형적인 사랑이 혼합되면, 이차적 사랑인 마니아(Mania), 프라그마(Pragma) 그리고 아가페(Agape) 유형이 나타난다. 마니아 유형은 소유적이고 의존적인 사랑으로 상대방에게 끊임없이 사랑을 확인하고자 한다. 프라그마 유형은 현실적이면서 실용적인 사랑이다. 이런 유형의 사람은 사랑을 조건적 거래라고 생각해서 배경, 외모, 사회경제적 수준에서 공정한 거래를 하고자 한다. 아가페 유형은 이기적이지 않은 헌신적 사랑이다. 이 유형의 사랑을 주는 것으로 생각하면서 자신을 희생해서라도 상대방의 행복을 추구한다.

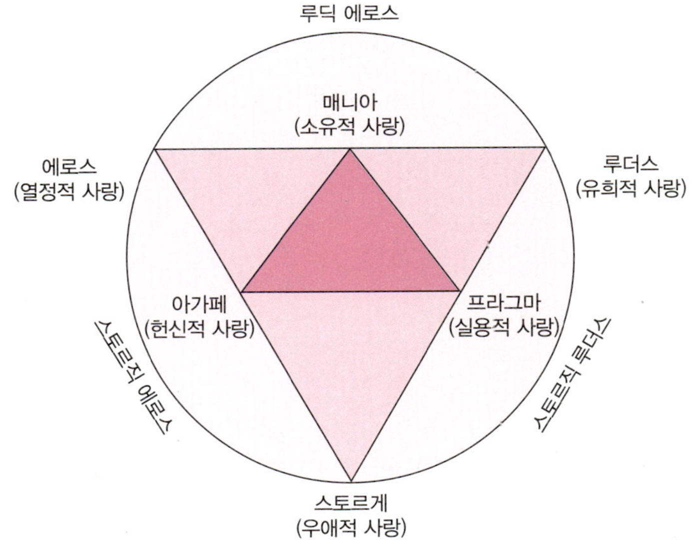

[그림 8-5] 사랑의 색깔

공격성

1. 공격성

1) 공격성의 정의

우리는 일상에서 '공격'이라는 말을 흔하게 사용한다. 상대방에게 상해를 입히는 행위를 공격행동이라고 말하는 것은 물론이고, 경쟁상대를 누르고 승리하기 위해 교묘한 방법으로 상대방을 속이거나 궁지에 몰아넣는 행위도 공격적이라고 표현한다.

Eron(1987)은 공격성을 '타인에게 상처를 입히고 화나게 하는 행동'으로 정의했다. 이 정의는 특정 행동의 결과에 초점을 두어 공격성을 정의한 것이다. 또 다른 정의는 행동과 함께 행위자의 의도나 동기도 모두 고려한다. Aronson(2007)은 공격성을 '타인에게 상처나 고통을 주기 위해 의도적으로 하는 행위'라고 정의했다. 이때 주목할 점은 행동이 상대방에게 실제 고통을 주지 않더라도 그와 같은 의도가 있는 행동은 공격성에 해당한다는 점이다.

Bandura(1973)는 어떤 행동의 공격성 여부를 결정하기 위해서는 '관찰자의 사회적 명명'을 고려해야 한다는 입장이다. 이 정의는 사람들이 생각하는 공격성의 판단기준을 중시하는 것으로 그들이 공격적이라고 명명하는 행동은 공격행동이 된다.

또한 공격성은 행동과 의도를 포함하고 있다. 즉 상대방을 괴롭히고, 해친 어떤 사람의 행동 이면에 그를 괴롭히고, 해치며, 파괴하고자 하는 의도가 있었을 때 그 행동을 공격행동이라고 한다. 공격성에 대한 이러한 정의는 몇 가지 특징을 지닌다(Bushman & Huesmann, 2010). 첫 번째 특징은 공격성이 관찰가능한 행동이라는 점이다, 우리는 시비 끝에 다른 사람을 때리거나 모욕하는 사람을 볼 수 있다. 또한 타인의 평판을 깎아 내리는 뒷이야기를 할 수도 있다. 그러나 타인을 해치는 상상이나 분노처럼 머릿속에만 일어나는 일은 관찰할 수 없고 그래서 공격성이 아니다. 두 번째 특징은 공격성이 사회적 행동이란 점이다. 공격하는 사람과 공격당하는 사람처럼 최소한 두 사람 이상이 관여될 때 그 행동은 공격적으로 될 수 있다. 허공을 향해 주먹을 휘두르거나 발길질로 분노를 표출하는 사람을 생각해보자. 우리는 이 사람이 무언가에 몹시 화가 난 공격적인 사람이라고 생각할 수 있지만, 공격성에 대한 이 정의 따르면 그의 행동은 공격성으로 분류되지 않는다. 세 번째 특징은 타인에게 해를 입히고자 하는 의도는 공격성을 정의하는 데 충분조건이 아니라 필요조건이라는 것이다. 즉, 타인에게 상처나 고통을 주는 모든 행동이 공격성은 아니다. 아이에게 주사를 놓는 의사는 그 아이에게 고통을 주지만, 해하려는 의도가 없기 때문에 어느 부모도 의사의 행동을 공격적이라 비난하지 않는 것과 같다.

2) 공격성의 종류

타인에게 의도적으로 해를 입히는 공격성은 타인을 때리거나 언어적으로 모욕하는 것 혹은 뒤에서 비난하기와 같이 매우 다양한 형태로 나타날 수 있다. 이때 공격석의 형태란 공격성을 표현하는 방식에 따른 구분이다. 타인을 공격할 때 사용하는 수단 혹은 가하는 상해에 따라 공격성을 구분할 수 있다(Buss, 1961). 〈표 9-1〉에서 나타난 바와 같이, 물리적 공격은 상대방을 손이나 발로 때리고 차거나 밀치는 등 신체적으로 고의적 해를 가하는 행동이다. 반면, 고함을 지르거나, 별명을 불러 놀리거나, 모욕하는 등 말로 상대방에게 해를 입히는 행동은 언어적 공격이다. 이 두 유형 이외에 타인의 사회적 관계에 의도적으로 해를 입히는 관계적 공격도 있다. 상대방을 험담하거나, 따돌리는 것 혹은 그 사람을 투명인간처럼 완전히 무시하는 것이 여기에 해당한다. 관계적 공격은 물리적 공격 이상으로 상대방을 장기간 괴롭힐 수 있다(Chen et al., 2008).

공격성은 직접적 공격과 간접적 공격으로도 구분할 수 있다. 타인에게 주먹을 휘두르거나, 눈앞에서 욕설을 내뱉는 것은 모두 직접적 공격으로 그 피해자가 직접적으로 존재한다. 반면에, 상대방이 없는 장소에서 그에 대한 나쁜 소문을 퍼뜨리거나 새 차에 흠집을 내는 것과 같은 행동은 간접적 공격에 해당한다. 때로 공격성은 전혀 무관한 사람에게로 향할 수도 있는데, 이것을 전이된 공격이라고 한다(Marcus-Newhall et al., 2000). 회사에서 상사에게 심한 질책을 받은 회사원이 가족에게 화를 내는 것이 이러한 공격의 한 예다. 전이된 공격은 공격 대상을 직접 공격하기가 어렵거나 보복의 가능성이 있을 때 발생하기 쉽다.

공격성에는 능동적 공격과 수동적 공격이 있다. 능동적 공격은 공격자가 대상자에게 적극적으로 상해를 가하는 것이다. 직접 상대방을 때리거나, 상대방이 없을 때 흉을 보는 것, 그를 모임이나 조직에서 배제하는 것이 그 예다. 수동적 공격은 상대방에게 도움을 주는 반응을 의도적으로 외면하는 것이다. 예를 들면, 상대방에게 중요한 메시지를 전달해주어야 하는데 그것을 고의로 전달하지 않으면서 '깜빡 잊어버렸다'고 핑계를 대는 경우가 여기에 해당한다. 수동적 공격은 피해자가 공격자를 섣불리 비난하기 어려운데 왜냐하면 그러한 행동이 실수인지 아니면 의도적인지 구별하기 어렵기 때문이다.

공격성은 그 표현방식에 따른 구분 이외에도 기능에 따라 적대적 공격과 도구적 공격으로 구분할 수 있다. 적대적 공격의 목적은 공격의 대상을 해치는 것으로 '뜨거운(hot)'공격이라고 불린다. 자신을 기분 나쁘게 하는 친구에게 보복을 하는 것이나 자신을 좌절시킨 익명의 다수에게 무차별적으로 총격을 가하는 행동도 여기에 속한다. 반면, 도구적 공격의 목적은 다른 목적을 이루기 위한 수단, 즉 도구로 행동을 이용하는 것이다. 그래서 도구적 공격은 '차가운(cool)'공격이라고 불린다. 비행청소년들이 골목길을 지나는 학생들을 공격해서 돈을 빼앗는 것이 여기에 해당한다.

〈표 9-1〉 공격성의 형태에 따른 분류

공격성 형태	공격성 종류
수단	물리적 공격 : 상대방에게 신체적 해를 일부러 가하는 행동
	언어적 공격 : 말로 상대방에게 상처를 입히는 행동
	관계적 공격 : 타인의 사회적 관계에 의도적으로 해를 입히는 행동
직접성	직접적 공격 : 직접 때리거나 눈앞에서 욕설을 하는 등의 행동
	간접적 공격 : 상대방이 없는 장소에서 욕하는 등 해를 입히는 행동
능동성	능동적 공격 : 공격자가 대상자에게 적극적으로 상해를 가하는 행동
	수동적 공격 : 상대방에게 도움을 주는 반응을 일부러 하지 않는 행동
기능	적대적 공격 : 공격의 대상자를 해치려는 목적으로 하는 행동
	도구적 공격 : 다른 목적을 이루기 위한 수단으로 하는 공격행동

2. 공격성 이론

1) 본능이론

공격성에 대한 본능이론(Instinct Theory)은 오래된 이론이면서 논란이 많은 이론이다. 이 이론의 핵심은 공격성이 학습보다는 본능적으로 유전적 요인에 의해 결정되고 그러한 행동이 모든 사람에게 동일하게 나타난다는 것이다. 또한 공격성은 인간과 동물을 포함한 대부분의 동물에게 공통적으로 존재하는 성향이다. Freud(1923)는 정신분석 이론에서 인간의 모든 행동을 무의식에서 찾으면서 인간의 공격성 역시 그 근원이 무의식에 있다고 주장했다. 그에 따르면 인간의 무의식 속에는 에로스라는 삶에 대한 충동과 타나토스라는 죽음에 대한 충동이 존재하는데 공격행동은 죽음에 대한 충동에서 비롯된다. Freud는 죽음의 충동은 타고난 것으로서 인위적으로 제거할 수 없기 때문에 자주 배출해 주어야 한다고 주장했다.

또한 비교행동학(ethology)에서도 인간의 공격성은 다른 동물과 마찬가지로 본능적이라고 설명한다. 비교행동학은 다른 동물과의 비교를 통해 인간의 특성을 밝히고자 하는 학문으로, 동물의 행동을 그들이 본래 살고 있는 물리적이고 사회적 환경 속에서 연구해야 한다는 입장을 취하고 있다. Lorenz(1966)는 동물에게 공격행동은 생존을 위해 중요한 기능을 하는 것으로 외부 자극에 의해 유발된다고 보았다. 예를 들면, 큰 가시고기의 수컷은 다른 개체의 붉은 색 배를 보면 공격행동을 한다. 큰 가시고기의 수컷은 번식기가 되면 배에 붉은 반점이 나타나는데 영토를 지키고 있던 수컷은 붉은 반점을 가진 다른 수컷 큰 가시고기를 발견하면 쪼아서 쫓아버린다. 물론 붉은 반점을 가지지 않은 암컷에 대해서는 이러한 공격행동을 보이지 않는다. 따라서 붉은 배는 큰 가시고기의 공격행동을 초래하는 유발자극이다. 또한 Lorenz에 따르면 공격성은 종의 생존을 위해 필수적이다. 동물은 자기영역을 침범하는 다른 동물을 공격함으로써 자신의 영토를 지켜 먹이를 확보한다. 이것은 동물 개체의 수와도 밀접한 관련성이 있다. 일정한 지역에 존재하는 동물 개체의 수가 필요 이상으로 늘어나면 서로 간에 공격행동이 급격히 증가하게 된다. 즉, 필요한 먹이를 확보하기 위해, 필요한 공간을 확보하기 위해 상대방을 공격하는 행동이 증가하는 것이다.

이처럼 비교행동학에서는 공격성을 개체의 생존에 기여하는 것으로 본다. 진화 사회심리학(evolutionary social psychology) 역시 이와 비슷한 입장을 취하고 있다. 이 입장에 따르면, 생존에 유리한 행동과 관련된 유전자는 살아남아 다음 세대로 전달된다. 유기체의 궁극적 목적은 생존과 유전자의 후손 전달을 위해 공격성은 중요한 전략 중 하나다. 많은 동물들이 영역과 자원 그리고 새끼를 지키기 위해 공격행동을 하지만 거기에는 항상 보복이나 심지어 죽음까지 따라올 수 있는 위험이 숨어있다(Gillbert, 1994). 따라서 진화론적으로 공격행동은 그 자체로 목적일 수가 없다. 대신에 공격행동은 사회적 지위를 획득하기 위한 주요 수단으로 인간의 생존과 번식에 유리한 기능을 한다. 왜냐하면 지위는 생존과 번식을 위해 중요한 역할을 하기 때문이다. 동물 사회에서 지배 서열이 존재한다는 것은 특정 집단의 일부 세력이 핵심 자원에 접근할 수 있는 기회를 더 많이 누리고 있음을 뜻한다(Cummins, 1998).

본능이론은 공격성을 일정 부분 설명하지만 그 한계도 있다. Kuo(1930)의 고양이 실험은 본능이론을 반박하는 대표적인 연구다. 고양이는 쥐를 잡아먹는 대표적인 천적이지만, 이 실험은 고양이의 이러한 속성도 자란 환경에 따라 달라질 수 있음을 보여준다. 이 연구자는 태어난 지 얼마 안 된 새끼 고양이를 세 가지 조건에서 키웠다. 한 조건에서는 새끼 고양이를 쥐를 잡아먹는 어미 고양이와 같이 키웠다. 또 다른 조건에서는 새끼 고양이를 고립된 상태에서 키웠다. 마지막 조건에서는 새끼고양이를 쥐와 함께 키웠다. 이 새끼 고양이들은 성장한 후 쥐에 대하여 다른 반응을 보였다. 어미 고양이와 같이 자란 고양이의 85%가 쥐를 공격하였다. 그러나 쥐와 함께 사육된 고양이는 17%만이 쥐를 공격하였다. 이 같은 결과는 공격성에 대한 본능이론과 배치된다.

2) 좌절-공격 가설

좌절-공격 가설(Frustration-Aggression Hypothesis)은 공격행동이 좌절에 의해 유발되고 공격행동 이면에는 반드시 좌절이 있다는 입장이다. 이 가설은 당시 정신분석학과 학습이론의 영향을 받았다. 정신분석학에 따르면 충동이 생겨 심리적 에너지 수준이 올라가면 사람들은 적절한 행동을 통해 그 수준을 낮춰 평형상태에 도달하고자 한다. 그런데 이런 행동이 방해를 받을 때 그들은 좌절을 경험하게 된다. 예를 들면, 사람들은 자신의 행동에 대한 언어적 모욕이나 위협, 물리적 공격을 받을 때 좌절하고 분노한다(Bandura, 1983). 이때 어떤 상황이 좌절을 야기하는지는 주관적일 수 있다. 가령 일반적으로 매력적인 목표도 특정 개인에게는 그렇지 않을 수 있고 그럴 경우 그는 그 목표에 따른 좌절을 경험하지 않을 수 있다.

좌절상황이 공격행동을 유발시킨다는 것은 Harris(1974)가 실험적으로 입증했다. 그는 우리가 영화관이나 도서관 혹은 터미널 등에서 줄을 서서 무엇인가를 기다리는 상황에서 좌절이 공격행동을 유발하는지를 실험했다. 참가자들이 줄을 서서 기다리는 동안 실험협조자가 맨 앞에서 두 번째 사람 앞에 끼어들었을 때와 열두 번째에 끼어들었을 때의 반응을 관찰하였다. Harris는 열두 번째보다는 두 번째가 목표지점에 더 가깝기 때문에 좌절이 더 클 것이라고 가정하였다. 관찰 결과 가정한대로, 열두 번째 사람보다는 두 번째 사람에게 끼어들기를 했을 때 사람들은 더 크게 반발했다. 말하자면, 자신이 선 줄에 끼어드는 것은 좌절을 불러일으키고 그것이 공격행동을 유발한 것이다.

좌절-공격 가설 역시 인간의 공격성을 일정 부분 설명하지만 그 나름의 약점도 있다. 우선 공격성이 생득적이라는 주장과는 달리 좌절과 공격성의 관계는 학습을 통해 이루어진다는 지적이 있다. 좌절에 부딪혔다고 해서 반드시 공격적 반응을 유발하는 것은 아니고 목표를 방해하는 장애물을 피해 돌아갈 수 있는 방법을 찾거나 회피하는 등 다양한 반응이 나올 수 있다. 이처럼 좌절에 대한 반응으로 공격행동을 할 것인가 비공격적 행동을 할 것인가는 경험을 통해 학습될 수 있다. 또 다른 비판은 좌절이 공격행동의 필요조건이 아니라는 것이다. 운동선수는 좌절하지 않아도 경기에서 승리하기 위해 공격적인 행동을 보인다. 또한 군인이나 경찰 등은 좌절과 무관하게 명령에 의해 공격행동을 보이기도 한다.

3) 사회학습이론

인간은 행동과 결과 간의 연계성을 모방을 통해서도 습득한다는 것이 사회학습이론(Social Learning Theory)의 핵심 주장이다(Bandura & Walters, 1963). 이와 같은 모방의 능력은 종(species) 특유의 능력이다. 사회학습이론가들은 다른 사람의 행동을 지각하고 그 행동을 재생할 수 있는 능력을 선천적으로 가지고 있다고 본다. 그들은 공격도 다른 사람을 모델로 삼아 모방한 결과라고 본다.

Bandura와 Walters(1963)는 유치원 아이들에게 동영상을 보여 주었다. 한 조건의 아이들에게는 한 성인 모델이 (보보 인형이라고 부르는)비닐 오뚝이 인형을 발로 차거나 고함을 지르는 등 난폭하게 가지고 놀고 그에 따라 보상을 받는 동영상을 보여주었다. 다른 조건의 아이들에게는 모델이 동일한 행동을 한 후 보상을 받지 못하는 동영상을 보여 주었다. 시청이 끝난 후 아이들에게 다른 방에서 많은 장난감을 가지고 놀 수 있는 기회를 제공하였다. 그 결과, 공격적 모델의 행동을 본 아동이 그렇지 않은 아동에 비해 동일한 보보 인형을 더 공격적인 방식으로 가지고 놀았다. 이러한 결과는 공격행동이 모방을 통해 증가한다는 것을 보여 준 고전적 자료다.

[그림 9-1]에서 보듯이 Bandura(1965)는 관찰학습이 이루어지는 네 가지 과정을 제시하였다.

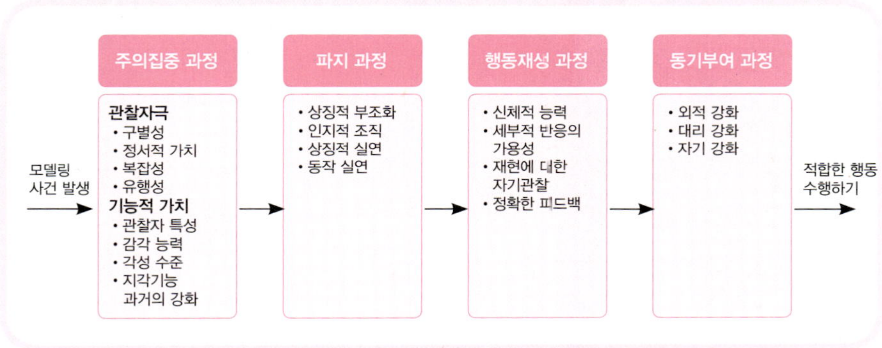

[그림 9-1] 사회학습이론에서 설명하는 관찰학습 과정

제1단계는 주의집중 과정으로 학습자가 관찰하는 행동에 주의를 기울여 가장 중요한 측면에 대한 정보를 끄집어내는 과정이다. 즉 모델의 공격행동에 주의를 기울이고 관찰하는 과정을 의미한다. 제2단계는 파지(encoding) 과정으로 학습자가 모델의 행동을 기억 속에 부호화하여 저장하는 과정이다. 그 행동에 대한 기억 없이 관찰의 효과가 나타날 수 없기 때문이다. 제3단계는 행동재생 과정이다. 이것은 반응을 인지적으로 재조직하는 과정으로 행동을 재생해서 그 성과를 잘 관찰한 후 자신의 행동을 수정하게 된다. 제4단계는 동기부여 과정이다. 행동 수행 후에 뒤따라오는 효과에 따라 그 행동의 빈도가 증가하거나 감소한다. 모방한 행동의 결과가 가치 있으면 학습자는 그 행동을 다시 수행하고자 한다.

4) 인지 신연합이론

Berkowitz(1989)는 좌절-공격 가설을 수정하면서 인지 신연합이론(Cognitive-Neoassociation Theory)을 제안하였다. 그는 좌절의 결과로 공격이 발생하기 위해서는 적절한 상황적 단서가 필요하다고 제안한다. 이 이론에 따르면 사람들은 좌절이나 타인의 도발, 높은 불쾌지수 등 혐오 자극에 의해 부정적 정서를 경험하게 된다. 부정적 정서의 경험은 자동적으로 도피와 싸움 경향성을 활성화시킨다. 이 경향성에는 생리적 반응, 운동 반응과 인지적 요소가 연결되어 있으며, 도피 경향성은 공포를 야기하고 싸움 경향성은 분노를 야기한다. 이때 초기의 혐오 자극은 부정적 정서를 경험하게 할 뿐 특정 반응을 결정하지는 않는다. 그 반응은 유전적 요인, 과거의 경험, 상황의 영향력 등을 받는다.

이처럼 인지 신연합이론은 공격행동에서 인지의 중요성을 강조하고 있다. 또한 이 이론에 따르면 초기 원시적 반응은 나중의 고차원적인 인지적 사고 처리에 의해 바뀔 수도 있다. 자신이 어떤 감정을 경험하는지 인식하고 그런 감정을 초래한 원인이 무엇인지 판단하는 것과 같은 숙고의 결과로 분노와 공포는 더욱 분명하게 분화되고 행동은 강화되거나 억제될 수 있다. 같은 맥락에서 앞서 TV나 영화 등 폭력 장면이 공격행동에 미치는 효과에 대해서도 인지 신연합 이론은 사회학습이론과는 다른 설명을 제시한다([그림 9-2]). 이 이론에 의하면 아이들이 보는 폭력적인 장면은 그것과 연합되어 있는 공격적 사고와 행동 경향성을 활성화시킨다. 또한 우리가 목격하는 주인공의 폭력 행위는 우리에게 합리화의 빌미를 제공한다. 그러나 그 후 어떤 인지 처리를 하는지에 따라 공격성이 억제 혹은 증가할 수 있다.

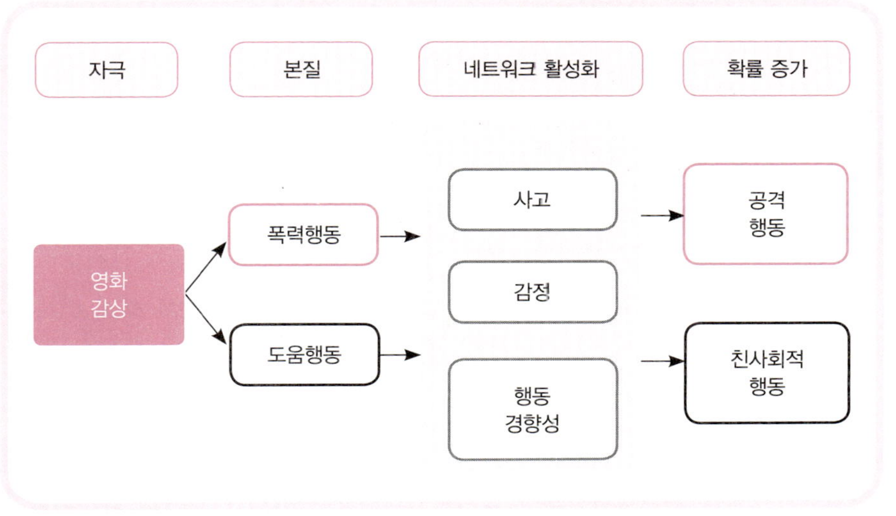

[그림 9-2] 대중매체 노출의 무의식적 효과

환경자극이 공격행동과 연합되어 있다는 사실을 보여주는 연구들이 있다. Berkowitz와 Lepage(1967)는 실험 중에 실험참가자를 도발하도록 실험협조자에게 지시했다. 그 다음 참가자는 자신을 도발한 실험협조자의 수행결과에 따라 다양한 강도의 전기충격을 그에게 가했다. 이때 실험집단의 참가자에게는 총이나 칼과 같은 공격적 무기를 주변에 제시했다. 통제집단에는 배드민턴 라켓과 같이 공격과 상관없는 도구를 제시했다. 그 결과 실험집단의 참가자들이 더 강한 전기충격을 주었다. 이 결과는 공격적 의미를 가진 단서는 흥분상태의 사람들에게 공격행동을 더욱 강하게 촉발할 수 있다는 것을 의미한다. 즉 이와 같은 무기효과(weapon effect)는 공격적인 사고, 정서 및 행동 경향성이 모두 기억 속에서 함께 연합되어 있음을 시사한다.

인지 신연합이론에 따르면, 폭력 게임에 반복적으로 노출되는 것 역시 공격성을 증가시킬 수 있다. 폭력적인 이미지에 반복 노출됨으로써 시청자의 공격성 연합 네트워크가 더욱 복잡하고 풍부해지기 때문이다.

5) 공격성 일반 모형

공격성 일반 모형(General Aggression Model)은 공격성에 대한 기존의 다양한 이론들을 전체적으로 통합하여 하나의 개념적인 틀을 제공한다(Anderson & Bushman, 2002). Anderson과 Bushman의 연구에 나타난 이 이론은 폭력적 컴퓨터 게임과 같은 환경변인이 개인의 공격적 인지구조를 활성화하여 공격적 사고를 촉발하고 결국 공격행동을 더 많이 하게 한다고 설명한다.

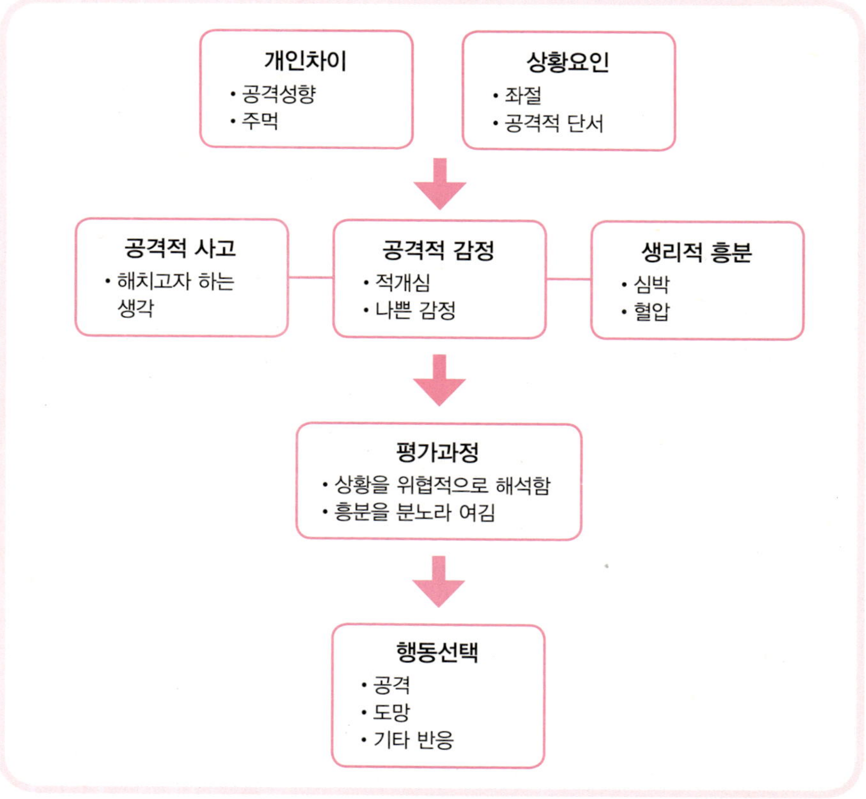

[그림 9-3] 공격성 일반모형

공격성 일반 모형은 사회적 상호작용이 진행 중인 사건, 즉 상황 속의 개인에 초점을 맞춘다. [그림 9-3]에서 보듯이, 이 모형은 공격행동을 개인과 상황이라는 두 요인의 투입 단계, 인지, 정서, 각성 등 개인의 현재 내적 상태를 지칭하는 경로 단계, 그리고 평가와 의사결정에 따른 결과 단계 등 세 단계를 포함한다. 투입 변수 중 하나인 개인 요인은 상황에 적용할 수 있는 성격 특질, 태도, 유전적 경향성 등을 포함하고 있다. 이 요인은 시간과 상황에 상관없이 안정적인데, 그것은 개인이 가진 도식, 각본, 기타 지식구조를 일관적으로 사용하기 때문이다.

지식 구조의 총합은 결국 개인의 성격이라고 할 수 있으며, 개인이 어떤 상황을 선택하고 회피할지에 관여한다. 상황요인은 도발이나 공격 단서와 같은 중요한 상황적 특징을 포함하여, 개인 요인과 마찬가지로 인지, 정서, 각성 상태에 영향을 줌으로써 공격성에 영향을 미친다.

경로단계는 개인의 내적 상태를 지칭하는 단계다. 개인과 상황이라는 두 투입 변수는 그것이 만들어 낸 현재의 내적 상태를 통해 최종 결과물인 행동에 이른다. 현재의 내적 상태는 인지, 정서, 각성 등을 포함한다. 예를 들면, 적대성 특질과 폭력 장면에의 노출은 공격적 사고, 공격적 정서 그리고 공격행동에 대한 접근성에 영향을 미친다. 현재의 내적 상태를 구성하는 이 세 가지 요인은 서로 강하게 연결되어 있으면서 영향을 주고받는다.

마지막으로 결과 단계에서는 평가와 의사결정이 이루어진다. 투입된 요인에 의해 나타난 인지, 정서 그리고 각성 상태에 기반을 두어서 어떠한 행동을 할 것인지 결정하게 된다. 이때 관여하는 정보처리 과정은 자동적 처리과정과 숙고적 처리과정 모두를 포함하고 있다. 자동적 처리과정은 자신의 내적 상태에 대응하는 방식으로 즉각적으로 결정하는 것을 의미한다. 반면에 숙고적 처리과정은 자신의 내적 상태를 재평가해서 행동을 결정하는 과정을 의미한다. 의사결정 과정을 통해 이 사건에서 마지막 행동이 결정된다. 그리고 이 마지막 결과는 사회적 만남을 통해 다음의 공격 사건에 다시 투입된다.

3. 공격성 유발요인

1) 환경적 요인

(1) 가정 및 또래 환경

아이들에게 가장 가까운 역할모델은 부모다. 아동의 공격성과 부모의 부적절한 양육방식 간에 관련성이 있다고 보고하는 연구가 많다. 한 연구(Eron et al., 1991)에 따르면, 부모가 아동을 비일관적으로 훈육하거나, 차갑게 대하거나 혹은 심한 신체적 처벌을 한 가정에서 자란 아동은 지속적으로 공격성을 보였다.

아동은 성장하면서 가족뿐만 아니라 또래와 상호작용을 하면서 그들로부터 많은 영향을 받는다. 공격적 성향을 보이는 아동은 폭력을 거부하는 또래집단에게는 거절당하고 비슷한 성향을 지닌 친구들과는 어울리게 된다. 공격적 성향의 아동들이 모여 만든 또래집단은 그들 간의 상호작용과 모방 학습을 통해 더욱더 공격적으로 자란다.

(2) 문화적 차이

문화는 보다 더 큰 맥락으로 사람들의 공격성에 영향을 미칠 수 있다. 가령 한 연구(Bushman & Huesmann, 2010)에 따르면, 말레이시아 문화에서 젊은이들은 체면이 깍이는 것 같은 특정한 상황에서 충동적인 공격을 통제할 수 없다고 여긴다. 이런 문화 속에서 젊은이들은 자신의 공격행동이 가져오는 결과로부터 좀 더 자유로울 수 있다. 가령 말레이시 문화처럼 특정 상황에서 사람들이 통제력을 잃는 것은 당연하고 정상적이기 때문에 폭력이 뒤따르는 것을 당연하다고 여긴다면 이러한 문화에서는 폭력적 행동이 더 빈번할 수 있다. 반면, 영국 문화는 젊은이들이 자신의 폭력을 통제할 수 있으며, 당연히 스스로의 행동에 대한 책임 역시 져야 한다고 생각한다.

또한 개인주의와 집단주의 문화에서 공격성이 어떻게 다른지에 대해서도 많은 흥미를 가지고 있다. 동료에 대한 공격행동을 국가별로 비교한 연구(Bergeron & Schneider, 2005)에서는 개인주의 문화일수록 공격행동의 지표에서 더 높은 순위를 차지했다. 개인주의 문화에 비해 집단주의 문화에서는 여러 사회적 관계나 맥락이 개인의 행동에 더 많은 영향을 미치기 때문에 공격과 같은 타인에게 해를 가하는 행동을 억제하는 요인들이 더 많기 때문이다.

(3) 대중매체의 영향

좌절–공격 가설은 공격성을 대리적으로 해소할 수 있다고 주장한다. Freud의 본능이론에 기반을 둔 정화가설에 따르면, 좌절로 인해 내부에 쌓인 공격적 에너지를 폭력매체의 시청과 같은 대리적 방식으로 해소함으로써 이후에 그 좌절을 야기한 사람을 공격할 가능성이 낮아진다. 그러나 이 이론이 타당하다면 누구나 일정한 시간마다 폭력매체를 접하게 함으로써 폭력을 감소할 수 있다.

한편, 사회학습이론은 학습이나 경험에 의해 공격행동이 획득된다고 설명하는 이론이다. 이 이론에 따르면, 폭력적인 매체의 노출이 많을수록 공격성은 증가한다. 즉 이 두 가설은 폭력매체 시청의 효과에 대해 정반대적 이론을 제시하고 있다.

2) 상황적 요인

(1) 불쾌사건

사람들은 비판이나 공격을 당하면 종종 공격적으로 반응한다. 즉 도발은 우리가 타인에게 공격성을 보이는 가장 강한 원인 중 하나이며, 상대가 의도적으로 자신에게 피해를 입혔다고 생각할 때 공격적 반응은 더욱 커진다. 다양한 도발 중에서도 업신여김이나 모멸감은 매우 강력한 효과를 가지고 있다(Harris, 1993). 또한 부당한 비난 역시 공격적 반응을 일으키는 강력한 도발 중 하나다.

타인에게 거절당하는 사회적 상황 역시 강한 스트레스와 함께 공격적 반응을 유발한다. 사회적 고립은 공격행동을 초래하는 강력한 요인 중 하나다.

불쾌한 사건은 비사회적 상황에서도 자주 발생한다. 가령 기상청은 6월부터 9월까지 기온과 습도를 조합하여 사람들이 느끼는 생활기상지수, 즉 불쾌지수를 제시한다. 불쾌지수가 80이 넘으면 누구나 불쾌감을 느낄 수 있다. 실제로 높은 기온과 습도는 사람들의 공격성을 유발하는 불쾌사건이다.

(2) 각성 상황

각성 수준이 올라가면 사람들은 더욱 공격적으로 된다. 도발이나 폭력매체 뿐만 아니라 스포츠도 사람들의 각성 수준을 높인다. 결승전의 결승골은 사람들의 심장박동과 혈압을 증가시킨다. 이런 각성 상태에서 상대방팀의 도발은 종종 더 강한 공격행동을 유발한다. Zillmann(1983)은 이러한 현상을 흥분전이이론(Excitation Transfer Theory)으로 설명한다. 이 이론에 따르면, 어떤 사건으로 발생한 흥분은 쉽게 수그러들지 않고 그 다음에 발생하는 사건으로 넘어가 영향을 미친다. 이때 이후의 사건이 도발적인 특성을 가지고 있으면 전이된 흥분은 공격적 반응을 증가시킬 수 있다. 즉 우리가 이전의 흥분상태를 인지하지 못할 때, 그리고 지금의 각성상태를 지금 발생한 사건에 귀인할 때 우리는 더 공격적으로 된다.

(3) 공격 탈억제 요인

도발적이거나 각성 수준을 높이는 상황이라고 하더라도 대부분의 사람들은 자신의 공격충동을 잘 억제한다. 그러나 술은 억제를 약화시킨다. 음주와 공격성의 관계에 대한 여러 연구를 메타 분석한 결과 둘 사이에는 정적인 상관이 있었다. 술에 취한 실험참가자는 통제집단에 비해 도발에 더욱 공격적으로 반응했다(Bushman & Cooper, 1990), 이에 대한 가능한 설명 중 하나는 음주로 인해 공격성 통제가 약해진다는 것이다. 자아고갈이론(Ego-Depletion Theory)은 인간의 뇌가 자기 통제를 위해 많은 포도당을 필요로 하는데 알코올이 그런 포도당을 감소시켜 자기 통제가 약화 된다고 설명한다. 또한 알코올은 판단의 시야를 좁히는 특성이 있어 술에 취한 사람들은 눈에 띄는 도발적 상황에 더욱 민감하게 반응한다(Giancola & Corman, 2007).

뿐만 아니라 알코올은 사람들의 자의식(self-awareness)을 감소시킴으로써 공격에 대한 자기의 기준을 망각하도록 한다(Hull, 1981). 술에 취한 사람들은 당장 눈앞에 닥칠 미래를 생각하지 못하는 것처럼 보일 때가 있다.

3) 개인적 요인

(1) 성격적 특성

공격성에 영향을 미치는 성격적 특성 중의 하나가 사이코패스 성향이다. 이 성향은 타인의 고통에 무감각하고, 죄책감을 느끼지 않으며, 공감 능력이 결여되어 있다. 이러한 성향의 사람은 누군가를 해치는 것보다 주로 자신의 목적을 이루는 것에 초점을 맞추기 때문에 주로 도구적 공격행동을 보이지만(Nouvision et al., 2007) 자신의 목적이 방해받는 좌절 상황에서도 적대적 공격도 한다(Blair, 2010). 비록 이런 기질의 사람들은 정서적 반응이 약하고 타인에 대한 공감 능력이 떨어지지만, 상대의 관점에서 생각하도록 주입시키면 그들의 공격수준도 감소할 수 있다(Van Baardwijk et al., 2009).

공격성과 관련한 또 다른 성격 요인이 자기애(narcissism)이다. 자기애 성향이 높은 사람은 스스로의 가치와 성취를 과대평가하는 경향이 있다. 이러한 사람은 자신의 자아가 위협받을 때 공격적으로 변한다. 특히 공적인 상황에서 모욕을 당할 경우 더욱 공격적 반응을 보인다.

(2) 생물학적 특성

생물학적으로 낮은 각성 수준의 사람이 더 공격적으로 행동하는 경향을 보인다. 반사회적 성격장애나, 사이코패스 성향을 가진 사람들은 심장박동, 혈압, 피부전도로 측정한 각성수준에서 일반 사람들 보다 낮았다(Raine, 1993). 15세 소년들을 대상으로 한 연구(Raine et al., 1995)에서도 낮은 각성 수준과 10년 후 범죄에 가담할 확률 간의 관련성이 있었다. 이에 관한 사회 · 인지적 해석에 따르면 각성 수준이 낮은 사람은 공격적 행동 각본을 평가하는 동안 부정적 정서를 경험할 확률이 낮아 그 각본대로 행동할 가능성이 높다(Anderson & Heusmann, 2003).

4. 공격성 감소방안

1) 행동적 접근

(1) 처벌

대다수의 사회는 공격성을 줄이기 위한 주요 전략으로 처벌을 사용해 왔다. 친구들과 싸운 학생들에게 요구하는 반성문에서부터 범죄자를 교도소에 보내는 것까지 다양한 장면에 다양한 처벌이 존재한다. 처벌을 하는 한 가지 이유는 공격행동으로 누군가에게 피해를 준 가해자 역시 처벌을 통해 피해를 받는 것이 당연하다고 생각하기 때문이다. 처벌을 하는 또 다른 이유는 공격행동의 예방과 관련이 있다. 자신의 공격행동이 발각되어 처벌을 받을 수 있다고 생각할 때, 사람들은 그 행동을 자제할 가능성이 높기 때문이다.

처벌의 효과를 극대화하기 위해서 충족되어야 할 조건이 있다(Berkowitz, 1993). 우선, 처벌은 공격행동이 발생한 후 가능한 한 즉시 주어져야 한다. 둘째, 처벌은 처벌 대상에게 혐오감을 줄 만큼 충분히 강력해야 한다. 셋째, 처벌은 대상자에 상관없이 일관적으로 적용되어야 한다. 넷째, 처벌은 그 당사자에게 정당한 것으로 지각되어야 한다. 마지막으로, 처벌은 받는 공격행동을 대체할 수 있는 바람직한 행동을 제시할 수 있어야 한다. 그러나 이러한 조건을 충족하는 처벌을 집행하는 것은 오늘날 사법체계에서는 극히 어려운 일이다. 보통 처벌은 공격행동 이후 몇 달에서 몇 년까지 지연된다. 또한 동일한 형태의 범죄라고 하더라도 그 형량은 범죄의 내용과 범죄자의 특성 등에 따라 다르기 때문에 처벌에 대한 일관성과 정당성을 확보하는 것 또한 어렵다.

이상적 조건에서 시행된 처벌조차도 공격성을 일시적으로 억누르는 임시방편뿐일 수 있다. 가령 한 연구에서는 집에서 부모에게 물리적 처벌을 받으며 자란 아이는 학교에서 다른 아이들에게 더 공격적으로 행동했다(Lefkowitz et al., 1978).

(2) 행동개입

행동수정(behavior modification)은 비공격적 행동을 강화하는 하나의 원리인데, 이 원리를 사용한 프로그램이 '좋은 행동 게임(Good Behavior

Game)'이다. 이것은 집단 개인 프로그램 중 하나로 교실에서의 부적절한 행동을 교정하고 학업수행을 향상시키는데 사용되어 왔다. Kleinman과 Saigh(2011)는 26명의 다인종 청소년들로 이루어진 수업시간에 이 프로그램을 실시하였는데, 수업시간에 돌아다니거나, 고함을 지르고, 욕설을 내뱉어서 정상적으로 수업을 받을 수 없는 교실에서 이 게임을 시작하면서 학생들에게 수업 시간 중 금지할 세 가지 표적행동으로 언어적 훼방, 신체적 훼방, 그리고 자리뜨기를 지정했다. 이런 행동을 하지 않을 경우 사탕과 피자가 보상으로 주어졌다. 6주간의 시행 후 학생들의 금지 행동은 눈에 띄게 개선되었으며, 사후 관찰에서도 그 효과는 유지되었다.

비공격적 행동을 촉진하는 또 다른 개입방법이 사회적 기술 습득(social skills training)이다. 공격적 행위자들은 사회적 상황에서 필요한 분노 조절이나 협상과 같은 사회적 기술이 부족하다. 그들이 사회적 기술을 습득하게 함으로써 그들의 공격성을 감소할 수 있다. Schneider와 Byrne(1987)이 개발한 프로그램에서는 아이들에게 12주 동안 다양한 훈련을 실시하였다. 아이들은 장난에 비공격적으로 반응하기, 좌절 상황에서 과도하게 행동하지 않기, 그리고 다른 사람의 감정과 반응을 정확하게 읽는 기술을 배운다. 또한 대인관계에서의 의사소통 방법, 거절에 대한 대처 및 스트레스 관리도 훈련받는다.

공격행동을 하는 사람들의 정서적 각성 수준을 낮추기 위한 행동 개입에는 이완법(relaxation training)이 있다. 이 기법은 사람들의 분노와 각성 수준을 감소하고 이완하는 훈련을 통해 적대적인 공격성을 줄이고자 하는 기법이다. 대부분의 이완 훈련은 깊은 호흡, 평화로운 초원처럼 이완에 도움을 주는 이미지의 시각화, 몸의 모든 근육을 긴장시켰다가 이완시키기 등을 수반한다. 점진적 근육 이완법(progressive muscle relaxation)은 직접적으로 생리적 반응을 완화시킴으로써 공격반응을 감소시키고자 한다. 바닥에 등을 붙이고 누워서 두 팔을 자연스럽게 늘어뜨린다. 그 후 지시에 맞춰서 이마, 얼굴, 팔 등 각 근육별로 짧은 시간 긴장시켰다가, 완화하는 것을 반복한다. 이러한 훈련법은 심장박동, 혈압의 감소와 신체적 공격의 유의미한 감소결과를 보였다(Lopata, Nida, & Marable, 2006).

행동 개입의 또 다른 형태가 자기지시훈련(self-instructional training)이다. 이 훈련은 누군가가 도발했을 때 사람들로 하여금 마음속으로 자신에게 이야기를 건네도록 하는 것이다. 가령 상대방이 도발할 것 같은 때는 '나는 이 상황을 다스릴 수 있어.', 상대방의 도발에 직면하는 순간에는 '진정하고 일단 긴장을 풀자', '넌 이런 상황에서 자신을 증명하려 할 필요 없어', 도발을 받은 후에는 '이완시키고 모든 것들을 느리게 할 때가 왔어.', '나는 자제력을 잃지 않겠어.'라는 말을 자신에게 한다. 갈등이 해결된 후에는 '이 문제는 내가 생각한 만큼 어렵지 않았어.'라고 스스로에게 이야기할 수 있다. 갈등이 해결되지 않은 상태에서는 '이 상황이 해결되려면 어느 정도 시간이 걸리는 것이 당연해.'라고 스스로를 진정시킬 수 있다.

마음 챙김 훈련(mindfulness training)은 도발적인 상황에서 주의를 내면으로 옮기고 심신을 이완함으로써 공격행동을 억제하도록 도와준다.

2) 정서적 접근

(1) 공감

일반적으로 가해자와 피해자의 물리적 거리가 클 때보다는 작을 때 공격행동이 덜 일어난다. 거리가 가까울 때 상대방의 고통을 직접 볼 수 있고, 이것이 가해자에게 죄책감과 같은 심리적인 고통을 야기할 수 있다. 이처럼 피해자에 대한 공감은 공격성을 감소시키는 역할을 할 수 있다.

성인은 물론 아동을 대상으로 한 연구들이 공감의 효과를 입증하고 있다. 대부분의 연구에서는 정서를 유도하는 상황을 만들어 놓고 그 상황에 대한 아동의 자기보고, 공감적인 표정이나 몸짓을 통해 공감을 측정한다. 한 연구에서는 콜롬비아의 학생을 대상으로 학교폭력에 관한 조사를 실시했다. 연구자들은 사회 · 정서적 요인, 가족과 학교 요인, 가난이나 불평등, 지역사회의 폭력 수준 등 환경 요인이 학교폭력에 미치는 영향을 알아보았다. 그 결과 사회 · 정서적 능력 중 하나인 공감 수준이 낮은 학생은 그 수준이 높은 학생에 비해 공격성 수준이 더 높았다(Chaux, Molano, & Podlesky, 2009).

3) 인지적 개입

(1) 귀인

귀인은 공격행동을 할 것인지 결정하는 상황에서도 일어난다. 한 연구에서(Ohbuch & Kambara, 1985) 참가자들은 한 쌍을 이뤄 서로 전기충격을 주고받았다. 이때 파트너가 가하는 전기충격의 강도와 의도를 참가자들에게 알려주었다. 절반의 참가자들은 파트너의 의도에 상응하는 강도의 전기충격을 받았지만, 나머지 절반은 파트너의 의도와 반대되는 강도의 전기충격을 받았다. 즉 나머지 절반 중 일부는 자신이 강한 전기충격을 받아 고통스럽지만, 파트너는 약한 충격을 주고자 했다고 알고 있었다. 나머지 일부는 자신이 약한 전기충격을 받았지만 파트너는 강한 충격을 주고자 했다고 알고 있었다. 차례가 바뀌었을 때, 참가자들은 자신이 받은 전기 충격의 강도보다 파트너의 의도를 더 중시했다. 자신에게 약한 충격을 주고자 한 파트너에겐 실제 받은 충격이 컸더라도 약한 충격을 주었지만, 자신에게 강한 충격을 주려고 한 파트너에겐 받은 충격이 약했더라도 강한 충격을 주었다. 이와 같은 발견을 고려할 때, 공격성을 감소시킬 수 있는 한 가지 방법은 상대방의 행동을 의도치 않은 것으로 귀인하는 것이다.

공격성을 감소시키는 또 다른 인지 요소로 사과가 있다. 대형마트에서 카트로 부딪친 사람이 사과를 하면 그 사람을 공격하기가 쉽지 않다. 이때 사과가 진실하게 보이고 사과하는 사람의 설명이 납득이 갈 경우 우리의 반응은 덜 공격적으로 된다(Schumann, 2014).

(2) 용서

용서는 나에게 피해를 입힌 사람을 처벌하려는 욕구를 버리고, 대신에 그에게 도움을 주는 방향으로 행동하려는 의도다. 용서를 한다는 것은 무엇보다도 공격성의 감소를 포함한다. 용서는 상대방에 대한 자신의 공격성 욕구를 감소시킬 뿐 아니라(McCulloung et al., 2003), 본인의 심리적 안녕감도 강화시킨다(Karrenmanss et al., 2003).

그러나 용서가 모든 맥락에서 동일하게 작동하는 것은 아니다. 한 연구에서 연구자들은 107명의 참가자에게 직장동료, 친구, 애인이나 배우자가 최근에 규칙을 위반한 경우를 기술하게 했다. 그 결과 규칙을 위반한 상대방이 후회와 유감을 표현할 때 용서할 가능성은 더 커졌고, 공격성은 감소했다(Karrenmanss et al., 2003).

동조, 복종, 순응

1. 동조의 유형

동조(conformity)는 우리가 다른 사람들의 행동이나 의견을 자발적으로 받아들이는 경향성을 말한다. 일반적으로 동조라는 용어는 부정적인 의미로 쓰이는 경향이 있지만, 반드시 부정적인 개념은 아니다. 도로를 무단으로 횡단하는 무리를 따라 건너는 사람의 경우처럼 부정적이기도 하지만, 바다에 기름유출시 많은 사람들이 자원봉사에 나선 경우처럼 긍정적이기도 하다. 보통 동조는 대부분 다수가 소수에게 사회적 영향을 행사함으로써 소수가 동조하는 경우다. 그러나 때로는 소수가 다수에게 영향을 줌으로써 다수가 동조하기도 한다.

1) 다수의 영향

(1) 암실에서의 실험

일찍이 Sherif(1935)는 암실에서 이루어진 실험에서 개인이 다른 집단 구성원들의 판단에 동조하여 자신의 의견을 바꾸는 현상을 입증하였다. 그는 이 실험을 위해 암실에 하나의 전등을 고정시켜 놓고, 실험 참가자로 하여금 그 불빛이 움직인 거리를 추정하도록 했다. 이때 암실에 고정되어 있는 불빛을 보면 그것이 아무렇게나 움직이는 것처럼 보이는데 이러한 착시를 자동운동현상(autokinetic movement)이라고 한다. 즉 암실에서 지각할 수 있는 것은 작은 불빛뿐이고 그것과 비교할 수 있는 준거가 없기 때문에 고정된 빛이 움직이는 것처럼 보인다.

실험은 두 조건에서 이루어졌다. 개인적 조건의 참가자들은 자신의 추정치를 다른 사람들과 공유하지 않았다. 반면, 집단적 조건의 참가자들은 자신의 추정치를 큰 소리로 말해서 다른 참가자들과 공유하고 이와 같은 과제를 반복적으로 수행했다. 그 결과 불빛의 움직임을 상대적으로 비교할 수 있는 기준이 전혀 없기 때문에, 모든 조건의 참가자들은 처음에는 매우 다양한 응답을 했다. 또한 개인적 조건에는 이와 같은 반응이 지속되었다. 그러나 불빛의 이동거리를 다른 사람들과 함께 공유한 집단적 조건에서는 [그림

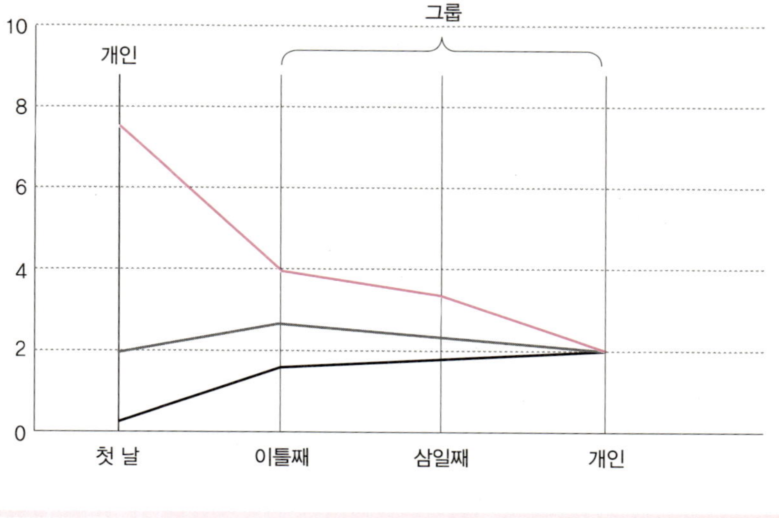

[그림 10-1] Sherif(1935) 집단조건에서 얻은 결과

10－1]에서와 같이 참가자들의 추정치가 점차 비슷해졌고, 나중에는 하나의 수치로 수렴했다.

홍미롭게도, 연구의 마지막 부분에서 홀로 암실에 있게 된 집단적 조건의 참가자들은 다른 사람들과 함께 있을 때 공유한 추정치를 계속 따르고 있었다. 더군다나 이러한 자동운동의 집단규범은 이전의 집단 구성원들이 지켜보지 않더라도 일 년이 지난 후에도 지속되었다. 이처럼 거리 추정치에 미치는 다른 사람의 영향은 강력했고 지속적이었다(Rohrer et al., 1954).

이러한 현상의 원인은 참가자들이 다른 사람들의 의견을 참조하여 자신의 기준을 정하기 때문이다. 이와 같이 답이 모호한 상황에서 발생하는 동조현상을 일상생활에서도 쉽게 찾아볼 수 있다. 예를 들어, 격식을 차려야 하는 낯선 레스토랑에서 식사를 할 때나, 시험문제가 어려워 다수의 학생이 고른 답을 정답이라고 믿을 때처럼 애매한 상황에서 타인의 행동은 유용한 정보가 된다. 이때 타인으로부터 받은 정보를 사실로 여기기 때문에 시간이 지나고 상황이 달라져도 그러한 믿음은 그대로 유지되는 경향이 있다. 이러한 특징 때문에 규범은 한 세대에서 다음 세대로 이어질 수 있고, 규범을 만든 원래 집단이 더 이상 존재하지 않아도 오랫동안 사람들에게 영향을 미친다. 따라서 이 실험은 규범이 만들어지고 공고하게 되는 과정을 잘 보여준다.

(2) 선분 길이 실험

Asch(1951, 1956)는 Sherif(1935)의 연구에서처럼 정답이 불확실한 상황에서는 누구나 동조할 수밖에 없다고 보고 정답이 분명한 상황에서도 이와 같은 동조현상이 나타나는지를 확인하고자 했다. 실제 Asch는 이 연구를 시작하면서 실험 참가자들이 집단의 동조압력에 저항함으로써 다수의 틀린 견해를 따르지 않고 자신이 생각하는 정답을 말할 것이라고 생각했다. 말하자면 각 개인은 독립적이고 자율적인 특성을 가진 존재라고 생각하고 있었다.

연구자는 간단한 시력검사 실험으로 알고 지원한 참가자들에게 선분과제를 실시하였다. [그림 10-2]에서 보듯이, 이 과제는 기준이 되는 선분이 그려진 카드와 세 개의 선분이 그려진 카드를 이용하여 기준 선분과 길이가 같은 선분을 세 개 중에서 하나 고르는 것이었다. 이때 길이가 다른 다양한 선분을 개발하여 이와 같은 판단과제를 참가자들에게 여러 번 실시했다. 매 시행에서 실험자는 두 개의 카드를 제시하고 참가자들에게 대답하도록 했다.

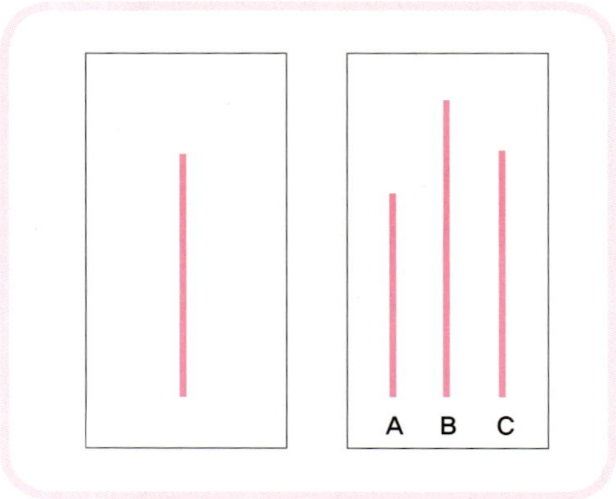

[그림 10-2] Asch(1956)의 사용한 자극

한 명의 진짜 참가자는 여러 명의 실험협조자들과 함께 테이블에 둘러앉아 과제를 수행했다. 이때 실험자는 진짜 참가자가 가장 나중에 대답할 수 있도록 앉는 자리를 배정했다. 처음 몇 번의 시행에서 모든 사람들이 실수 없이 대답하는 것을 지켜 본 후 실험자는 미리 짜놓은 각본대로 실험협조자들에게 틀린 답을 하게끔 지시했다. 그 결과 진짜 참가자들의 76%가 적어도 한번이상 틀린 답에 동조했다. 또한 진짜 참가자들이 한 수행의 41%가 틀린 답이었다. 실험 종료 후 참가자들에게 개인적인 판단을 다시 요구했을 때는 모두가 정답을 제시했다. 또한 집단압력이 없는 통제집단의 참가자들도 98% 이상 정확한 답을 선택했다. 이러한 결과는 연구자가 예측한 것과는 상당히 거리가 먼 결과다.

참가자들이 동조한 것은 그들이 실제로 선분의 길이를 잘못 지각했기 때문은 아니라는 점을 이러한 연구결과가 분명히 하고 있다. 즉, 너무나 명백한 상황에서도 많은 사람들이 다수의 의견에 동조한다는 것을 이 연구는 보여주고 있다. 더군다나 다른 답을 말하더라도 큰 불이익이 주어지지 않는 실험실 상황에서도 뚜렷한 동조행위가 나타났다. 이것은 집단의 압력이 이보다 훨씬 더 강한 현실에서는 더 많은 동조현상이 나타날 수 있음을 시사한다. 이러한 상황에서 동조가 발생한 이유는 무엇보다도 자신의 집단으로부터 수용과 인정을 받고자 하는 욕구 때문이다. 이때 집단의 의견에 따르지 않는 사람은 배척과 따돌림을 받을 수 있기 때문이다.

2) 다수의 영향 결정 요인

(1) 만장일치

Asch(1956)의 실험에서 집단 내 단 한 명의 이탈자라도 있을 때 동조수준은 만장일치일 때 동조수준의 1/4로 줄어들었다. 이때 그 이탈자가 진짜 참가자 자신의 생각과 다른 제 3의 대답을 한 경우에도 마찬가지였다.

만장일치가 깨졌을 때 동조가 줄어드는 이유는 무엇일까? 첫째, 단 한명의 개인이 다수와 의견을 달리하게 되면 집단의 모든 압력을 혼자서 감당해야 한다. 의견을 달리하는 또 다른 사람이 있을 경우 그 압력은 분산된다. 둘째, 또 다른 이탈자의 존재를 알게 되면 다수의 의견에 대한 맹목적 신뢰감이 떨어지고 그래서 자신의 의견을 주장하기가 더 쉬워진다. Asch의 연구에서 참가자들은 정답이 분명한 과제이기 때문에 다른 대답을 하면 자신이 지각없는 바보 같은 사람이라고 생각하게 된다. 그러나 또 다른 이탈자가 나타날 경우 문제를 좀 더 합리적으로 바라보게 된다. 셋째, 소수집단의 크기가 커질수록 다수집단의 크기는 작아지므로 동조압력이 그만큼 줄어든다. 이러한 결과는 집단의사결정을 하는 경우에 최소한 한 사람이라도 다수의 의견과 다른 견해를 제시하는 것이 논의에 도움이 된다는 것을 시사한다.

(2) 집단의 크기

집단의 크기 또한 동조의 정도에 영향을 미친다. Asch(1951)는 집단의 크기에 따라 동조 수준이 어떻게 달라지는지 알아보고자 다수집단의 규모를 2명에서 16명까지 다양하게 변화시켰다. 또한 오직 한 명으로부터 반대의견을 접한 경우도 포함시켰다. 그 결과 [그림 10-3]에서 보듯이 집단의 크기가 3~4명일 때 최대의 동조효과를 얻을 수 있었다. 집단의 크기가 커질수록 일정 수준까지는 다수 집단의 영향력이 증가한다는 결과는 여러 가지 상황요인에 따라 달라진다. 주변 사람들이 하늘을 쳐다보고 있을 때 실험참가자가 어떤 반응을 보이는지 살펴본 연구(Milgram, Bickman, & Berkowitz, 1969)에서는 하늘을 올려다보고 있는 집단의 인원이 많을수록 동조 수준이 곡선 형태로 계속 증가하는 결과를 보였다.

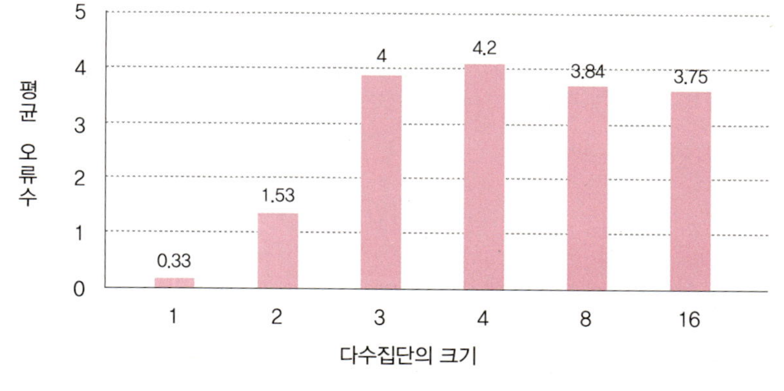

[그림 10-3] 집단의 크기와 오류의 수

(3) 응집성

집단구성원들이 서로에게 느끼는 매력으로 결속된 정도 혹은 집단에 대한 소속감을 지칭하는 개념이 응집성(cohesiveness)이다(Myers, 1997). 사람들은 자신이 좋아하거나 호감을 얻길 원하는 집단에게 거부당하는 것을 원하지 않기 때문에, 응집성이 높은 집단일수록 그 구성원들에 대한 동조 압력이 높고 구성원들 역시 그러한 집단의 영향에 더 잘 따른다. 예를 들면, 자신이 다니는 직장에 애정을 느끼지 못해서 언제라도 그만둘 생각을 하는 사람은 직장 내의 부당하거나, 불합리한 규정이나 규범 혹은 다수의 의견에 굳이 잘 따르려고 노력하지 않아도 된다. 반면에 사회적 지위와 명예가 보장되는 고위 공직자 집단은 그 직위를 유지하기 위해 지속적으로 노력할 것이고 그래서 자신이 속한 정권에 반대하는 의견을 내거나 행동을 하지는 않을 것이다. 학급에서 특정 학생을 따돌릴 생각이 없는 학생도 다른 학생들과 친분관계를 유지하기 위해 다수의 의견을 따라 따돌림에 동참할 수도 있다.

(4) 문화, 지위 그리고 개인차

문화권에 따라 동조를 다소 다르게 지각하는 경향이 있다. 개인과 집단의 정서적 거리에 따라 동조압력의 문화 간 차이가 있다. 흔히 북미와 유럽을 포함한 서구권 문화를 개인주의 문화로 지칭하고, 동아시아권의 문화를 집단주의 문화라고 지칭한다(Hofstede, 1980; Triandis, 1989). 일반적으로 아시아와 아프리카 등 집단주의 문화권에서의 동조량이 북미와 서유럽과 같은 개인주의 문화권에서의 동조량 보다 더 크다(한규석, 1991). 가령 Bond와 Smith(1996)는 Asch의 실험절차를 이용하여 동서양 17개국에서 이루어진 133개의 연구결과를 종합적으로 살펴보았다. 그 결과 노르웨이와 같은 집단주의 문화권의 사람들이 프랑스와 같은 덜 집단주의적인 사람들보다 더 많이 동조했다.

좀 더 최근의 연구(Smith et al., 2006)에서 Asch의 실험절차를 사용하여 서로 다른 국가에서 이루어진 동조연구를 조사한 결과, 동조수준은 평균 31.2%로 나타났는데, 이때 북미나 북유럽과 같은 개인주의 문화권에서는 25.3%의 참가자들이 동조한 반면, 아프리카, 아시아, 남미, 오세아니아와 같은 집단주의 문화권에서는 37.1%의 참가자들이 동조했다. 이처럼 집단주의 문화권 사람들이 개인주의 문화권 사람들에 비해 더 동조하는 경향이 있다.

그러나 집단주의 문화권의 동조율에 대한 연구들은 그 결과가 일관되지 않다. 예를 들어 Frager(1970)는 Asch의 방식을 이용하여 일반인과 미국인을 비교하였다. 결과는 의외로 일본인에게 동조율이 25%로 나타나 미국인의 동조율보다 낮게 나타났다. 이 수수께끼는 나중의 연구들(Matsuda, 1985; Williams & Sogon, 1984)에 의해 풀렸는데 집단 구성원을 낯선 이, 아는 이로 구분하였더니, 낯선 이의 경우는 동조율이 떨어지지만, 아는 이일 경우에는 50% 이상으로 높게 나타났다. 즉 집단주의 문화권에서 사회 구성원의 행동을 구속하는 집단은 정서적 유대가 있는 내집단이며, 유대감이 없는 사람에 대하여는 훨씬 배타적인 행위가 나타나는 것이 여러 연구에서 관찰되고 있다(Han & Park, 1995).

일반적으로 지위가 높은 사람은 낮은 사람에 비해 더 큰 영향력을 가지고 있기 때문에(Driskell & Mullen, 1990) 다른 사람들의 동조를 더 쉽게 유도할 수 있다. 반대로 사람들은 낮은 지위를 가진 사람의 의견에 동의하기를 적극적으로 거부하기도 한다. 여기에서 말하는 지위는 공식적 지위 이외에도 명성이나 인기 등 무형의 지위까지도 포함하는 개념이다.

한편, 사람들마다 사회적 압력에 반응하는 방식은 다를 수 있다. Asch의 연구에서 매 시행마다 항상 동조한 참가자가 있었던 반면에, 집단 압력에 전혀 굴복하지 않은 참가자들도 있었다. 쉽게 다수집단에 동조하는 사람들은 대개 권위주의적인 성격을 가진 사람들이다(Ardono et al., 1950). 이들은 인습과 보수적 가치 존중 성향 그리고 권위를 가진 사람에게 맞서지 않으려는 태도를 보이는데, 이러한 성향이 다수의 의견을 받아들이려는 경향성을 높인다. 또한 쉽게 동조하는 사람들은 자신들의 지각, 의견 및 전망에서 자신이 처한 상황이나 다른 사람들의 영향을 쉽게 받는다. 예를 들면, 자기검색(self monitoring)에서 개인차는 동조량에 영향을 미칠 수 있다. 자기검색이란 자기의 행동이 다른 사람의 눈에 사회적으로 적절한 것으로 보이도록 만들기 위해 의식적으로 자기관찰, 자기통제 및 자기관리를 하는 전략이다. 이 수준이 높은 사람은 상황에 부합하는 식으로 자신을 적절하게 표현함으로써 다른 사람들의 호의적이 평가를 얻고자 하여, 자신의 의도나 태도와는 달리 상황적 요구에 부응하는 식으로 동조할 가능성이 크다.

3) 소수의 영향

(1) 색 지각 실현

소수의 영향력을 가장 먼저 강조한 실험연구가 있다(Moscovici et al., 1969). 그는 6명의 집단으로 이루어진 참가자들에게 밝기가 다른 청색 슬라이드를 보여 주고 그것이 무슨 색인지를 돌아가면서 말하도록 했다. 이때 2명이 실험 협조자이고 4명이 진짜 참가자였다. 실험 협조자들은 청색 슬라이드를 녹색 슬라이드라고 일관적으로 대답했다. 이와 같은 과제를 여러 번 반복한 결과 진짜 참가자들의 1/3이 적어도 한 번 이상 소수의 응답에 동조했다. 또한 그들의 전체 수행 중 8% 정도가 소수에 동조한 반응이었다. 이러한 결과는 소수가 다수에게 상당한 영향력을 행사했음을 입증하는 것이다.

(2) 결정요인

다수의 영향력과 마찬가지로 소수의 영향력도 여러 요인에 의해 달라질 수 있다. 먼저, 높은 일관성으로 소수가 영향력을 행사하기 위해서는 자신의 주장을 일관적으로 제시해야 한다. 왜냐하면 소수의 일관적인 행동은 다수에게 그들의 자신감과 확실성을 보여주는 하나의 신호가 될 수 있기 때문이다. 일관적인 소수는 다수가 좋아하지는 않지만 유능하고 정직하다고 평가받는 경향이 있다(Bassili & Provencal, 1988).

소수의 영향력에 관여하는 또 다른 요인이 논리성이다. 소수가 다수에게 영향을 미치기 위해서는 완고하거나 독선적으로 보이는 행동을 피해야 한다. 소수가 논리적 주장을 통해 다수의 의견을 효율적으로 정당하게 반박할 수 있어야 한다(Clark, 1990). 정연한 논리나 합리적 근거 없이 다수의 입장을 무조건 공격해서는 효과가 없다. 또한 논리적이고 일관적이지만 융통성이 없는 주장은 완고하다는 평가를 받기 쉽다. 그래서 소수집단이 자신의 입장을 반복적으로 주장하는 것보다는 어느 정도 융통성을 가지는 것이 더 설득적이다.

소수의 영향에 관여하는 또 다른 조건이 사회적 추세다. 소수의 주장이 사회적 추세와 일치할 때 더 큰 영향력을 가진다. 맥락적인 조건이 소수의 주장을 현실적으로 타당하고 바람직한 것으로 보이게 함으로써 다수가 쉽게 거부할 수 없게 만들기 때문이다.

또 다른 조건으로 논의되는 문제가 다수의 구성원들에게 개인적으로 크게 관련되어 있지 않거나 중요하지 않다면 소수의 주장이 받아들여질 가능성이 크다(Trost et al., 1992). 이와 같은 비관여성은 그 문제가 다수집단의 가치나 태도 혹은 이해관계와 크게 관련되어 있지 않다는 것을 의미한다. 이것은 소수가 주장해서 다수를 설득할 수 있는 문제가 크게 중요하지 않은 경우에 한정될 가능성이 있음을 시사한다.

한편, 집단에 대한 기여도에 따라 그 영향력이 달라질 수 있다. 이단특혜(idiosyncrasy credits)는 지위가 높은 구성원은 집단에 크게 기여하고 충성심을 보임으로써 특별한 신용을 구축하게 된다. 그래서 그들이 집단의 규범을 어기거나 잘못을 할 때 이러한 신용을 사용함으로써 집단에서 자신의 지위가 낮아지지 않는다. 따라서 이러한 사람은 다수의 의견에 동의하지 않더라도 다른 구성원들에게 용인 받을 수 있다.

마지막으로 소수의 영향과 관련해서 다수와의 유사성 요인을 들 수 있다. 의견의 차이를 보이고 있는 특정한 행동이나 태도를 제외한 다른 대부분의 측면에서 소수가 다수와 유사할 때 더 큰 영향력을 가진다. 문제가 되는 부분에서만 다수와 차이를 보이는 소수를 단일 소수라고 하고 그뿐만 아니라, 다른 부분에서도 다른 소수를 중복 소수라고 한다. 이때 단일 소수는 중복 소수에 비해 더 큰 영향력을 행사할 수 있다.

2. 동조의 원인

1) 정보적 영향

(1) 정확성 추구

인간은 다른 사람과의 관계속에서 적절한 행동을 하고자 노력한다. 때로는 주어진 상황에서 가장 정확하게 판단하는 것이 중요할 수 있다. 먼저 사람들은 과제가 중요하고 어려울 때, 정확히 판단하기 위해 더 동조하는 경향이 있다(Baron et al., 1996). 더욱이 사라들은 다른 사람이 고정관념을 사용하는 경우에도 정확성을 추구하기 위해 이를 참조한다.

또한 사람들은 어떤 문제를 다른 사람들에게 설명하는 책임을 자신이 져야 할 때, 강한 정확성 목표를 달성하기 위해 자신이 직면하는 규범적 압력에 대항한다(Quinn & Schlenker, 2002). 예를 들어, 어떤 문제를 사람들에게 설명하는 상황에서 보통 사람들은 청중의 지지를 얻고 싶은 욕구 때문에 그들의 입장에 동조하기 쉽다. 그러나 자신의 행동에 책임을 져야 하는 상황에서는 본인의 문제가 중요해지기 때문에 사람들은 정확한 결정을 하려는 동기가 증가하고 그래서 다수가 생각하는 틀린 의견에 동조하라는 압력에 저항한다. 한 사람만을 책임지는 상황뿐만 아니라 전체 집단을 책임지는 상황에서도 사람들은 반대하는 다른 사람들과 입장 차이가 클 때에도 독립적인 의사결정을 하고자 한다.

(2) 지각된 합의

개인이 지각하는 집단의 합의수준에 따라 그 개인의 반응이 달라질 수 있다. 연구자들은 개인이 다수나 소수의 매시지를 어떠한 방식으로 처리하는지 그리고 이때 그 메시지가 미치는 정보적 영향과 규범적 영향이 서로 다른지를 알아보고자 했다. 대표적으로 전향이론(Conversion Theory)은 다수와 소수가 서로 다른 두 과정을 통해 개인에게 영향을 미친다고 가정한다. 이 이론에 따르면 사람들은 다수의 의견이 자신과 잘 맞는지를 비교하는데 주의를 집중한다. 이와 같은 비교과정에는 다수의 생각에 대한 세부적인 이유보다 자신의 의견과 일치하는지 여부가 중요한 판단 근거가 된다.

이와는 대조적으로 소수의 의견은 개인의 내적인 변화를 가져올 가능성이 높다. 일반적으로 소수는 집단으로부터 벗어난 일탈자로 보이기 때문에 대부분의 사람들은 자신의 의견이 소수일 때 그것을 밝히려고 하지 않는다. 이러한 상황에서 소수들이 자신의 의견을 일관적으로 주장하는 것은 이와 같은 일반적인 추세와는 대조적이다. 그래서 소수의 의견을 접한 사람들은 자신들의 신념이나 믿음이 타당한지를 신중하게 검토하게 된다. 그 결과 소수의 의견에 드러내놓고 동의할 수는 없지만, 어느 정도 내적인 태도의 변화를 발생한다. 그리고 이러한 변화는 이후에 겉으로 드러나게 된다.

소수의 영향에 관한 또 다른 설명을 수렴－발산이론(Convergent－Divergent Theory)에서 찾을 수 있다. 이 이론에 따르면, 사람들은 대부분의 사람들이 자신과 같은 태도를 가질 것으로 기대하는 경향이 있다. 그래서 다수의 태도가 자신과 다르다는 것을 알게 되면 사람들은 놀라고 힘들어한다. 이것이 자기보호를 위해 주의의 초점을 좁히는 결과를 초래하고 그래서 대안적인 견해를 고려할 가능성을 차단하는 수렴적 사고를 촉발한다. 그 결과 다수의 영향은 새로운 생각을 촉발하지는 못한다. 반대로 사람들은 자신과 같은 의견을 가진 사람이 소수일 것이라고 생각하지 않기 때문에, 소수의 태도가 자신과 다르다는 것을 알더라도 놀라거나 힘들어할 필요가 없다. 그래서 다양한 대안적 견해를 고려할 수 있는 발산적 사고가 가능해진다. 이와 같은 식으로 소수의 의견은 개혁과 창조를 자극하고 혁신적 생각과 우수한 의사결정을 가져온다.

2) 규범적 영향

(1) 규범의 종류

개인의 행동에 영향을 미치는 사회적 규범은 크게 서술적 규범과 명령적 규범으로 나눌 수 있다. 서술적 규범(descriptive norm)은 사람들이 특정 상황에서 어떻게 행동하는지를 보여주는 규범으로 이것은 효과적이고 적응적인 행동의 단서를 제공한다. 애매한 상황이나 새로운 상황에서 우리는 다른 사람의 행동을 보고 적절한 행동이 무엇인지에 관한 정보를 얻는다. 이때 동일한 상황에서 더 많은 사람이 동일하게 반응한다면, 우리는 그 행동이 바로 적합한 행동이라는 것을 좀 더 정확하게 알 수 있다.

반면, 명령적 규범(injunctive norm)은 사람들에게 특정 상황에서 어떻게 행동해야 하는지 규정해주는 규범으로 이것은 사람들이 무엇을 해야 하는지를 구체화하기 때문에 집단의 도덕적 규칙이기도 한다. 이것은 승인과 거부 그리고 그에 따른 사회적 보상이나 처벌로 사람들을 동기화시키는 규범이다.

(2) 규범과 동기

사람들은 누구나 다른 사람과 밀접한 관계를 맺고 유지하려는 동기를 가지고 있다. 학교, 직장, 지역사회 등 여러 단위의 집단 속에서 우리는 다른 사람들과 좀 더 강한 유대관계를 유지할 때 더 안정적인 소속감과 심리적 만족을 느끼기 때문이다. 반대로, 자신이 속한 집단의 구성원으로부터 부정적인 평가를 받거나 거부를 당할 때 사람들은 심리적으로 불편한 상태를 경험하게 된다. 이와 같은 이유로 사람들은 자신이 가치 있다고 생각하는 집단과 자신을 동일시하고 그 집단의 수용을 받음으로써 긍정적 자기평가를 유지하고자 한다(Jones, 2000). 이처럼 다른 사람들의 인정과 수용을 바라는 동기 때문에 규범이 우리도 하여금 타인들의 기대에 따르도록 요구하는 힘을 발휘할 수 있다. 즉 이러한 동기는 우리가 집단의 규범과 일치하는 방향으로 느끼고 생각하며 행동하도록 만든다.

이때 우리는 비동조로 인해 발생하는 여러 부정적 결과 때문에 규범과 일치하는 식으로 행동해야 한다는 의무감을 느낀다. 실제 한 연구(Milgram et al., 1992)에서 참가자들은 지하철에 앉아 있는 승객에게 자리를 양보하라고 요청함으로써 지하철 좌석의 '선착순 혜택'규범을 어겼다. 많은 승객들이 자리를 양보해주었지만, 여기에서 중요한 것은 자리를 양보해 줄 것을 요청한 참가자들이 일부러 상황적 규범을 어겼음에도 불구하고, 불안, 긴장, 창피와 같은 부정적 정서를 느꼈다는 것이다.

규칙 위반 과제를 몸소 실행한 Milgram(1992) 자신도 규범 위반이 마음을 괴롭히는 경험이었다고 서술하고 있으며 '평소 우리가 사회적 규범을 어기지 못하도록 억제시키는 불안은 상당히 크다'고 결론지었다. 비슷하게 다른 구성원이 집단의 규범을 위반할 경우 사람들은 그 사람이 집단의 규범을 따르도록 가르쳐 주고 규범을 위반한 기존의 방식을 바꾸도록 경고한다. 규범을 위반한 사람은 나머지 사람들로부터 배척되거나 한직에 배정되고, 심한 경우 그 집단에서 축출 된다(Schachter, 1951).

3) 동조에 대한 저항

(1) 개성과 통제에 대한 욕구

동보에 저항하는 사람은 특히 자기개성을 유지하려는 욕구가 강하다. 우리는 다른 사람과 비슷하게 보이기를 원하지만, 자신의 정체성을 잃을 정도로 닮기를 원하는 것은 아니다. 한편에는 다수를 따르고 싶은 욕구가 있지만, 다른 한편에는 그들과 달라지고 싶은 욕구도 있다. 그래서 개성이 강한 사람은 강한 동조성향을 가진 사람들에 비해 집단의 압력이나 규범에 저항하는 경향이 더 크다. 다른 사람들과 다르고자 하는 욕구가 강한 사람은 규범적 영향을 덜 받는 반면, 집단의 의견과 일치하고자 하는 정확성의 욕구가 큰 사람은 규범적 영향을 더 많이 받는다(Cialdini et al., 2007).

개인이 집단 압력에 저항하는 또 다른 이유는 자신의 삶에 중요한 사건을 통제하려는 욕구와 관련된다. 대부분의 사람들은 자신에게 일어난 일이 무엇인지 판단하고 결정하고자 하는데, 때로 사회적 압력이 이러한 욕구와 부딪칠 때 그들은 다수에게 순응하게 된다. 결국 특정한 방식으로 행동하는 집단에 동의하는 것은 정상적인 선택이 아니고, 개인의 자유를 제한하는 것으로 보일 수 있다.

3. 복종

1) Stanley Milgram의 복종실험

(1) 실험절차

상관이나 웃어른과 같은 권위를 가진 사람의 지시나 명령에 따르는 행위를 복종(obedience)이라고 한다. 권위에의 복종에 관한 가장 유명한 Milgram의 실험연구를 살펴보도록 한다.

Milgram(1963, 1974, 1976)은 사람들이 권위를 가진 사람의 요구에 어떻게 반응하는지 알아보기 위하여 일련의 실험을 실시했다. 그는 기억에 관한 연구에 참여할 사람을 모집한다는 신문광고를 통해 교사, 회사원, 기술자, 노동자 등 다양한 직업의 일반인 모집했다. 모집된 일반인을 대상으로 제비를 뽑아 두 사람 중 한 명은 '학생', 다른 사람은 '선생'의 역할을 받았다. 실제 참가자, 즉 진짜 실험자는 늘 '선생'의 역을 맡게 하였고, '학생' 역할은 실험 협조자가 수행했다. 선생은 학생들이 외어야 할 단어를 알려주고 이를 제대로 외우지 못하면 전기쇼크를 주어야 했다. 선생의 책상 위에는 전기쇼크 장치가 놓여 있는데 이 장치에는 전기쇼크를 주는 여러 개의 스위치가 부착되어 있다. 전기쇼크는 15V에서 조금씩 점증하여 450V까지 각기 다른 강도의 쇼크를 줄 수 있도록 되어 있었고, 그 강도에 따라 '약함', '매우 강함', '위험한'등의 표찰을 붙여 놓았다. 학생은 옆방으로 가서 책상 앞에 앉아 두 손을 묶어 쇼크를 받게끔 되었고, 선생과의 교류는 인터폰을 통해 이루어졌다. 학생은 선생과 직접 보거나 다른 방법으로 이야기 할 수 없었다.

실험이 시작되기 전에 학생은 자기 심장이 좀 약한 편이라고 이야기했으나 실험자는 쇼크가 그렇게 위험하지는 않으니 염려할 것 없다고 이야기한다. 아울러 선생에게 그가 주게 되는 쇼크가 어떤 것인지를 알려 주기 위함이라며 45V 크기의 쇼크를 주어 상황의 진실성을 맛보게 한 후, 쇼크의 효과는 일시적인 것이라고 말했다.

실험과제를 수행하는 동안 학생은 미리 짜놓은 각본에 따라 실수를 했고, 그때마다 선생은 전기쇼크를 주게 되었다. 쇼크는 그 강도를 매번 줄 때마다 높이게끔 되어 있었게 때문에 시간이 흐를수록 학생이 받을 쇼크는 강해졌고 그에 따라 신음소리, 고통을 호소하는 소리가 강해지는 것을 선생은 느낄 수 있었다. 이러한 학생의 고통은 각본에 따라 준비한 것을 녹음으로 들려주었다. 이를테면 75V 쇼크가 주어지면 신음을 하고, 300V에는 더 이상 대답을 하지 않고, 고성을 지르게 했다. 선생이 전기쇼크 주기를 망설이거나, 못 주겠다고 이야기하면 선생 옆에 앉아 있던 흰 가운을 입은 실험자(연구조교)는 "계속하세요. 실험을 위해 계속 해야 합니다. 반드시 계속 해야 합니다. 당신은 어떤 선택권도 없습니다. 계속 해야만 합니다."의 네 문장을 차례로 필요한 만큼 사용했다. 이러한 명령에도 진짜 실험자, 즉 선생의 역할을 한 참가자가 지시를 거부하면 실험을 종료되었다.

(2) 실험결과

선생 역을 맡은 참가자들 40명 모두가 300V까지 쇼크를 주었고, 3명 중 2명꼴로 450V(전기쇼크 최고치)까지 주었다. 물론 학생은 실제 쇼크를 받지 않았고 쇼크에 의한 고통은 꾸며져 녹음된 것을 들려주었기 때문에 모든 선생들은 똑같은 고통의 반응을 경험했으나, 누구도 상황이 꾸며진 것임을 알지 못했다. 사실 많은 참가자들이 학생의 고통을 대하면서 갈등을 많이 호소하였고 실험을 계속 한다는 것을 부당하다고 생각하여 항의를 하였다. 이들은 곤혹스러움을 느꼈고, 땀 흘리며, 긴장한 것이 역력했다. 실험상황이 실제 상황에서처럼 긴박했다는 것이다.

이 같은 결과는 전혀 예상하지 못한 것이었다. 실험절차만 알려주고 40명의 정신의학자들에게 실험참가자(즉 선생의 역할)들의 반응을 예측하게 했더니, 이들은 대부분의 사람들이 150V 이상 전기쇼크를 주지는 않으리라고 여겼고, 오직 4% 사람만이 300V 쇼크를 줄 것이며, 0.1%의 사람만이 450V 쇼크를 줄지 모른다고 예측했다. 이들 정신의학자의 예측은 참가자가 처한 상황의 힘을 간과하고, 쇼크의 강도가 참가자의 성격적 특성에 의해서 결정될 수 있다는 것을 무시한 예상이었다.

2) 복종에 영향을 주는 요인

(1) 근접성

근접성에는 두 가지가 있다. 먼저 선생 역할을 하는 진짜 참가자와 학생 역할의 실험 협조가 간의 근접성 정도가 복종에 큰 차이를 가져왔다. [그림 10−4]에서 보듯이([그림 14] 참고) 원격 반응 조건은 다른 방에 있는 학생의 음성을 들 수 없는 경우로 이때 40명 중 26명(65%)이 실험자(연구조교)의 명령에 끝까지 복종했다.

음성 반응 조건에서는 다른 방에 있는 학생의 불만을 실험실 벽을 통해 명확히 들을 수 있었다. 이때 25명(62.5%)이 끝까지 복종했다. 근접성 조건에서는 선생과 학생을 같은 방에 몇 미터 떨어뜨려 놓아 학생의 목소리를 듣고 그를 볼 수 있었다. 이때는 16명(40%)이 복종했다. 접근−근접성 조건에서는 근접성 조건과 동일하지만 학생의 손을 잡아 직접 전기충격판 위에 올려놓아 처벌을 가하도록 했다. 이 경우에는 12명(30%)이 끝까지 복종했다.

[그림 10-4] 학생과의 근접성 정도에 따른 복종비율의 차이

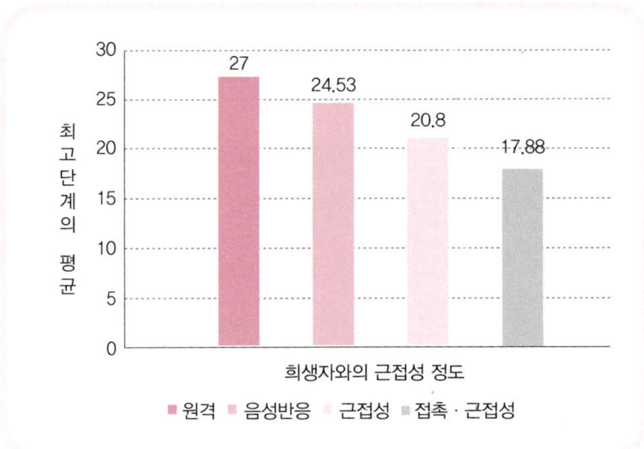

[그림 10-5] 학생과의 근접성 정도에 따른 처벌의 차이

선생 역할을 한 실험 참가자는 실험협조자였던 학생뿐만 아니라 실험자(연구조교)와의 근접성에 따라서도 복종을 달리했다. 새로운 장소에서 이루어진 실험에서 실험자가 참가자(선생)에게 몇 걸음 떨어진 거리에 앉아 있었을 대 40명 중 26명(65%)이 실험자의 명령에 끝까지 복종했다. 이와

달리 실험자가 처음 지시를 한 후 실험실에서 나와 전화를 명령했을 때 9명(22.5%)만이 복종했다. 심지어 이 상황에서 몇몇 참가자(선생)들은 요구대로 전기충격을 높이고 있다고 답하면서도 실제는 낮은 전기충격을 가했으며, 정확한 실험절차를 벗어나고도 보고하지 않았다.

(2) 신분과 역할의 관계

권위를 가진 사람들은 특정 지위를 가지고 있고 거기에 해당하는 신분으로 역할을 수행한다. 그래서 사람들은 그런 신분을 가진 사람에게 복종한다. 실험자(연구조교)의 신분이나 역할이 변할 때에도 사람들은 그에게 복종할까? Milgram이 수행한 다양한 실험은 이 질문에 대한 하나의 대답을 제공한다. 그는 실험자와 학습자의 역할을 바꾸는 실험을 실시하였다. 그 결과 [그림 10-6]에서 제시되어 있다([그림 10-7] 참조).

먼저 실험자(연구조교)는 150V의 전기충격이 가해진 후 학생의 건강을 위해서 더 이상 실험을 진행하지 않겠다고 말했다. 이때 학생은 자신의 실험을 계속하고 싶다고 주장했다. 그 결과 단 한명의 실험 참가자(선생)도 실험 협조자(학생)의 요구를 들어주지 않았다. 또 다른 실험에서 실험자(연구조교)가 실험실을 떠난 후 일반 참가자로 위장한 다른 실험 협조자(새로운 일반인)가 학생에게 전기충격을 가하라는 명령을 내렸을 때, 진짜 실험 참가자(선생)의 20명 중 4명 만이 그 명령에 복종했다. 이 실험의 연장선상에서 진짜 참가자(선생)가 전기충격을 가하지 않을 경우 명령을 내린 실험협조자(새로운 일반인)가 직접 전기충격을 주고자 했다. 그 결과 진짜 참가자(선생) 16명 중 5명이 이들의 행동을 물리적으로 막았다.

Milgram은 전기충격을 받는 학습자의 신분을 바꾼 경우 어떤 결과가 나타나는지를 알아보았다. 이를 위해 한 실험에서는 권위자(연구조교)가 학습자(학생)의 역할을 하고 학습자(학생)가 권위자, 즉 실험자(연구조교)의 역할을 했다. 150V의 전기충격이 가해진 후, 학생(원래는 권위자였던 연구조교)은 더 이상 못하겠다고 주장하면서 자신을 풀어달라고 말한 반면, 실험자(원래는 실험 참가자로 학생)는 계속 전기충격을 가하라고 명령을 했다. 그 결과 아무도 학습자(원래는 권위자였던 연구조교)의 명령을 따르지 않았다. 또한 두 명의 권위자(연구조교) 중에서 한 명은 전기충격을 계속 가하라고 명령하고, 나머지 한 명은 그만둘 것을 명령했을 때 어떤 참가자(선생)도 끝까지 전기충격을 주지 않았다.

또 다른 변형된 실험에서 두 권위자(연구조교)가 한명은 학습자의 역할을 하고, 나머지 한 명은 실험자의 역할을 하도록 했다. 이때 학습자는 150V에서 이제 충분하다고 주장하면서 실험을 그만두게 해 달라고 요청했다. 그러한 요청은 거의 무시되어 20명 중 13명이 끝까지 실험자(다른 연구조교)의 명령에 복종했다.

종합하면, 이러한 연구결과는 어떤 신분의 사람이 어떤 역할을 수행하느냐에 따라 사람들의 복종 정도가 달라진다는 것을 분명히 보여주고 있다.

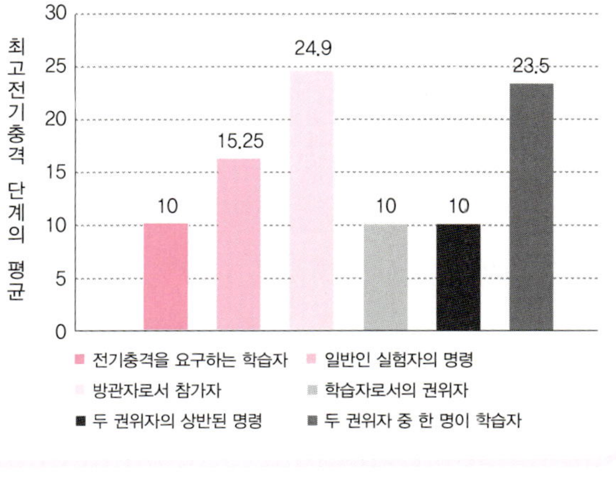

[그림 10-6] 신분과 역할에 따른 복종 비율의 차이

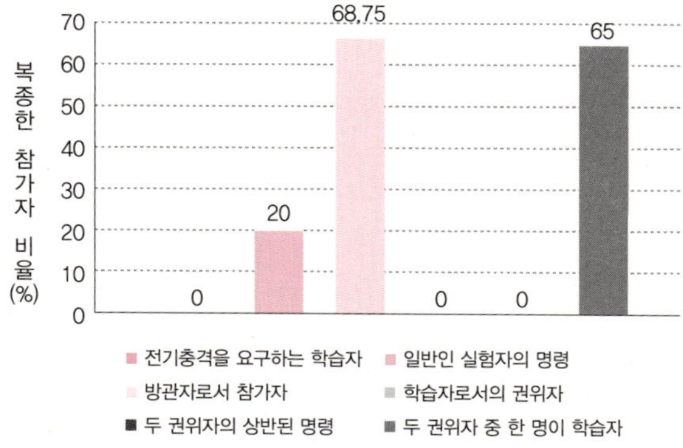

[그림 10-7] 신분과 역할에 따른 복종 정도의 차이

(3) 집단의 압력

명령에 따르는 것이 부적절하다는 명백한 지침을 제공받을 때 사람들은 그러한 명령에 덜 복종한다. 이와 같은 방법 중 하나가 불복종 모델, 즉 권위자의 명령에 복종하기를 거부하는 사람을 관찰할 수 있는 기회를 제공하는 것이다. 실제 불복종 모델은 아무런 의문도 갖지 않고, 권위에 복종하는 사람들의 경향성을 크게 감소시켰다. 권위자의 명령을 거부하는 사람을 한 명 혹은 그 이상 보았을 때, 사람들은 그 사람들과 함께하고자 하는 강한 경향성을 보이기 때문에 궁극적으로 권위자의 권력은 약해진다.

Milgram의 연구에서도 이와 같은 사실이 밝혀졌다. 하나의 변형된 실험에서는 한 명의 진짜 참가자와 두 명의 실험 협조자로 이루어진 세 명의 선생 역할을 했다. 이때 실험 협조자인 선생 1은 짝지어진 단어 쌍의 목록을 읽고, 실험 협조자인 선생 2는 학생의 답변이 맞는지 틀리는지를 진짜 참가자인 선생 3에게 말해준다. 그리고 선생 3이 처벌을 가한다. 이때 선생 1과 선생 2는 어느 정도 실험이 진행된 서로 다른 시점에서 더 이상의 참가를 거부했다. 그 결과 40명의 참가자 중에서 4명(10%)만이 끝까지 복종했으며, 전기충격기기의 30단계 중 이들이 누른 최종 단계의 평균도 16.45였다. 즉 진짜 참가자들은 불복종하는 선생을 모델로 삼아 권위에 대한 복종을 떨어뜨렸다.

3) 복종에 대한 평가

권위자에 대한 복종은 긍정적인 측면과 부정적인 측면을 모두 가지고 있다. 먼저, 긍정적 측면에서 복종을 수반하는 위계적 구조는 생존적인 가치를 가지고 있다(Milgram, 1974). 우리가 한 개인으로서 제대로 기능하고, 살아남기 위해서는 스스로 결정하고 행동하는 능력을 갖춘 주체적 존재가 되어야 한다. 만약 언제 어떻게 행동해야 할지 스스로 판단하고 결정하지 못한다면, 그런 사람은 사회에 제대로 적응하기 어렵다. 집단 내에서 모든 개인이 다 주체적으로 판단하고 의사결정을 한다면, 집단 차원의 결정을 내리지도 못하고 그래서 공동의 목표를 위해 모두가 효율적으로 움직일 수가 없다. 그렇기 때문에 집단 구성원들은 자신의 결정권을 소수의 대표에게 위임할 필요가 생긴다. 그래서 권한을 위임받는 소수는 결정을 하고 권한을 위임한 다수는 그의 명령에 따라 행동하게 된다. 위계구조를 가진 집단은 물리적 환경의 위험, 경쟁하는 종의 위협 그리고 내부의 잠재적인 분열에 대처하는데 큰 장점을 가지고 있다. 인간이 미력한 개인으로서 이와 같은 위협에 개별적으로 대처한다면 살아남지 못했을 것이다.

권위에 대한 복종은 부정적인 측면도 가지고 있다. 그 중 하나가 책임 전가로 이것은 비도덕적이거나 어리석은 명령에 복종한 사람들이 자신의 행위에 대한 책임을 명령권을 가진 권위자에게 전가하는 행위다. Milgram의 연구에서 실험자의 냉혹하고 어리석은 명령에 복종한 사람들은 "나는 단지 명령에 따랐을 뿐입니다."라고 자기방어를 했다. 현실상황에서도 책임을 다른 사람에게 암암리에 전가하는 행동을 확인할 수 있다.

이러한 상황에서 권위자의 명령에 노출된 사람에게 자신이 남에게 피해를 주는 일에 책임이 있다는 것을 상기시켰을 때 맹목적 복종은 감소했다(Kilham & Mann, 1974). 또한 우리가 권위자의 명령에 맹목적으로 복종할 수 있다는 것을 단순히 알기만 하더라도 그러한 복종은 줄어들 수 있다. 한 연구(Richard et al., 2003)에서 참가자들로 하여금 복종에 여러 연구 결과를 배우도록 하고 그것을 중요한 것으로 인식하도록 했을 때, 이러한 새로운 지식을 통해 자신의 행동을 바꾸는 사람도 있었다. 이러한 발견은 개인에 대한 교육이나 훈련이 파괴적인 복종에 대한 개인적 저항을 높일 수 있음을 시사한다.

4. 순응

1) 기본원리

(1) 호감의 원칙

우리는 살아가면서 사람들의 부탁을 들어주기도 하고 다른 사람에게 부탁하기도 한다. 사람들은 크게 부담스러운 것이 아니라면, 내키지 않은 일이라도 타인의 요구를 들어주는 경향이 있다. 이와 같이 타인이나 집단의 요청 혹은 압력에 응하는 행위를 순응(compliance)이라고 한다.

사람들은 다양한 방법으로 타인에게 영향을 주어 순응을 이끌어 낸다. 먼저, 인간은 자신이 좋아하는 사람의 요구에 응하기가 쉽다. 앞 장에서 살펴본 바와 같이, 신체적 매력이 높은 사람은 다른 사람들로부터 긍정적인 평가를 받기 때문에 자신의 부탁을 들어주도록 그들을 설득하기가 쉽다.

또한 유사성도 호감을 증가시켜 순응에 기여한다. 한 연구(Garner, 2005)에서는 우편으로 설문을 요청할 때 조사자의 이름을 응답자의 이름과 비슷하게 바꿔놓음으로써 응답률을 높일 수 있었다.

친숙성도 호감을 유발하는 요인 중의 하나다. 사람들은 익숙한 것을 좋아하기 때문에 단순노출만으로도 순응 가능성이 높아진다. 친숙성은 무의식적으로 형성된다. 한 실험(Bornstein et al., 1987)에서 참가자들에게 기억할 수 없을 정도로 빠른 속도로 몇몇 사람들의 얼굴을 보여 주었다. 그 후 스크린에 얼굴을 비춘 사람들을 실제로 만났을 때, 실험 참가자들은 화면에 얼굴이 더 자주 나타난 사람에게 더 큰 호감을 보였다.

마지막으로 칭찬은 사람들의 호감을 얻을 수 있는 간단한 전략 중 하나다. 칭찬이 진실인지 여부와 상관없이 사람들은 자신을 칭찬해 준 사람을 좋아한 연구도 찾을 수 있다(Drachman et al., 1978). 그렇기 때문에 평소에 아부나 좋은 말로 자신의 인상을 관리하는 경우도 생겨난 것이다.

(2) 일관성의 원칙

사람들은 자신의 기존 입장과 행동을 유지하려는 경향을 가지고 있어서 그것과 일치하는 일에 더 쉽게 순응한다. 즉 사람들은 일단 어떤 선택을 하거나 입장을 취하게 되면 그것을 계속 유지해야 한다는 일관성 압력을 받는다. 그런 압력 때문에 우리는 이미 내려진 결정을 정당화하고 자신이 옳은 결정을 내렸다고 확신한다. Moriarty(1975)는 도둑이 해변가에 있는 사람의 물건을 훔쳐가는 상황을 목격한 참가자들이 어떤 반응을 보이는지 관찰했다. 예상대로 대부분의 참가자들은 위험을 감수하면서까지 도둑을 잡겠다고 하지는 않았다. 그러나 한 집단의 참가자에게는 옆에 앉은 사람이 "제 물건을 봐 주세요."라는 간단한 부탁을 미리 하도록 했다. 그 결과 대부분의 참가자들은 그 부탁을 승낙했으며, 20명 중 19명이 도둑을 쫓아가 육탄전을 벌여 물건을 찾아왔다.

그렇다면 일관성은 어디에서 시작되는 것일까? 전념(commitment)에서 그 답을 찾을 수 있다. 일단 사람들이 상대방에 대하여 어떤 입장이나 태도를 취하도록 만들면, 그들로 하여금 그 상대방에 대하여 자동적이고 무조건적으로 행동하도록 유도하기 쉽다.

(3) 희귀성의 원칙

사람들은 제한적이거나 한정된 대상에 더 큰 가치를 부여하는 경향이 있다. 이것은 결핍이라는 정보에 초점을 두기 때문에 나타나는 현상이다. Worchel 등(1975)은 실험 참가자들에게 과자 단지에서 과자를 꺼내 맛본 다음 그 맛을 평가하도록 했다. 참가자의 절반에게는 10개의 과자가 들어있는 단지를 주었고, 나머지 절반에게는 2개의 과자가 들어있는 단지를 주었다. 예상대로 10개의 과자를 공급받은 집단보다, 2개의 과자를 받은 집단이 과자의 품질을 더 높게 평가했다. 왜냐하면, 구하기 어려운 것은 보통 그 가치가 높기 때문에 사람들은 얻기 어려운 물건의 질이 높다고 생각하고 결정하기 때문이다.

또한 사람들은 얻기 어려운 대상에 대하여 선택의 자유를 잃었다는 느낌을 받는다. 이런 자유의 상실은 심리적 반발원리에 따라 그 대상을 더욱 간절히 원하게 만든다. 예를 들면, 사람들은 제한된 정보를 더 원하는 특성이 있기 때문에 어떤 정보를 검열하고 금지하면, 그 전 보다도 해당 정보에 더 많은 호감을 보이면서 열렬히 원한다. 더욱이 이러한 희귀성의 원칙은 타인과 희귀한 자원을 두고 경쟁할 때 특히 효과적이다. 또한 전에는 흔하던 것이 귀해지면, 그 가치가 더욱 높아진다. 같은 맥락에서 사람들은 원래 없었던 것보다는 있다가 없어진 것을 더욱 갈망하는 경향이 있기 때문에 없던 것들을 더욱 갈구하게 되는 그 과정에서 더욱 반항적으로 변할 수 있다.

(4) 상호성의 원칙

우리는 이전에 나에게 호의를 베푼 사람에게 더 순응하는 경향이 있다. 즉, 상대방의 호의에 대한 부채의식 때문에 그의 요구를 받아들이게 된다. 상호성은 타인과 신뢰를 구축하고 관계를 공정하게 만드는 과정을 통해 상대방이 나를 믿고 따를 수 있도록 하는 과정이다(Kellen & Ellard, 1999).

상호성의 원칙에는 인류 문화의 가장 보편적인 규범이 담겨 있다. 그래서 사람들은 상호성의 원칙에 따라 무언가를 받으면 갚아야 할 의무감을 느낀다. 상호성 원칙에 내재된 미래지향적 의무감 덕분에 다양한 종류의 지속적인 인간관계, 상호작용 및 교환이 가능하다(Tiger & Fox, 1989).

상호성의 원칙을 이용한 효과적인 전략 중 하나는 먼저 호의를 제공한 후 그 보답을 요구하는 것이다. 상호성의 원칙은 그 영향력이 강력해서 순응에 영향을 주는 다른 요인, 가령 호감의 원칙보다 더욱 강하게 작동한다.

(5) 사회적 증거의 원칙

이 원칙은 다수의 행동을 따르는 인간의 심리를 일컫는 말이다. 즉 사회적 증거의 원칙에 따르면, 사람들은 특정 상황에서 무엇을 믿고 어떻게 행동해야 할지 결정하기 위해 다른 사람들을 살펴본다. 일반적으로 사람들은 '가장 많이 팔린'상품을 '가장 좋은'상품이라고 생각한다. 다른 사람들이 많이 하는 행동을 옳은 행동으로 보는 경향은 대체로 적응적으로 작용한다. 사회적 증거에 부합하는 행동을 할수록 실수할 확률이 눈에 띄게 줄어들기 때문이다.

사회적 증거의 원칙은 상황이 불확실할 때 강하게 작용한다. 사람들은 애매모호 한 상황에서 확신이 없을 때 다른 사람의 행동을 기준 삼아 의사결정을 내린다. 또한 사람들은 자신과 비슷한 사람을 따라할 확률이 높다.

(6) 권위의 원칙

사람들은 합법적 권위를 가진 사람에게 더 쉽게 순응하는 경향을 보인다. 합법적 권위란 타인에게 어떤 식으로 행동하도록 요구할 수 있도록 행동하도록 요구할 수 있도록 규범이나 제도적으로 인정된 권한이나 권위를 의미한다. 이처럼 합법적 권위가 기존의 제도에 의존한다는 점에서 강한 전략이라 할 수 있고 좀 더 합리적이고 수긍할 수 있는 전문성에 의지하는 권위를 부드러운 전략이라고 할 수 있다.

권위자에 대한 복종을 당연시하면 전혀 합리적이지 않은 명령에도 그대로 따르는 사태가 벌어진다. 권위에 자동적으로 순응하다 보면 권위의 실체가 아니라 그들의 직함과 복장 또는 자동차와 같은 단순한 상징에 순응하는 경향도 보인다. 이러한 현상을 방지하기 위해서는 권위의 상징에서 눈을 돌려 진짜 권위의 증거를 찾을 필요가 있다. 특정 분야에 지식이 풍부한 전문가의 말이더라도 진실성이 부족해 보이거나, 불리한 정보만을 제공할 때는 설득당하지 않도록 주의해야 한다(Van Overwalle & Heylighen, 2006).

2) 순응 전략

(1) 호감의 원칙을 이용한 전략

때로 사람들은 자신이 원하는 것을 가진 상대방을 설득하기 위해 아부(ingratiating)한다. Gordon(1996)에 따르면, 이와 관련된 기술 가운데 아첨(flattery)이 가장 좋은 방법이다. 이것은 어떤 일을 잘했거나, 끝마쳤을 때 상대방을 그 이상으로 칭찬하는 것이다. 상대의 외모에 대한 칭찬, 긍정적인 비언어적 단서 제시, 작은 호의를 베푸는 것 등이 있다.

또 다른 방법은 자신과 상대방 사이의 우연히 있게 된 유사성을 계속 확인하는 것이다. 이것은 부탁하려는 내용과는 상관없이 사소하고 작은 부분에서 상대방과 나 사이에 비슷한 점이 있다는 것을 계속 확인함으로써 상대방의 호의를 끌어올리는 전략이다.

(2) 일관성의 원칙을 이용한 전략

일관성의 원칙을 이용한 전략 중의 하나가 문간에 발 들여놓기 기법(foot-in-the-door technique)은 사람들에게 처음에는 작은 요구를 해서 그것에 응하게 한 다음 점차적으로 더 큰 부탁을 하는 것이다. 일관성의 원칙 때문에 사람들은 작은 요구에 응하게 되면 후에 더 큰 요구에 응할 가능성이 높아진다.

또 다른 전략은 낮은 공 기법(low-ball technique)이다. 이 기법은 야구에서 타자 부근에 뚝 떨어지는 낮은 공이 스트라이크처럼 보이기 때문에 많은 타자들이 현혹되는 현상에서 그 이름을 따왔다. 이 기법은 불완전한 정보를 제시하여 동의를 얻은 다음 우연을 가장해서 완전한 정보를 알려주는 기법이다.

(3) 상호성의 원칙을 이용한 전략

상호성의 원칙을 이용한 전략으로 먼저, 문전박대 전략(door-in-the-face technique)이 있다. 상대가 양보를 하면 자신도 양보를 해야 한다는 심리적 부담감을 이용한 것으로 거절 후 양보(rejection-then-retreat) 전략으로도 불린다. 이 기법은 먼저 터무니없는 큰 요구를 하여 상대방으로 하여금 일부러 거절하도록 만든 다음 그보다 받아들이기 쉬운 작은 요구를 제안하는 방법이다.

또 다른 전략으로 덤 기법(that's-not-all-technique)은 높은 가격의 제품을 보여주고 바로 추가적인 제품을 주거나 조금 더 싼 가격으로 거래할 수 있다고 제안해서 구매하게 만드는 전략이다. 예를 들어, 편의점에서 도시락을 구입하면 음료수를 공짜로 제공하는 판매기법 또는 원 플러스 원(one-plus-one)이나 투 플러스 원(two-plus-one) 전략도 여기에 해당된다.

(4) 희귀성의 원칙을 이용한 전략

희귀성의 원칙을 이용한 전략 중 하나로 비싸게 굴기 기법(playing-hard-to-get-technique)이 있다. 이 기법은 말 그대로 상대방이 원하는 것을 가지기 어렵게 만드는 것이다. 예를 들면, 상품판매에서 자주 쓰이는 한정판매 전략이 이 원칙을 이용한 것이다. 이 방법은 구직자들이 사용할 수도 있는데, 자신을 원하는 기업이나 고용주가 또 있다는 것을 한 고용주에게 알리면, 그는 이 구직자가 채용할 만한 매력이 있는 사람이라고 인식하게 된다.

또 다른 전략이 급하게 끝내기 기법(fast-approaching-deadline-technique)이다. 사람들은 쉽게 얻을 수 있는 것보다 구하기 어려운 것을 더 가치 있게 여기는 경향이 있다. 이 기법은 사람들의 이러한 성향을 이용한 것이다. 예를 들어, 백화점이나 쇼핑몰에서 사용하는 마감기법(deadline technique)은 특별세일과 같은 문구를 이용해서 특정한 기간에만 세일을 실시함으로써 사람들의 소비를 유도하는 전략이다. 이 전략은 제품의 수량적 또는 시간적 제한이 있다는 인상을 주어 사람들로 하여금 구매요구에 순응하게 만든다.

(5) 보편성의 원칙을 이용한 전략

襪원만이라도'기법(the even a penny will help technique)은 사람들이 자신을 좋은 사람으로 보이게끔 하려는 보편적인 경향에 근거를 둔다. 이 기법은 돈을 기부하는 자선행사에서 주로 사용된다. 예를 들어 독자 여러분은 크리스마스가 다가올 때 길거리에서 구세군 자선냄비를 보았을 것이다. 구세군이 종을 치면서 불우이웃을 돕자고 말할 때, 간혹 諺원도 괜찮습니다."라는 말을 여러분은 들어본 적이 있을 것이다. 이때 정말로 10원만 내는 사람이 있겠는가? 틀림없이 10원 이상을 낼 것이다. 이는 사람들이 말 그대로 10원만 내는 자신을 참으로 바보스럽다고 생각하기 때문이다. 따라서 사람들은 자선 상황에서 규범적으로 적절한 무엇이든지를 제공하려 한다.

아울러 이 기법은 표현을 달리하여 여러 상황에 적용될 수 있다. 예를 들어 시장조사 설문지를 실시할 때 "한 두 문항에만 응답하셔도 크게 도움이 될 것입니다"라든지 또는 고객과의 전화통화에서 "고객님께서 1분만 시간을 내주시면 저에겐 큰 힘이 될 것입니다"와 같은 표현을 들 수 있다.

SECRETARY

[제4부]

사회적 상황을 처리하는 방식 이해하기

사회인지

1. 이중처리모형

우리가 사회적 맥락에서 다른 사람과 상호작용하기 위해서는 자신과 상대방을 이해할 필요가 있다. 이를 위해 우리는 주변의 정보를 끊임없이 처리해야 하는데 이러한 과정을 사회인지(social cognition)라고 한다. 사회인지란 우리가 자신이나 타인의 행동을 지각하고, 해석하고, 범주화하고, 평가하는 과정을 말한다. 사회인지는 우리가 주변에서 만나는 사람, 사건, 아이디어 등을 이해하는데 핵심적인 역할을 한다.

인간의 인지적 특성을 표명하기 위해 등장한 접근을 살펴보면, 인간은 합리적 사고자이면서 동시에 절약적 사고자라고 할 수 있다. 〈표 11-1〉에서 보듯이 합리적 사고는 과학적이고 체계적으로 정보를 처리해서 정확하고 객관적인 판단을 하려는 동기에 기초한다. 그래서 절약적 사고에 비해 더 타당하고 정확한 판단을 할 수 있다. 그러나 이를 위해서는 정확성을 확보하는데 필요한 정보를 이용할 수 있어야 한다.

또한 합리적 사고는 충분한 정신적 자원이 있을 때 가능하다. 반면, 절약적 사고는 제한된 인지적 자원을 적절하게 효과적으로 사용하려는 동기에 기반한다. 이러한 사고는 다양한 오류를 범할 수 있지만, 그러한 한계 속에서 최선의 선택을 신속하게 하려는 동기에 기반한다.

이중처리모형은 인간의 합리적 사고와 절약적 사고를 가장 잘 설명할 수 있는 모형이다. 이 모형은 인간이 특정 대상에 대한 정보를 처리할 때 두 가지 사고 시스템을 거친다고 가정한다.

〈표 11-1〉 합리적 사고와 절약적 사고

합리적 사고	절약적 사고
• 인간은 합리적이고 과학적으로 정보를 처리하려는 동기에 기반	• 제한적인 인지적 자원을 효과적으로 사용하려는 동기에 기반
• 기존의 정보와 추론을 넘어서서 대안적 사고를 통해 체계적이고 논리적으로 판단하는 과정	• 오류가 체계적으로 발생할 수 있지만 그것 대비 신속하고 효율적인 판단을 더 중시하는 사고 과정
• 필요한 조건 – 정확성을 확보할 수 있는 유용한 정보 – 정보처리에 필요한 충분한 정신적 자원	• 사용하는 전략 – 특정 정보를 무시함으로써 배제 – 특정 정보에 대한 과도한 의존 – 부족한 대안 중에서 최선을 선택

1) 자동적 처리 시스템

먼저 자동적 처리 시스템은 감각, 지각 및 운동과 관련된 정보를 처리하는 시스템으로, 대상에 대한 정보를 처리할 때 보통은 의식적인 인식과 의도에 의존하지 않고 특별한 노력 없이 이루어지는 처리다(Smith & Decoster, 2000). 자동적 처리 시스템은 특정 대상에 대한 전반적인 표상에 기반 한 것으로 이러한 표상은 그 대상에 대하여 관찰하지 못한 부분을 채워줌으로써 정보처리를 도와준다. 이때 자동적 처리 시스템은 과거의 많은 경험을 통해 다양한 정보를 서로 연합시킴으로써 구축한 지식에 기초하는데, 이 지식은 전반적이고 전형적인 패턴이나 규칙에 관한 것이다.

이 시스템은 특정 대상을 인지할 때 그 대상과 연합된 정보가 자동적으로 떠오르면서 그 대상을 지각하고 판단한다. 그렇기 때문에 특정 대상 그리고 그 대상과 연합된 정보를 연결하는 과정은 논리적이고 합리적인 사고나 판단체계에 근거하는 것이 아니라 피상적이거나 관계없는 유사성에 기반해서 이루어진다. 이와 관련된 것이 도식, 점화, 프레이밍 등이다. 이러한 점에서 볼 때, 자동적 처리에서 이루어지는 연합의 과정은 새로운 것을 만들어 내는 것이 아니라 기존의 것을 재구성하는 것이다.

인간의 인지적 용량이 제한적이라는 점에서 볼 때 자동적 처리는 적응적이고 효율적이다. 만약, 우리가 환경을 지각하고 이해는 것부터 행동하는 것에 이르기까지 모든 것을 의식적으로 사고하고 통제한다면 우리의 정신과정은 제대로 작동하지 못할 것이다.

자동적 처리 시스템은 우리의 삶에 매우 적응적인 기능을 한다. 예를 들어, 신발끈 매듭을 묶는다거나, 차를 운전하기 위해 페달을 밟는 것 혹은 컴퓨터의 키보드 자판을 치는 것과 같은 행위는 소위 적응적 무의식을 통해 이루어진다. 적응적 무의식은 다른 무엇인가를 생각하는 동안에도 주변 자극을 평가하고 목표를 설정하며, 행동을 개시하는 등 자신이 수행하는 작업들을 능숙하게 해낸다.

2) 통제적 처리 시스템

모든 정보처리가 자동적으로만 이루어지는 것은 아니다. 때로 우리는 특정 대상에 대한 정보를 의식적인 수준에서 합리적이고 체계적으로 처리하기도 한다. 이처럼 지각자가 정보처리에 의식적으로 관여하는 시스템이 통제적 처리 시스템이다.

이 시스템은 언어와 같은 상징으로 이루어진 규칙에 기반해서 정보를 처리한다. 또한 이와 같은 상징적 지식은 한 번의 경험을 통해서도 학습할 수 있으며, 추론과 판단의 기초가 되는 규칙의 역할을 한다.

통제적 처리 시스템에서 이루어지는 의식적 사고에는 논리적인 추론이나 문제해결 이외에도 여럿이 있다. 정신적 시뮬레이션은 어떤 행위를 통해 달성하고자 하는 목표의 과정을 미리 생각해 보는 것이다. 이것은 특정 행위를 물리적으로 연습하는 것이 아니라 머릿속에서 의식적으로 구현해 보는 과정으로 그 자체로 실제 행위를 향상시킬 수 있다. 또한 실행의도를 가지고 계획을 세우는 것은 추상적인 생각을 구체적인 행동 계획으로 바꿈으로써 목표 지향적 행위를 하는데 기여한다. 특히, 예기된 후회나 죄책감과 같은 감정은 실행 의도와 행동의 변화에 긍정적인 영향을 미친다. 이외에도 의식적 사고에는 과거의 사건에 대한 재고와 성찰, 목표 설정, 타인의 조망에 대한 시뮬레이션, 의사소통 등이 있다.

〈표 11-2〉 두 개의 사고 시스템

시스템 1: 자동적 정보처리 (훈련이나 경험에 기초한 무의식적 처리)	시스템 2: 통제적 정보처리 (가설적이고 추상적인 사고)
상대적으로 빠른 정보처리	상대적으로 느린 정보처리
처리를 위한 노력 불필요	처리를 위한 노력 필요
연합적 사고	규칙 지배적 사고
상대적으로 느린 학습속도	상대적으로 빠른 학습속도
대상에 대한 정보와 정서를 함께 저장	대상에 대한 정보만을 중립적으로 저장
저장된 정보의 망각 · 탈학습에 큰 저항력	저장된 정보의 망각 · 탈학습에 취약

2. 사회도식

도식(schema)은 어떤 자극이나 상황 혹은 개념에 대하여 한 개인이 가지고 있는 지식을 나타내주는 인지적 구조, 이 구조는 각 대상에 대한 속성과 그 속성들 간의 관계를 내포하고 있다. 또한 도식은 대상들 간에 서로 연결됨으로써 영향을 주고받는다(Fiske & Taylor, 2008).

도식에 기반 한 정보처리는 자동적 처리 시스템과 통제적 처리 시스템에 모두 관여한다. 통제적 처리 시스템에서는 특정 대상에 대한 정보를 의식적인 수준에서 합리적이고 체계적으로 처리하는데, 이러한 처리는 그 대상에 대한 이전의 지식, 즉 도식에서부터 출발한다.

도식에 의존한 정보처리는 장점과 단점을 모두 가지고 있다. 도식은 관련 대상에 대한 기억의 회상을 용이하게 함으로써 그것에 기반 해서 주어진 상황 속의 다양한 정보를 분류하고 조직화할 수 있게 해준다. 그래서 도식은 새로운 정보가 갖는 의미를 파악하는데 기여한다. 또한 도식은 특별히 의식적인 노력 없이도 상황을 신속히 파악할 수 있도록 도와주기 때문에 인지적 자원이 부족한 상황에서 유용한 지식 구조다. 반면에, 도식은 실제 자료를 왜곡하거나 복잡한 현상을 과잉 단순화할 수도 있고, 잘못된 고정관념과 편견을 촉발시킬 수 있는 한계도 있다.

연구자들은 특정 도식이 반영하고 있는 지식의 종류에 따라 그 도식을 다양한 이름으로 불러왔다(Greenberg et al., 2015). 각본(script)은 일정한 순서를 가지고 이루어지는 사건에 관한 도식이다. 각본은 행위가 시간에 따라 전개되는 순서를 담고 있다. 예를 들어, 식당에 가서 음식을 먹기 위해서는 그와 관련된 도식, 즉 먹고 싶은 것을 메뉴판에서 고른 다음 주문하고 식사를 한 후 돈을 지불하는 일련의 과정을 알고 있어야 한다. 또 다른 유형의 도식으로 자신에 대한 도식이 있다. 우리는 성격, 가치관, 포부, 능력 등 자신에 대한 많은 지식을 가지고 있는데 이것을 보통 자기개념이라고 부른다. 우리는 자기 배우자의 성격, 신체적 매력, 직업 등 타인에 대한 도식을 가지고 있는데 이러한 도식을 인상형성이라고 한다.

1) 점화 효과

점화 효과(priming effect)란 어떤 자극에 대한 최근의 경험이 그것과 같거나 유사한 자극에 대한 이후의 정보처리를 촉진하거나 억제하는 현상이다. 구체적으로 특정 감각적 자극을 반복적으로 제시하여 참가자들을 점화시키면 그들은 그것과 같거나 유사한 자극을 이후에 더 잘 알아차린다. 또한 하나의 단어나 기호를 제시하여 점화시키면 이것은 참가자들이 이후에 나오는 단어나 기호를 해석하는데 영향을 미친다. 점화 효과가 나타나는 것은 최근의 경험이 그와 관련된 도식에 대한 접근성을 높여줌으로써 그 도식을 가장 두드러지게 만들기 때문이다.

점화효과는 의식적인 수준에서뿐만 아니라 자동적인 정보처리 과정에서도 나타난다. 예를 들면, 한 연구에서는 참가자들에게 특정 행위자의 여러 행동을 보게 한 후, 한 집단에게는 그 행위자에 대한 인상을 형성하도록 한 반면, 다른 집단에게는 그 정보를 기억하도록 했다. 그 결과 인상형성 조건의 참가자들이 기억 조건의 참가자들에 비해 더 많은 행동을 회상했으며, 그러한 행동을 '사교적', '지적인'과 같은 더 많은 성격특질 범주로 조직화했다(Hamilton, Katz, & Leirer, 1980).

(1) 체화된 인지

인간의 마음은 인간이 가지고 있는 특별한 형태의 신경계와 몸의 구조(형태, 감각 및 운동시스템) 그리고 그것이 외부의 물리적 환경과 하는 상호작용에 의해 결정된다. 이것은 우리의 신체적 경험이 세상을 이해하는 인지적 기능과 연결되어 있다는 것을 의미하는데 이런 현상을 체화된 인지(embodied cognition)라고 한다.

체화이론에서 다루는 하나의 주제가 몸짓과 대상의 긍정성–부정성에 대한 처리와의 상호작용이다. 예를 들면, 실험 참가자들에게 사랑이나 혐오 등 다양한 단어를 하나씩 제시하고, 그 단어가 긍정적인지 아니면 부정적인지를 앞으로 당기거나 뒤로 밀 수 있는 레버를 이용해서 반응하도록 했다. 보통 사람들은 자신이 좋아하지 않는 것을 회피하고자 할 때나 표현할 때 밀어내는 행동을 하는 반면, 자신이 좋아하는 대상을 다른 사람에게 알리기 위해서는 앞으로 당기는 몸짓을 한다(Chen & Bargh, 1999).

또 다른 실험연구(Leander et al., 2012)는 다른 사람들과의 심리적 거리가 물리적 온도를 지각하는데 미치는 영향을 탐구하였다. 연구자들은 한 집단의 참가자들에게는 자신이 다른 사람들로부터 거부당한 경험을 회상하도록 한 반면, 다른 집단의 참가자들에게는 사회적으로 수용된 경험을 회상하도록 했다. 그 다음 방의 온도를 평가하도록 한 결과, 거부의 느낌을 경험한 참가자들이 수용을 경험한 참가자들보다 방의 온도를 더 낮게 평가했다.

비슷하게 또 다른 연구(Bargh, Chen, & Burrows, 1996)에서는 한 집단의 참가자들에게는 노인과 관련된 여러 단어를 분류하는 과제를 하도록 요청한 반면, 다른 참가자들에게는 나이와 관련된 여러 단어를 분류하도록 했다. 과제를 수행한 후 그들의 걷는 속도를 측정한 결과, 노인과제를 수행한 집단의 보행속도가 상대적으로 더 떨어졌다. 이러한 발견은 심리적 상태와 물리적 지각이나 행동 간에 밀접한 관련성이 있음을 보여준다.

(2) 해석수준이론

흔히 사람들은 지금은 잘하지 못하는 일도 나중에는 잘할 것이라고 생각하고, 지금 경제가 어렵지만, 언젠가는 좋아질 것이라고 생각한다. 이처럼 사람들은 심리적으로 거리가 멀 때와 가까울 때 특정 사건이나 대상에 대한 지각을 달리한다. 이처럼 해석수준이론(Construal Level Theory)은 시간적, 공간적, 사회적 차원 등에서 심리적 거리가 있을 때 사람들은 직접 경험할 수 없는 정신적 모형을 구축함으로써 지금 현재와는 다른 세계를 만든다(Trope & Liberman, 2015). 그래서 특정 대상이 자신으로부터 더 멀리 떨어져 있을수록 그 대상에 대한 정신적 해석수준은 더 추상적으로 된다.

결국 대상에 대한 심리적 거리감은 해석수준에 달려 있다.

이 이론에 따르면, 해석수준에는 상위수준과 하위수준이 있다. 상위수준의 해석은 도식적이고 탈맥락적이며 일관적이다. 우리가 시시각각으로 변하는 어떤 사건을 이해하고자 할 때, 그 사건이 갖는 핵심적이고 불변하는 특성을 상위수준에서 파악하는 것이 중요하다. 반면, 하위수준의 해석은 맥락적이기 때문에 구체적이고 복잡하며 비구조적이다. 또한 대상이 갖는 우발적인 특성이나 표면적인 특성을 반영하기 때문에 비구조적이고 비일관적이다. 이러한 해석은 현재에 기반 해서 판단하고 행동할 수 있도록 도와준다.

이처럼 시간적 거리에 따라 해석수준이 달라지기 때문에 미래의 계획을 짤 때 사람들은 자신에 대한 과신과 미래에 대한 낙관으로 자신의 능력을 넘어서는 무리한 계획을 짠다. 이것을 계획오류라고 한다.

비슷한 맥락으로 상위수준의 해석은 바람직성과 관련성이 큰 반면, 하위수준의 해석은 실현 가능성과 관련이 크다. 행동의 바람직성은 행위가 가져오는 최종 결과와 관련되기 때문에 전체적인 맥락에서 보는 상위수준의 해석에 근거하는 반면, 실행 가능성은 그러한 최종 결과를 가져오기 위한 구체적인 수단과 관련되기 때문에 하위수준의 해석과 밀접하게 관련된다.

이와 관련해서 해석수준이론으로 설명할 수 있는 또 하나의 현상이 시간할인(temporal discounting)이다. 이것은 사람들이 한 대상이 갖는 현재의 가치를 미래의 이상적 가치보다 더 높게 평가하는 현상이다. 가령 사람들은 한 뒤에 10만원을 받는 것보다 지금 8만원을 받는 것을 더 선호한다. 결과물로부터 시간적 거리가 증가할수록 그 결과물이 갖는 가치는 감소한다는 것이 일반적인 가정이다.

2) 프레이밍 효과

컵에 1/2의 물이 있을 때 그것을 물이 반이나 있다고도 볼 수 있고, 반밖에 없다고 볼 수도 있다. 이처럼 주어진 대상을 어떤 입장에서 보느냐에 따라 그 의미는 달라진다. 이처럼 프레이밍 효과(framing effect)는 어떤 문제, 질문 혹은 사건을 둘러싸고 있는 맥락을 어떻게 정의하느냐에 따라 그 맥락에 대한 지각이나 평가가 달라지는 현상이다.

프레이밍 효과는 다양한 주제와 관련해서 나타난다. 예를 들면, 건강에 대한 메시지를 사람들이 이익 프레임으로 보느냐 아니면 손실 프레임으로 보느냐에 따라 그 효과가 달라진다. 이익 프레임은 건강 메시지가 추천하는 특정 행동이 자신을 얼마나 더 건강하게 만드는지에 초점을 맞추고 있다. 반면에, 손실 프레임은 그 메시지가 전달하는 건강 행동을 하지 않았을 경우에 발생할 질병과 같은 부정적 측면에 주목하는 프레임이다.

전망이론(Prospect Theory)은 프레이밍 효과와 깊은 관련성이 있다. 전망이론은 의사결정에 관한 하나의 이론으로 위험, 불확실성, 손실 및 이득에 대한 사람들의 태도가 그들의 의사결정에 미치는 영향을 설명하고자 한다(Kahneman & Tversky, 1979).

일반적으로 전망이론에 따르면, 사람들은 확률을 정확하게 계산할 능력이 없고 대부분의 경우에는 앞으로 얻을 수 있는 이득보다는 손실에 대한 두려움이 사람들의 의사결정에 더 큰 영향을 미친다. [그림 11-1]은 전망이론에서 제시한 가치함수다. 이 그림에서 보듯이, 이익과 손실에 대한 사람들의 가치판단이 직선으로 나타나지도 않고 대칭적이지도 않다. 이것은 이익과 손실에 대한 사람들의 판단체계가 서로 다르다는 것뿐만 아니라, 이익이나 손실의 증가분이 갖는 가치도 일정하지 않다는 것을 의미한다.

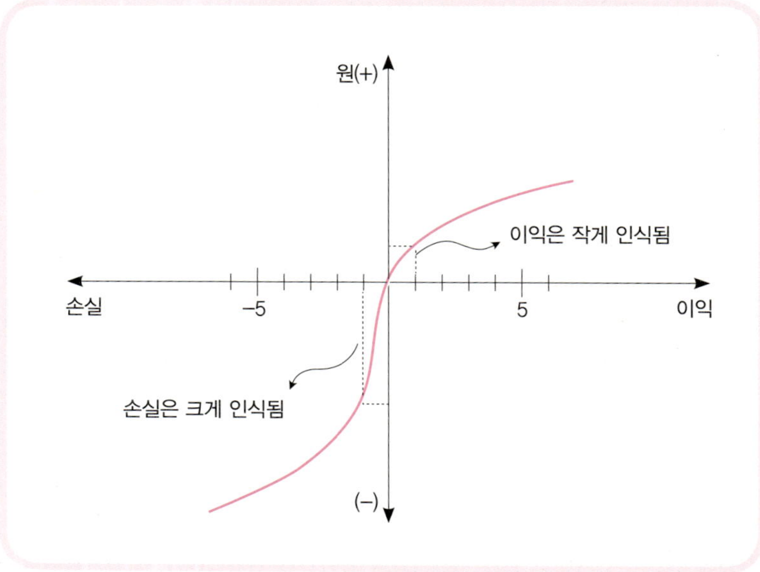

[그림 11-1] 전망이론에 따른 가치함수

3) 대비 효과와 순서 효과

대비효과(contrast effect)는 두 자극이나 감각을 동시에 혹은 순차적으로 즉시 경험하면 그 둘 간의 강도 차이를 더 크게 지각하는 현상이다. 예를 들어, 키가 보통인 스포츠 기자가 다른 기자들과 있으면 비슷하게 보이지만 키가 큰 농구선수를 인터뷰할 때에는 왜소해 보인다. 차가운 물에 손을 담근 다음 미지근한 물에 손을 담글 때와 뜨거운 물에 손을 담근 다음 미지근한 물에 손을 담글 때 느끼는 물의 온도는 다르다.

한편, 설문지를 통해 사람들의 행복을 측정할 때, "당신은 지금 얼마나 행복한가?"라는 질문과 "최근 일주일 동안 즐거운 일을 몇 번이나 경험하였는가?"라는 질문 중에서 어떤 질문을 먼저 하느냐에 따라 첫 번째 질문에 대한 대답이 달라질 수 있다. 전자의 질문보다는 후자의 질문을 먼저 했을 때, 대부분의 사람들은 지금 더 행복하다고 보고할 가능성이 높다. 왜냐하면 후자의 질문에 먼저 답을 해봄으로써 자신의 지금 행복 정도를 평가할 때, 긍정적인 근거를 더 많이 떠올릴 수 있기 때문이다. 이처럼 순서 효과(order effect)는 정보를 제시하는 순서에 따라 그 정보를 다르게 처리하는 효과를 말한다.

3. 휴리스틱

사람들은 자신이 처한 모든 상황에서 체계적이고 합리적인 판단을 하려고 노력하지는 않는다. 또한 우리가 현실 세계에서 받아들이는 정보가 수리적 모델이나, 규범적 법칙과 일치하는 경우는 드물다. 이러한 상황에서 휴리스틱(heuristic)은 문제해결이나 의사결정을 위한 하나의 전략이 된다. 이것은 경험에 기반 하기 때문에 종종 답을 찾는 효율적인 방법이다. 시간이나 정보가 충분하지 않거나, 합리적인 판단을 할 수 없는 상황이거나, 그러한 판단을 필요로 하지 않을 때 우리가 인지적 부담 없이 즉각적으로 사용하는 일종의 어림짐작이 휴리스틱이다. 그러나 이것은 체계적이고, 예측 가능한 오류를 야기할 수 있어 정확한 결과를 보장하지는 않는다.

1) 대표성 휴리스틱

특정 사건의 빈도나 발생확률을 그 사건이 전형적인 사례와 닮은 정도에 따라 추론하는 전략이 대표성 휴리스틱(representativeness heuristic)이다(Kahneman, Slovic, & Tversky, 1982). 다음의 예시를 보자.

김민수는 외향적이며 총명한 27세 남성이다. 대학에서 경영학을 전공했고 우리 사회의 양극화 문제 해결에 관심을 가지고 있으며 반미시위에 가담하기도 했다.

김민수에 관한 다음 진술 중 더 그럴듯한 것은?

(a) 김민수는 은행원이다.

(b) 김민수는 은행원이며 적극적인 사회운동가이다.

대표성 휴리스틱을 사용하면 위의 두 진술 중 두 번째 진술이 더 그럴듯해 보인다. 왜냐하면 김민수는 은행원보다는 사회운동가를 더 많이 닮았기 때문이다. 그러나 두 번째 진술이 첫 번째 진술보다 더 그럴듯할 수는 없다. 왜냐하면, 사회운동에 참여하는 은행원은 은행원의 일부분에 불과하기 때문이다. 즉, 사회운동에 참여하지 않는 은행원은 사회운동에 참여하는 은행원보다 더 많기 때문에, 어떤 사람이 은행원일 가능성은 그 사람이 은행원이면서 사회운동가일 가능성보다 확률적으로 더 크다. 그런데도 사람들은 대개 김민수가 그냥 은행원일 가능성보다 사회운동가이면서 은행원일 가능성이 더 크다고 판단한다.

그 원인을 공접오류(injunction fallacy)에서 찾을 수 있다. 공접오류란 불확실한 두 가지 사건이 겹쳐서 일어날 확률이 각각의 사건이 따로 일어날 확률보다 크다고 잘못 판단하는 것이다. 때로 대표성에 관한 정보가 믿을 만한 경우 적합성을 기반으로 한 대표성 휴리스틱이 효과적일 수 있지만, 해당직업을 가진 사람들 자체가 매우 적은 경우처럼 대표성 관련 정보가 빈약한 경우에는 대표성 휴리스틱의 사용은 의사결정의 정확도를 떨어트릴 수 있다.

2) 가용성 휴리스틱

특정사건과 관련된 사례를 마음속에 떠올리기 쉬운 정도에 따라 그 사건의 빈도나 발생확률을 추론하는 전략이 가용성 휴리스틱(availability heuristic)이다. 관련된 사례가 마음속에 쉽게 떠오르는 정도는 그 사건의 빈도뿐만 아니라 현저성이나 생생함과 같은 요인의 영향을 받기도 한다.

가용성 휴리스틱의 사례로 미국에서 자동차 사고로 사망할 확률이 비행기 사고로 인한 사망확률 보다 훨씬 높음에도 불구하고, 사람들은 자동차보다 비행기 여행이 더욱 위험하다고 생각한다(Myers, 2013). 이러한 현상이 나타나는 이유는 위험부담이 인지과정에 중요하게 작용하기 때문이다. 위험부담은 발생할 확률은 낮지만, 일단 발생하면 한 번에 많은 사람의 생명을 앗아가는 재난 사고에서 높다. 그런 사건은 발생할 경우 직접적인 손해는 물론 그 사건에 대한 심리적 스트레스 등 간접적 손해도 크기 때문에 사람들의 기억 속에 오래 남는다.

3) 닻 내림 휴리스틱

불확실한 상황에서 판단을 할 때 사람들은 어떤 특정한 값에서 시작하여 그 값을 조정한 뒤 최종적인 답을 산출하는 전략을 사용한다. 이러한 방법을 닻 내림 휴리스틱(anchoring-and-adjustment heuristic)이라 한다. 가령, '나일 강이 1,500km 보다 긴가 아니면 짧은가?'라는 질문을 받은 사람은 먼저 그 강이 1,500km인지를 먼저 평가하고자 한다. 이러한 탐구가 고정된 값과 일치하는 증거를 부당하게 더 많이 양산할 수 있고, 이것이 닻 내림 효과를 초래한다(Mussweiler & Strack, 2000).

또한 닻 내림 효과는 순전히 수의 점화에 따른 것일 수도 있다. 가령, 실험참가자들에게 홍콩 비행장의 활주로가 7.3km 혹은 7,300m 보다 긴지 아니면 짧은지를 물어본 후, 이화 상관없는 프로젝트의 경비를 추정하도록 했다. 그 결과 미터 단위로 질문을 받은 참가자들이 경비를 더 크게 추정했다.

4) 기타 휴리스틱

특정 사건의 빈도나 발생확률을 그 사건의 발생을 상상하기 쉬운 정도에 따라 추론하는 전략이 시뮬레이션 휴리스틱(simulation heuristic)이다. 다음의 사례를 살펴보자.

> A와 B는 같은 시간에 출발하는 서로 다른 비행기를 타고 목적지를 떠나기로 예정되어 있었다. 그들은 같은 리무진을 타고 공항으로 오던 중 교통체증에 걸려 자신들의 비행기 출발시간보다 30분 늦게 공항에 도착했다. A는 그의 비행기가 제시간에, 즉 30분 전에 떠났다는 말을 들었다. B는 자신이 탈 비행기의 이륙이 지연되었지만 5분 전에 떠났다는 말을 들었다.
>
> 여기서, A와 B 중 누가 더 화가 났을까?

대부분의 사람들은 B가 더 화가 났을 것이라고 추측하였다(Kahneman et al., 1982). 겨우 5분 차이로 비행기를 놓친 B가 비행기를 탈 수 있는 가능성을 더 쉽게 상상할 수 있기 때문이다. 즉 B는 차가 조금만 더 빨리 도착했거나 비행기가 조금만 더 지연되었다면 비행기를 탈 수도 있었지만, A는 어떤 일이 일어나든 비행기를 탈 확률이 높지 않았다고 판단한 것이다.

또 다른 휴리스틱으로 날아오는 물체의 속도와 각도를 경험적으로 추산하여 도달지점을 찾고자 할 때 사용하는 시선 휴리스틱(gaze heuristic)이 있다. 예를 들어 야구경기에서 타자가 투수의 공을 받아치면, 그 순간 야수는 고개를 돌려 공이 어디로 향해 날아갈지를 예측하고 쫓아가게 된다. 이 과정에서 야수들은 공의 낙하지점에 대한 정확한 판단을 위해 부단한 노력을 하지만 종종 공의 낙하위치를 정확히 파악하지 못해서 놓치는 경우가 있다. 정확성을 높이기 위해서는 정보를 의식적으로 빠르게 처리해야 하지만 사람들은 자신의 시선을 통해서 대략적인 위치를 빠르게 파악하고자 하는데 이것이 시선 휴리스틱이다.

4. 인지적 편향[1)]과 영향요인

1) 사후가정적 사고

이미 일어난 사건과는 다른 행동이나 결과를 생각해 보는 것을 사후가정적 사고(counterfactual thinking)라고 한다(Kahneman & Miller, 1986). 자신의 삶에서 발생한 사건이 달리 나타났다면 어떠했을까, 혹은 '만약.....했다면 ~했을텐데'와 같은 조건문 형태로 표현되는 사고다.

사후가정적 사고는 실제 사건보다 긍정적 결과를 가정하느냐 아니면 부정적 결과를 가정하느냐에 따라 크게 두 유형이 있다(Roese & Olson, 1993). 먼저, 상향적 사후가정 사고는 '~라면 더 좋았을텐데'처럼 실제 상황보다 좀 더 긍정적인 결과를 상상하는 것이다. 이런 사고에는 일반적으로 후회 같은 부정적인 감정이 뒤따라오게 된다. 그러나 이러한 감정이 꼭 나쁜 영향만을 주는 것은 아니다. 지금의 결과에 만족하지 않고, 좀 더 나은 결과를 위해 노력하게 하는 동기를 이끌어 낼 수 있기 때문이다.

반면에, 하향적 사후가정 사고는 '~라면 큰일 날 뻔 했다'처럼 실제 상황보다 더 부정적인 결과를 상상하는 것이다. 이런 사고에는 일반적으로 안도감과 같은 긍정적인 감정이 뒤따라오는데 이러한 감정은 현재의 상황

1) 인지적 편향(cognitive bias)란 사람들의 사회적 판단에서 잘못된 결론에 도달하게 만드는 사고방식이다.

을 유지하려는 동기와 관련이 있다.

사람들은 주로 어떤 일에 대하여 사후가정적 사고를 많이 하는가? 한 연구(Roese & Hur, 1997)에서 사람들은 보통 긍정적 사건보다는 부정적 사건을 겪은 다음에 사후가정 사고를 더 많이 했으며, 이때 후회와 같은 부정적 감정을 경험했다. 또한 부정적 사건을 겪었을 때는 상향적 사후가정 사고가 많이 나타난 반면, 긍정적 사건을 경험했을 때는 하향적 사후가정 사고가 많이 이루어졌다(Markman et al., 1993).

2) 착각의 상관

우리는 두 사건이 실제로는 아무런 상관이 없음에도 불구하고, 서로 관련이 있는 것처럼 잘못 생각하는 경우가 많다. 이처럼 아무런 관계가 없거나, 약한 관계가 있는 두 사건에 대하여 서로 관계가 있다고 잘못 생각하는 것을 착각의 상관(illusory correlation)이라고 한다(Hamilton & Gifford, 1976). 그래서 실제로는 이 둘 사이에 아무런 상관이 없고, 관찰자가 보고한 내용보다 더 약한 정도의 관계가 있거나 혹은 관찰자가 보고한 것과 반대의 방향으로 상관관계가 있을 수 있다.

착각의 상관은 여러 요인 때문에 발생한다. 우선 두 사건이 논리적으로 서로 관련이 있어야 한다는 믿음, 즉 실제로 관련이 없음에도 불구하고 관계가 있기를 바라는 사전 기대가 한 원인이다. 또 다른 원인으로 정보의 독특성(distinctiveness)을 들 수 있다. 소수집단과 같이 다수집단에 비해 수가 작은 집단은 더 눈에 띄고, 일상적인 행동에 비해 발생 빈도가 낮은 폭행과 같은 행동에 대한 정보가 눈에 더 잘 띈다. 그래서 사람들은 소수집단이 하는 부정적 행동이 다수집단이 하는 부정적 행동보다 빈도가 더 높은 것처럼 지각한다.

3) 기타 편향

사람들은 때로 자신이 보고 싶은 것만 보고, 믿고 싶은 것만 믿는다. 예를 들면, 사람들은 혈액형 관련 고정관념에 부합하는 정보만을 이용해서 자신의 혈액형을 확증한다. 이처럼 자신의 신념에 부합하는 정보만을 취하고, 신념에 부합하지 않는 정보는 무시함으로써 자신의 생각이나 가설을 확증하는 쪽으로 결론을 내리려는 인지적 경향성을 확증편향(confirmation bias)이라고 한다.

확증편향은 우리가 가지고 있는 도식의 영향을 받는다(Greenberg et al., 2015). 도식은 그것과 부합하는 정보는 추구하고, 그렇지 않은 정보는 무시하는 식으로 우리의 정보처리를 유도한다. 더욱이 사람들은 객관적인 정보조차도 자신의 입장을 지지하는 쪽으로 왜곡해서 해석하는 경향이 있다.

또 다른 편향으로 사후확신 편향(hindsight bias)을 들 수 있다. 이것은 과거에 일어난 일의 결과를 알고 난 후에 마치 처음부터 그 결과를 알고 있었던 것처럼 믿는 현상이다(Fischhoff, 1975). 이러한 현상은 축구경기나 선거결과에 대한 설명 등이 대표적으로 나타나는 사례가 된다. 이와 같은 사후확신 편향은 자신이 세상을 통제하고 있다는 생각과 더 나아가 아직 일어나지 않은 미래의 일들을 예측할 수 있다는 믿음도 반영한다. 이것은 자신의 삶을 시간적인 차원에서 모두 통제할 수 있다는 주관적인 느낌을 제공함으로써 한편으로는 긍정적인 기여를 하지만, 특정 현상의 발생에 대한 실질적인 지식이나 통찰을 제공하지는 못한다(최인철, 2004).

마지막으로 과잉확신(overconfidence)은 자신의 생각이나 믿음이 실제보다 더욱 정확하다고 지각하는 현상이다. 예를 들어, 집을 나올 때 분명히 지갑을 챙겼다고 생각했는데 찾지 못해서 당황한 경우나, 모임에서 상대방이 분명 이런 말을 했다고 확신하는데 나중에 보면 그렇지 않은 경우 등 과잉확신은 매우 흔한 현상이다.

과잉확신의 요인으로는 흥미롭게도 무능력이 주된 요인 중의 하나가 된다. 사람들은 많은 사회적 · 경제적 영역에서 자신의 능력을 더욱 호의적으로 보는 경향이 있는데, 이것은 부분적으로는 이 영역에서 자신의 능력이 떨어진다는 것을 인식할 수 있는 인지능력이 없기 때문이다. 즉, 자신의 능력이 떨어지는 사람일수록 그 능력을 과대평가할 수 있음을 의미한다.

태도와 태도변화

1. 태도의 특징

1) 태도의 개념

(1) 구성요소

태도를 이루는 구성요소에는 인지적, 정서적 및 행동적 요인이 있다(Fishbein & Ajzen, 1974). 인지적 요소는 태도 대상에 대한 사람들의 신념이나 지식이다. 인지적 요소는 매우 다양하고 복잡한 특징을 가지고 있다. 복잡한 인지적 요소는 학습이나 사회적 분위기 등에 의해 수시로 변할 수 있다.

정서적 요소는 태도 대상에 대한 느낌이나 호불호(好不好)를 포함하는 평가적 반응이다. 특정 대상에 대한 감정은 '좋다－싫다'라는 한마디로 표현할 수 있을 만큼 단순하다. 정서적 측면은 인지적 요소가 사라진 후에도 계속 남아 행동에 지속적 영향을 미친다(Olson & Fazio, 2004).

태도의 행동적 요소는 대상에 대한 태도와 일관적인 행동을 하려는 의도다. 사람들은 대상에 대한 인지적이고 정서적 내용과 일관된 행동을 하고자 한다. 그래서 대상에 대하여 호의적으로 생각하고 그렇게 느낀다면 호의적인 행동을 하고자 하고, 대상에 대하여 부정적으로 생각하고 그렇게 느낀다면 부정적인 행동을 하고자 한다.

(2) 구조

특정 대상에 대한 태도를 결정할 때 태도의 인지적, 정서적, 그리고 행동적 요소가 따로 분리되어 있기 보다다는 특정 방식으로 조직화되어 있을 수 있다. 초기 연구자들의 일차원 모형에 따르면 긍정적 신념, 감정과 행동은 부정적 신념, 감정과 행동의 출현을 억제한다(Watson & Tellgegen, 1985). 이러한 관점은 부정적 태도와 긍정적 태도가 양 끝에 위치한 일직선상의 어느 지점에 태도가 놓여있다고 생각한다. 그러나 태도를 이렇게 측정하면 중립적 태도의 의미를 해석하기가 어렵다. 예를 들면, 양가적 태도는 특정 대상에 대하여 좋은 태도와 나쁜 태도가 공존하는 것이다. 이러한 태도는 그 대상에 대한 확신이 없어서 생길 수도 있지만 긍정적 태도와 부정적 태도를 똑같이 가지고 있어서 생길 수도 있다(Maio & Haddock, 2009).

반면, 태도를 정서의 이차원 모형으로 보는 입장에 의하면 [그림 12-1]에서 보듯이 태도의 정서적 요인은 정서가(價) 차원과 각성 차원으로 구분할 수 있다(Bradley et al., 2001; Russell, 2003). 이때 정서가란 특정 대상에 대하여 느끼는 정서가 긍정적인지 아니면 부정적인지를 나타내는 개념이고, 각성은 이때 경험하는 흥분정도를 일컫는 개념이다. 예를 들면, 만족과 환희는 긍정적 정서인 반면, 슬픔과 분노는 부정적 정서다. 또한 환희와 분노는 각성 수준이 높은 반면, 만족과 슬픔은 각성 수준이 낮다.

이처럼 사람들은 정서가에 따라 특정 대상에 대한 호불호를 표현하고, 각성수준에 따라 그 대상에 대한 중요성과 확신을 표현한다. 그래서 매우 긍정적이거나, 부정적인 정서를 포함하는 태도는 강한 확신과 관련된 반면, 중립적 정서를 포함하는 태도는 낮은 확신과 관련된다. 또한 강한 정서적 반응을 보이는 태도는 쉽게 회상되며, 그에 반하는 태도에는 강력하게 방어하는 경향이 있다.

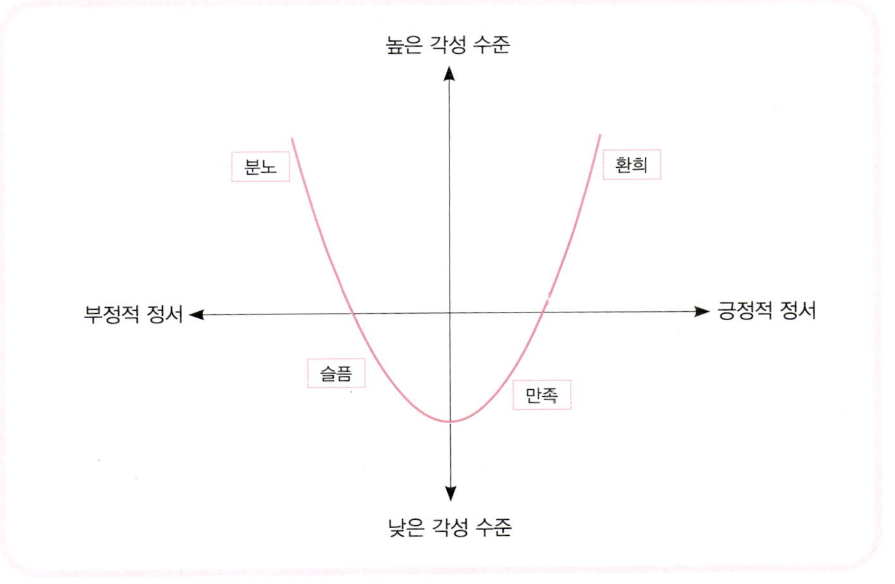

[그림 12-1] 태도의 정서와 각성수준의 모형

(3) 기능

특정 대상에 대하여 우리가 갖고 있는 태도는 다양한 기능을 수행한다. Smith와 그의 동료들(1956)은 태도의 세 가지 기능을 제시하였다.

첫 번째는 태도의 대상을 평가하는 기능이다. 이것은 특정 대상에 대한 긍정적이거나 부정적인 태도를 요약하는 기능이다. 가령 사람들은 각 대상에 대한 태도를 통해 자신에게 도움이 되는 것을 취하고 해로운 것을 피할 수 있다. 두 번째 기능은 사회적 조정으로, 이는 우리가 좋아하는 사람과는 동일시하고, 싫어하는 사람과는 멀리하려는 것이다. 세 번째 기능은 내적 갈등으로부터 자신을 보호하는 외재화의 기능이다. 예를 들어, 골프 실력이 낮은 사람은 상대적으로 내기 골프를 싫어할 것이다. 형편없는 골프 실력이 자존감에 상처를 입힐 수 있기 때문이다.

유사하게 Katz(1960)도 태도의 네 가지 기능을 제시하였다. 첫 번째는 태도의 지식적 기능으로 특정 대상에 대한 정보를 조직화하는 기능이다. 태도의 여러 인지적 요소는 개별적으로 존재하는 것이 아니라 하나의 틀 속에서 서로 연결되어 조직화됨으로써 태도대상에 대한 인지적 구조를 구축한다. 두 번째, 태도의 유용성 기능은 태도를 통해 이익을 최대화하고 비용을 최소화하는 기능이다. 사람들은 긍정적 태도 대상에서 접근하고, 부정적 태도 대상은 회피함으로써 자신의 비용 대비 이득을 높일 수 있다. 세 번째는 자기방어 기능으로 자신의 태도를 부정하거나 폄하하는 사건에 저항하여 자신의 신념을 유지함으로써 자신을 보호하는 기능이다. 마지막으로 태도의 가치표현의 기능은 태도가 자아개념과 같은 중심적 가치를 표현하는 기능이다. 가령 우리는 자전거로 출근함으로써 건강과 환경보호를 중요시하는 자신의 의사를 표현한다.

태도의 기능, 구성요소 및 구조는 서로 연결되어 단일한 차원의 태도를 만들어낸다. 태도의 구성요소와 구조는 서로 연결되어 있어서 한 개인이 특정 대상에 대하여 긍정적인 인지, 정서 및 경험을 했다면 그 대상에 대하여 하나의 긍정적 태도를 갖는다.

2) 태도의 형성

(1) 유전적 요인

때로 특정 대상에 대한 태도는 선천적으로 나타난다. 예를 들어 태어난 지 어느 정도 지난 영아들은 뱀, 어둠 또는 갑자기 접근하는 자극에 대하여 선천적인 두려움을 보인다(Bourgeois, 2002). 또한 영유아를 대상으로 한 연구에 따르면, 태어난 지 몇 분되지 않은 신생아들은 무질서한 얼굴패턴보다 사람 얼굴과 비슷한 패턴을 더 선호한다(Goren, Sarty, & Wu, 1975).

특정 대상에 대한 태도는 유전의 영향도 받는다. 사형제도, 재즈, 검열 등에 대한 태도에서 이란성 쌍둥이보다 일란성 쌍둥이가 서로 더 유사했다(Tesser, 1993).

유전이 태도에 영향을 미치는 방식에는 여럿이 있을 수 있다. 특정 태도와 유전과의 관계가 직접적일 수도 있지만, 유전과 태도 사이에 관여하는 또 다른 변수가 있을 수도 있다. 예를 들면, 성인 쌍둥이를 대상으로 한 연구(Olson et al., 2001)에 따르면, 유전은 사교성, 운동능력 그리고 지적인 성취에 영향을 미쳤다.

(2) 학습

태도는 후천적인 학습을 통해서도 형성된다. 그 대표적 기제중의 하나가 고전적 조건형성(classical conditioning)이다. 특정 반응을 유발하는 무조건 자극을 그 반응과 관계없는 중립 자극과 함께 반복적으로 제시하면 이후에는 중립자극만으로도 그 반응을 유발할 수 있다. 이와 같은 과정을 통해 우리는 중립자극에 대한 태도를 형성한다.

태도에 대한 학습은 조작적 조건형성(operational conditioning)을 통해서도 이루어진다. 이것은 특정 행위를 한 다음 강화물이 주어지면 이후에 그 행동이 발생할 가능성이 높아지는 원리다. 가령, 어떤 교수가 가르치는 과목에서 A+를 받았다면, 그 교수가 강의하는 다음번 과목에서도 좋은 성적을 받기 위해 노력할 것이다. 반대로, 그 교수가 가르치는 과목에서 매번 나쁜 성적을 받았다면, 좋은 점수를 받고자 열심히 노력하지 않을 것이다. 이처럼 우리는 자신의 행동에 대하여 강화를 제공하는 사람에게 더 긍정적인 태도를 가진다. 실제 한 연구에서(Berg & McQuinn, 1986)에서 칭찬하기, 선물주고받기를 하는 커플은 이와 같은 보상적 행위를 하지 않는 커플보다 4개월 정도 더 오래 사귀었다.

우리는 관찰학습(observation learning), 즉 특정 대상에 대한 다른 사람의 행동을 관찰하고 모방함으로써 그 대상에 대한 태도를 형성할 수 있다. 때로 사람들은 어떤 대상에 대하여 다른 사람이 하는 행동을 바탕으로 그 대상에 대한 태도를 발달시킨다. 태도는 또한 관찰을 통해 바뀔 수도 있다. 한 연구에서(Bandura et al., 1966) 개를 무서워하는 아이들에게 개와 노는 소년의 모습이 담긴 20분짜리 영상을 4일 동안 보여주었다. 그 후 개 공포증을 가지고 있던 아이들 가운데 67%는 개와 편안하게 놀 수 있게 되었다.

2. 태도와 행동

1) 태도의 강도

강한 태도는 약한 태도보다 행동을 더 잘 예측할 수 있다. 강한 태도가 상대적으로 더 중요하기 때문이다. 우리는 특정 대상에 대한 태도를 중요하게 여길수록 그 태도와 일관적으로 행동할 가능성이 크다. 실제로, 지구온난화를 중요하게 생각하는 사람들 중 23.7%는 관련 기금에 기부한 반면 이를 중요한 문제로 여기지 않는 사람들은 8%만 기부했다(Visser et al., 2003).

이때 직접적 경험에 근거한 태도는 그 강도가 상대적으로 커서 행동을 더 잘 예측한다. 직접적 경험에 기반 한 태도는 영구적으로 기억에 남아 쉽게 회상할 수 있기 때문이다.

특정 대상에 대한 직접적 경험을 반복할 경우 그러한 경험은 획득한 태도를 더욱 견고하게 만든다(Reed, Woote, & Bolton, 2002). 이것은 소위 확증적 편향이라고 할 수 있다. 일단 특정 대상에 대한 태도가 형성되면 그 태도를 더욱 공고히 하는 정보만을 취사선택함으로써 태도가 더 견고해진다. 보고 싶은 것만 보고, 듣고 싶은 것만 듣는 것이 이러한 예이다. 그러나 직접적인 경험이 대상에 대하여 상충되는 정보(예: 긍정적 측면과 부정적 측면을 모두 제공)를 제공하는 경우에는 이러한 해석이 직접적 경험에 따른 태도와 행동의 일치성을 설명할 수는 없다.

인지욕구의 차이가 태도의 강도에 영향을 미치기도 한다. 인지욕구가 높은 집단이 낮은 집단에 비해 태도를 더 잘 유지하며, 태도 대상을 더욱 견고하게 만든다. 또한 태도 대상에 대한 지식이 많을수록 태도의 강도도 높아진다. 작업지식(working knowledge)은 태도 대상에 대한 기억으로부터 인출할 수 있는 정보의 양이다. 작업지식이 많은 사람은 태도와 관련된 신념이나 경험에 대한 기억에 더 쉽게 접근함으로써 태도를 더 잘 유지할 수 있다.

2) 태도의 구체성

포괄적인 대상에 대한 태도는 일반적인 반면 그 대상에 대한 행동은 구체적이다. 왜냐하면 행동은 보통 구체적인 상황과 연계해서 이루어지기 때문이다. 따라서 일반적 태도에 비해 구체적 태도가 그 행동을 더 잘 예측할 수 있다. 예를 들어, 대학생에게 "대학생활이 얼마나 중요합니까?"라고 물을 때와 "이번학기에 좋은 학점을 받는 것이 얼마나 중요합니까?"라고 물을 때 그 답변은 꽤나 다를 수 있다. 전자보다는 후자의 질문에 대한 답이 좀 더 구체적일 것이다.

구체적 정합가설(specificity matching hypothesis)은 태도와 행동이 서로

부합할 때, 태도가 행동을 더 잘 예측할 수 있다는 것이다. 다시 말해, 태도와 행동의 일관성 정도는 태도와 행동의 구체성에 의해 결정된다. 구체적 태도는 구체적 행동을 더 잘 예측할 수 있다.

3) 태도의 접근성과 이해관계

머리에 빨리 떠올라 쉽게 접근할 수 있는 태도는 그렇지 않은 태도에 비해 행동과 더 큰 관련성을 가진다. 왜냐하면 접근성이 떨어지는 태도의 경우 그 태도를 생각하기 전에 먼저 행동할 수 있기 때문이다. 같은 맥락에서 자기인식을 높이면, 태도에 대한 접근성이 증가하고 이것이 태도와 일치하는 행동을 유발할 수 있다. 예를 들면, 태도를 표출하기 전에 과거의 행동을 생각할 시간이 주어진 참가자들은 그 태도와 더 일치하는 행동을 했고(Zanna et al., 1981), 자신의 태도를 반복적으로 표현함으로써 접근성이 높아진 태도는 행동을 더 잘 예측했다(Holland et al., 2003).

사람들은 자신에게 유리한 결과를 가져오는 태도를 강화하고, 그러한 태도를 부정하는 메시지에 저항할 수 있다. 또한 그런 태도와 부합하는 행동을 지속적으로 할 가능성이 높다.

4) 사회적 규범

사회적 규범은 집단구성원들이 가지고 있는 명시적이거나 암묵적 규칙으로 개인적 태도와 행동의 일관성에 큰 영향을 미칠 수 있다. 또한 사회적 규범은 사람들의 관계망을 통해 유지되기 때문에 그것과 강하게 연관된 태도는 변화에 저항적이다(Visser & Mirabile, 2004).

[그림 12-2]에서 보듯이 Ajzen(1985)의 계획된 행동이론(Theory of Planned Behavior)에 따르면, 태도, 주관적 규범과 지각된 행동통제가 행동

의도를 결정하고 이것이 행동을 결정한다. 이때 태도는 특정 대상에 대한 신념이나 평가에 근거하고, 주관적 규범은 특정한 맥락에 주어진 사회적 규범 및 그러한 규범을 준수하려는 동기에 기반을 둔다. 지각된 행동통제는 자신이 행동을 얼마나 통제할 수 있는지 그 정도에 대한 주관적 믿음이다.

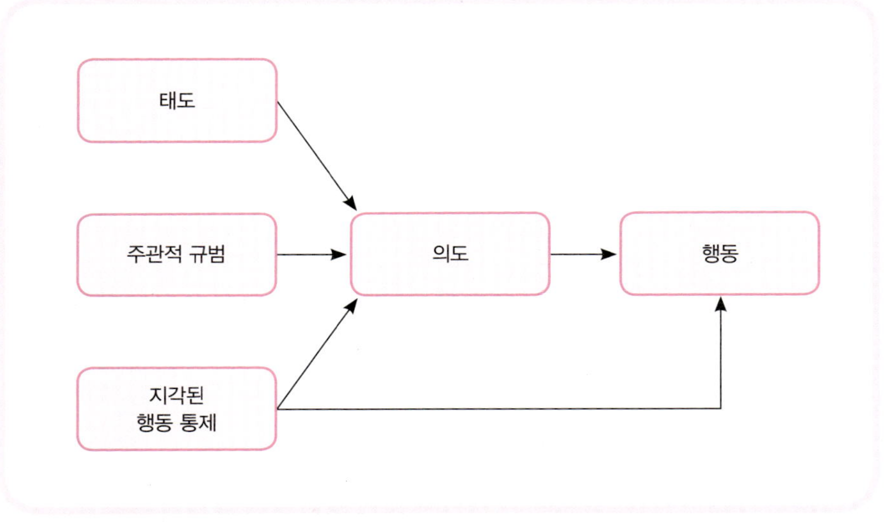

[그림 12-2] 계획된 행동 이론

3. 태도변화의 두 이론

1) 인지 부조화 이론

Festinger(1957, 1964)의 인지 부조화 이론(Cognitive Dissonance Theory)에 따르면 사람들은 자신의 태도와 일치하는 행동을 함으로써 인지적으로 조화로운 상태를 유지하고자 한다. 우리는 자신이 좋아하는 사람에게는 애정을 표현하는 행동을 하고, 자신의 가치관에 부합하지 않는 정당에 대해서는 찬성투표를 하지 않는 행동을 한다. 그러나 때로 우리는 자신의 신념, 느낌 혹은 가치와 불일치하는 행동을 함으로써 부조화 상태에 놓이게 된다. 맛있다는 음식점을 열심히 찾아 한 시간 기다린 다음 먹은 음식이 실제 맛이 없는 경우, 우리는 자신의 노력과 그 결과가 불일치하는 부조화 상태에 놓이게 되고 그로 인해 심리적 불편을 느낀다. 이러한 부조화는 불편한 감정을 해소하기 위한 행동을 촉발한다는 점에서 동기적 힘을 가지고 있다(Wood, 2000).

부조화에 따른 심리적 불편을 해소하는 한 방법이 대상에 대한 기존의 태도를 바꾸는 것이다. 음식이 생각보다 맛있다고 태도를 바꿈으로써 부조화를 해소할 수 있다. 혹은 대상과의 인지 부조화가 중요하지 않은 것처럼 생각하는 것도 하나의 방법이다(Simon et al., 1995). 이처럼 부조화가 태도를 변화시키기 위해서는 충족해야 할 조건들이 있다.

첫째, 행동을 취소할 수 없어야 한다. 행동을 없던 것으로 취소할 수 있으면 그 사람의 태도 변화는 일어나지 않을 수도 있다. 둘째, 행동이 자발적으로 이루어져야 한다. 어떤 행동을 강압적인 이유 때문에 했다면 행위자는 그 행동의 원인을 외적인 요인에 귀인함으로써 태도를 변화시킬 필요성을 느끼지 못할 수 있다. 셋째, 행동의 결과에 대해서 예측 가능해야 한다. 때로는 우리의 행동이 전혀 뜻밖의 결과를 초래할 수도 있는데 이러한 경우에는 부조화에 따른 태도 변화가 나타나지 않을 수 있다. 이러한 조건하에서 부조화가 태도 변화를 가져오는 몇 가지 경우를 살펴보자.

(1) 불충분한 정당화

한 연구에서(Festinger & Carlsmith, 1959)는 대학생 참가자들에게 지루한 과제를 수행하게 한 다음, 실험참여를 위해 대기 중인 다른 대학생들에게 거짓말로 이 과제가 매우 재미있다고 말해 줄 것을 부탁했다. 참가자들의 반에게는 거짓말의 대가로 20달러를 주었고, 나머지 반에게는 1달러만 주었다. 그 다음 이 과제가 실제로 어느 정도 재미있었는지를 보고하도록 했다. 20달러는 거짓말을 한 이유를 돈이라는 외적인 요인으로 합리화하는데 충분한 액수이지만, 1달러는 거짓말한 행동을 정당화하기에는 불충분한 금액이다. 그래서 1달러 집단은 이 과제에 대한 태도와 행동 간의 부조화를 겪었고 이것을 줄이기 위해 과제에 대한 평가를 바꾸었다. 즉 그들은 "과제가 정말로 재밌었다. 이런 과제 실험에 또 참가하고 싶다."고 말했다. 반면, 20달러 집단은 과제에 대한 평가를 바꾸지 않았다. 그들은 여전히 "과제가 재미없고, 거짓말은 돈 때문에 했다."고 보고했다. 이처럼 사람들은 외적인 보상이나 이유가 자신의 행동을 정당화하기에 충분하지 않을 때에는 자신의 태도를 바꿈으로써 부조화를 해소한다.

(2) 노력의 정당화

열심히 한 것에 비해 얻은 것이 적다면 우리는 큰 부조화를 경험할 수 있다. 이러한 부조화를 감소하기 위해서는 자신이 들인 노력을 통해 얻은 결과를 더욱 긍정적으로 평가할 필요가 있다. 즉 자신의 노력을 정당화할 필요가 있다.

예를 들어, 매년 3월이 되면 으레 매스컴에서는 대학생 신입생들의 '가혹한'신고식에 대한 뉴스가 등장한다. 이는 비단 우리나라뿐만 아니라 해외 대학들에서도 그리 드문 현상은 아니다. 사람들은 자신이 고생해서 입학한 대학, 혹독한 신고식을 치르고 가입한 동아리에 대해서는 훨씬 더 높은 가치를 부여하고, 그 조직에 대해서 헌신하게 된다. 신고식이 가혹할수록 신입회원의 조직에 대한 충성심과 헌신이 높아지기 때문에 아무리 대학당국이 금지하려고 하더라도 가혹한 신고식은 쉽게 없어지지 않는 것이다.

(3) 맞불 효과

특정 대상에 대한 자신의 태도와 행동이 일치하지 않는다는 사실을 상기시키면 사람들은 자신이 위선자라는 느낌을 갖게 된다. 대부분의 사람들은 자신이 진실한 사람이라는 자아개념을 가지고 있기 때문에 이와 같은 느낌은 그들을 부조화 상태에 놓이게 된다. 가령 사람들은 환경보호에 대한 태도와 행동 간의 부조화를 경험할 수 있다. 이때 그 부조화를 해소하기 위해 행동을 바꿀 수 없는 경우 때로 사람들은 긍정적 태도를 부정적 태도로 바꾼다. 이것을 맞불 효과(backfire effect)라고 한다. Fried(1998)는 재활용을 제대로 하지 않은 참가자들을 익명 집단, 기명 집단 그리고 기록하지 않은 집단으로 구분하였다. 그리고 이것을 참가자 앞에서 큰 소리로 읽었다. 그 결과 자신의 이름이 불린 두 번째 집단의 사람들은 자기 행동의 위선을 자각하게 되었다. 또한 자신의 위선적 행동을 바꿀 수 없는 상황에서 그들은 재활용의 중요성을 과소평가함으로써 부조화를 감소하였다.

그러나 사람들은 이런 유형의 부조화를 해결하기 위해 때로는 자신의 행동을 태도와 일치하도록 바꾸기도 한다. 이것은 위선 유도 전략(hypocrisy induction strategy)이다. 한 연구(Dickerson et al., 1992)는 샤워할 때 물을 많이 쓰는 것에 대해 환경보호 측면에서 불편하게 느끼는 사람들을 대상으로 이 전략을 검증하였다. 실험자는 일부 참가자에게 자신들의 지나친 물 사용을 회상하면서 물의 절약을 권고하는 공공연설을 준비하라고 요청했다. 그 결과 이런 요청을 받은 참가자는 그렇지 않은 참가자에 비해 샤워시간을 줄였다. 이 전략을 사용하기 위해서는 특정 대상에 대하여 긍정적 태도를 가지고 있으면서 그 태도와 반하는 행동을 했다는 사실을 참가자에게 확인시켜야 한다.

(4) 의사결정 후의 부조화

어떤 물건에 대한 태도는 우리가 그것을 선택하기 전과 후에 달라질 수 있다. 때로 여러분은 백화점에서 마음에 드는 두 코트를 보고 어느 것을 살지 고민하다가 하나를 선택한 뒤에는 자신이 선택한 것을 더 좋게 평가한 적이 있을 것이다. 이처럼 사람들은 의사결정 후의 부조화(post-decisional dissonance, free choice)를 경험하기도 한다. 이때 그들은 선택한 대상을 더 긍정적으로 평가하고 선택하지 않은 것을 덜 긍정적으로 평가함으로써 부조화를 감소시킨다.

2) 정교화 가능성 모형

정교화 가능성 모형(Petty & Caccioppo, 1986, 1990)은 태도 대상에 대한 정보를 처리하는 방식에 따라 그 정보가 태도 변화에 미치는 영향이 달라진다고 가정한다. 이 정교화 가능성 모형(Elaboration Likelihood Model)에 따르면 정보처리 방식에는 중심 경로 처리와 주변 경로 처리가 있다. 중심 경로 처리는 정보가 갖는 논리성이나 타당성을 분석해서 처리하는 것이다. 이러한 처리는 인지적인 노력을 요구하는 방식이다. 반면, 주변 경로 처리는 정보원의 지각된 신뢰도나 매력, 정보 전달의 방식 등 정보 그 자체보다는 주변의 환경이나 맥락 정보에 근거해서 처리하는 방식이다.

두 처리 방식이 태도변화에 미치는 효과는 여러 요인에 달려 있다. 첫 번째는 태도대상의 중요성이다. 사람들은 중요한 태도 대상에 대하여 더 많이 관여하기 때문에 그에 대한 정보를 중심 경로로 처리한다. 반면, 중요하지 않은 태도 대상에 대해서는 관여수준이 떨어지기 때문에 사람들은 그 대상에 대한 정보를 주변 경로로 처리한다. 또한 특정 사안이 개인적으로 연관성이 높을 때 사람들은 메시지가 전하는 주장의 실제 내용에 더 영향을 받은 반면, 연관성이 낮은 경우에는 주변적 경로에 더 영향을 받는다.

두 번째는 태도가 지닌 특성과 관련된다. 어떤 대상에 대한 태도가 사람에 따라 인지적 요인에 기반 할 수도 있고 아니면 정서적 요인에 기반 할 수도 있다. 이때 인지적 요인에 기반 한 태도는 중심 경로를 통해 처리되는 인지적 정보에 의해 바뀌기 쉬운 반면 정서적 요인에 기반 한 태도는 주변 경로를 통해 처리되는 정서적 정보에 의해 바뀌기 쉽다.

4. 설득에 의한 태도 변화

1) 전달자

전달자는 상대방을 설득하기 위해 메시지를 보내는 사람이나 집단이다. 이때 전달자가 가지는 전문성, 매력, 신뢰성, 유사성과 같은 여러 특성이 메시지의 설득력에 영향을 미친다.

(1) 전문성

일반적으로 전문성이 높은 사람의 말이 더 설득적이다. 사람들은 특정 대상에 대하여 전문적인 지식과 경험을 가진 사람의 말을 더 잘 믿고 받아들이는 경향이 있다.

(2) 매력

설득적 의사소통에 영향을 미치는 또 다른 요인이 전달자의 매력이다. 신체적으로 매력적인 사람이 메시지를 전달할 때 그 영향력이 커진다.

(3) 신뢰성

전달자의 신뢰성 역시 설득에 영향을 미친다. 신뢰성의 핵심은 전달자의 이면에 상대방을 설득하고자 하는 동기가 없는 것으로 보이는 것이다.

신뢰성을 높이는 한 가지 방법은 자신의 개인적 이득에 반하는 주장을 하는 것이다. 예를 들어 사회질서를 유지하기 위해서는 범죄자의 인권보다 경찰의 권한이 더 중요하다는 주장을 경찰이 하는 것보다는 유죄를 선고받은 범죄자가 하는 것이 더 설득적이었다. 이는 사람들이 자신의 이익에 반하는 주장을 더 믿을 만한 것으로 여긴다는 것을 보여주는 연구결과이다(Walster et al., 1966).

한편, 대부분의 사람들은 처음에는 출처가 불분명한 정보를 시간이 지나면서 믿게 되는 경우가 있다. 이를 수면자 효과(sleeper effect)라고 하는데, 즉 신뢰성이 낮은 출처로부터 나온 메시지의 설득력이 시간이 지나면서 증가하는 현상을 말한다. 이것은 시간이 경과할수록 메시지의 출처에 대한 정보는 망각하고, 그 내용만 기억하기 때문에 발생하는 현상이다.

(4) 유사성

우리는 자신과 비슷한 사람의 말을 더 잘 믿는 경향이 있다. 전달자와 수신자의 유사성이 높을 때 전달자의 말이 더 설득적일 수 있다.

2) 메시지

전달자의 특성과 더불어 메시지의 특성도 태도 변화에 영향을 미칠 수 있다. 여기에서는 메시지를 청중에게 제시하는 전략과 정서적 측면에 호소하는 메시지가 설득에 미치는 영향을 알아본다.

(1) 제시 전략

메시지가 설득력을 갖추기 위해서는 메시지가 주장하는 내용을 뒷받침하는 근거가 많을수록 좋다. 예를 들어, 청중들에게 어떠한 주장에 근거를 전달할 때에는 일부만 전달하는 것보다는 알고 있는 한 많은 근거를 전달하는 것이 더욱 설득력이 있다(Calder & Sternthal, 1980).

또한 메시지의 내용이 특정 사안에 대하여 일방적일 수도 있고 쌍방적일 수도 있을 수 있는데, 이 두 가지 방식의 효과적인 전달방법은 다음과 같다. 만약 청중이 어떠한 메시지의 주장에 이미 동의하고 있는 상황이라면, 그의 의견과 일치하는 내용만을 제시하는 일방적인 방식이 효과적이다. 그러나 청중이 메시지의 입장과 반대적인 입장을 가지고 있다면, 쌍방적 주장이 더 효과적이다. 그래서 전달자가 메시지를 통해 제시하는 주장에 반하는 내용을 먼저 설명한 뒤에 이를 반박하는 형식이 효과적이다(McGuire, 1964).

메시지의 입장이 청중의 입장과 다른 정도가 메시지의 설득력에 영향을 미칠 수 있다. 일반적으로 이 둘 간의 차이가 지나치게 크면 청중의 태도 변화가 덜 일어난다. 이를 상위효과(discrepancy effect)라고 한다. 청중의 태도가 메시지와 매우 다를 때 오히려 청중들은 그 메시지를 무시할 가능성이 높다. 왜냐하면 사람들은 자신의 태도와 지나치게 다른 설득 메시지를 반박하고자하기 때문이다.

(2) 정서적 호소

때로 메시지는 정서적으로 호소하는 내용을 기반으로 청중을 설득하고자 한다. 특히 공포심과 같은 부정적 정서를 유발하는 것이 일반적인 전략이다.

그러나 공포심 유발 전략은 청중으로 하여금 관련 정보를 더 심사숙고 하도록 한다. 한 연구에서 참가자들이 스트레스로 인해 겪은 질병 정도를 측정한 후, 스트레스 관리 훈련의 장점을 설명하는 논문의 요약본을 읽도록 했다. 스트레스로 인한 질병을 앓는 것에 큰 불안을 지닌 참가자들은 그렇지 않은 참가자보다 논문의 주장에 더 설득되어 스트레스 관리 훈련에 더 많이 참가하겠다고 보고했다(Das, De Wit & Strobe, 2003). 비슷하게 폐암에 대한 무서운 영상을 시청한 참가자 중 86%는 금연이나 흡연을 줄이겠다고 보고했지만, 중립적 영상을 본 참가자들은 33%만이 그렇게 하겠다고 보고했다(Sutton & Eiser, 1984).

공포심 유발 메시지는 특정 문제에 대한 실제 이미지를 제시할 때 더 효과적이다. 그리고 공포심 유발 메시지는 객관적인 진술보다는 개인적 경험에 기반 할 때 더 효과적이다.

한편, 긍정적 정서를 이용하는 메시지도 효과적이다. 맛있는 음식을 먹을 때나 즐거운 음악을 듣고 있을 때 우리는 기분이 좋아진다. 이렇게 기분이 좋아지면 기분이 좋지 않을 때보다 사람들은 더 쉽게 설득 당한다.

왜 긍정적 정서는 설득에 효과적일까? 기분이 좋은 사람들은 그 기분을 유지하기 위해 정보를 주의 깊게 처리하려고 하지 않는다. 따라서 그들은 메시지를 평가할 때 주장의 효용성과 같은 주변적 단서에 의존하는 경향이 있다(Ruder & Bless, 2003). 주변적 처리를 하게 되는 이러한 경향성은 메시지의 내용이 기분을 망치게 할 때보다 기분을 좋게 할 때 더 잘 나타난다.

3) 수신자 및 상황

동일한 메시지라도 듣는 사람의 특성에 따라 그 메시지가 갖는 설득 효과는 달라진다. 가장 대표적인 수신자 특성은 지적 수준 및 여러 동기와 관련이 있다.

(1) 지적 수준

수신자의 지적 수준이 너무 높거나, 낮을 때보다 중간 수준일 때 메시지가 가장 설득적이다(McGuire, 1968). 지적 수준이 높은 수신자는 메시지의 내용은 잘 이해할 수 있다. 그러나 그들은 설득하려는 전달자의 입장을 비판할 수 있기 때문에 그것을 수용할 가능성은 떨어진다. 반대로 지적인 수준이 낮은 수신자는 메시지의 내용을 비판 없이 수용할 수는 있지만, 그 내용을 전부 이해하지는 못할 수 있다. 그래서 설득 효과는 중간 정도의 지적 수준을 가진 수신자에게 가장 크게 나타날 수 있다. 그들은 메시지의 내용을 충분히 잘 이해하면서도 단기간에 비판할 능력을 갖추고 있지는 않기 때문이다.

(2) 심리적 저항

전달자가 설득한다고 해서 수신자가 늘 설득당하는 것은 아니다. 수신자는 설득 메시지가 자신의 자유의지를 침해한다고 느낄 때 그러한 설득에 저항하고자 한다. 그래서 때로 설득 메시지는 원래 의도한 것과는 정반대의 결과를 가져올 수도 있다. 부모가 하지 말라는 행동을 더 하고 싶을 때가 있는데, 이러한 현상을 심리적 저항(psychological reactance)으로 설명한다. 심리적 저항은 자신의 자유의지가 위협받는다고 느낄 때 자유를 침해하는 입장과 반대로 행동함으로써 자유를 되찾고자 하는 심리적 경향성이다.

(3) 면역 효과

다양한 설득에 넘어가지 않는 또 다른 방법으로 면역 효과가 있다. 질병에 대한 면역력을 키우기 위해 백신을 맞듯이 설득에 대항하는 면역력을 키우기 위해 자신의 입장과는 반대되는 미약한 주장에 노출될 필요가 있다. 주장이 미약해야 하는 이유는 사람들의 기존 생각을 변화시키지 않기 위해서다. 미약한 설득적 주장을 방어하는 경험을 통해서 사람들은 미래에 있을 수 있는 강력한 설득적 주장에 대항할 준비를 할 수 있다.

갈등과 친사회적 행동

1. 갈등이론

갈등은 우리가 일상생활에서 매우 흔하게 겪는 일이다. 사람들은 서로 이해관계가 대립할 때 종종 더 많은 이득을 얻기 위해 충돌한다. 또한 그들은 서로에 대한 경쟁심 때문에 갈등하기도 한다. 갈등(conflict)은 행동, 목표 혹은 생각의 불일치로 인해 개인이나 집단의 이해관계와 양립할 수 없는 식으로 상대방이 행동할 때 나타난다. 갈등의 원인은 크게 물리적이고 환경적인 측면을 반영하는 외적요인과 개인의 심리적인 측면을 반영하는 내적 요인으로 구분할 수 있다. 이러한 요인들은 사람들로 하여금 협동 대신 경쟁을 선택하게 만듦으로써 궁극적으로 서로 갈등하게 만든다. 다음은 갈등을 설명하는 이론을 살펴보고자 한다.

1) 현실갈등이론

사람들은 자신이 원하는 만큼의 자원을 소유하고자 한다. 왜냐하면 우리는 누구나 주어진 목표를 달성하기 위해서 인력이나 자원이 필요하기 때문이다. 그래서 자원이 부족하거나 희소할 경우 사람들은 가능한 한 자신이 더 많은 자원을 소유하고자 한다. 그래서 자원을 어떻게 분배할지와 관련해서 갈등이 생길 수밖에 없다.

현실갈등이론은 이처럼 희소한 자원을 두고 개인이나 집단이 서로 경쟁함으로써 갈등이 발생한다는 입장이다(Jackson, 1993; Levine & Campbell, 1972). 특히 집단 간 경쟁이 매우 중요한 문제로 다루어졌는데, 이는 갈등이 발전함에 따라 내집단의 연대감과 우월의식은 커지는 반면, 외집단에 대해서는 적대감, 비호의적 태도 그리고 고정관념이 증가하면서 궁극적으로 갈등이 생기기 때문이다.

같은 맥락에서 집단 내 구성원들 간의 갈등은 낮은 성과 때문에 발생할 수도 있다. 낮은 성과는 궁극적으로 그 집단이 이용할 수 있는 자원의 양을 상대적으로 낮추는 결과를 초래한다. 그래서 빈약한 성과와 그에 대한 부정적 피드백은 집단 구성원들을 위협하고 서로 불만을 갖도록 만들어 그들 사이의 갈등을 증폭시킨다. 한 연구(Peterson & Behfar, 2003)에서 특정 과목을 팀 단위로 수강하는 대학생들을 대상으로 그들이 경험한 갈등의 정도를 측정하였다. 이 과목의 담당자는 각 팀이 수행한 성적을 보여준 후 그들이 겪는 갈등을 알아보았다. 그 결과는 예상했듯이 좀 더 부정적인 피드백을 받은 집단이 그 후에 더 많은 갈등을 겪었다. 또한 피드백을 받기 전부터 원래 갈등 수준이 높던 집단은 그 이후에 더 많은 갈등을 겪었다고 보고했다. 이러한 갈등을 감소시키려는 능동적인 조치가 취해지더라도 학생들은 그와 같은 조치에 저항하는 것으로 나타났다. 이처럼 성과 수준이 낮거나 원래부터 갈등적인 집단은 이후에 갈등을 겪을 가능성이 더 높다.

자원의 부족이 한 개인에게 국한된 경우에도 그것과 관련된 갈등이 발생할 수 있다. 예를 들면, 한 개인이 두 가지 이상의 과업을 수행할 수 있을 만큼 충분한 자원을 가지고 있지 못할 때 그것은 사람들 간의 갈등을 유발하는 요인이 되기도 한다.

2) 동기적 접근

협동을 막고 갈등을 발생시키는 원인에는 개인 내부적 요인과 외부적 요인이 있다. 이 두 가지 요인은 명확한 경계를 가지기보다는 특정 맥락 속에서 서로 영향을 주고받는다. 이와 관련된 하나의 개념이 동기다. 사람들이 협동하지 않고 경쟁하는 심리적 동기를 구성하는 요인으로 가장 많이 언급하는 것이 탐욕과 배신에 대한 두려움이다(Combs, 1973).

먼저 탐욕은 자신이 마땅히 기대할 수 있는 것 이상을 요구하거나 소망하는 것이다. 사람들은 자신이 타인이나 과업에 들인 노력의 양을 실제 그 노력이 자신에게 가져다줄 수 있는 이익의 양보다 더 크게 지각하는 경향이 있다. 그래서 탐욕은 자신이 투자한 것과 받아야 하는 것을 객관적으로 평가하는 것이 아니라, 자신이 투자한 것을 과대평가함으로써 협동하지 못하는 결과를 초래한다. 이처럼 한 개인이 다른 사람들과의 관계속에서 상대방의 이익을 부당하게 뺏고자 할 때 갈등이 발생할 수 있다.

그러나 이러한 입장은 탐욕에 따른 갈등이 관계적 맥락에 따라 달라질 수 있다는 점을 잘 설명하지 못한다. 즉 외부 상황에 대한 개인의 내적 해석에 따라 탐욕은 달라질 수 있다. 이에 또 다른 연구자들은 사람들이 자신의 이익을 추구하면서 보이는 공격 행동을 대인 간 혹은 집단 간 맥락 속에서 설명하고자 했다(Pruitt & Rubin, 1986). 그들의 설명에 따르면 대인 간 갈등은 한 개인이 상대방과의 상호작용에서 발생하는 개인적 박탈감(egoistic deprivation) 때문에 발생한다. 개인적 박탈감이란 자신의 이익과 직접적으로 관련이 되어 있으며 내가 갖고자 원하는 것을 타인이 가지고 있을 때 발생하는 박탈의식을 말한다.

또한 집단 간 갈등은 상대 집단의 방해 때문에 자신이 속한 집단이 정당한 이득을 받지 못한다는 집단적 박탈감(paternalistic deprivation) 때문에 생긴다. 집단적 박탈감은 자신이 속한 집단과 동일시가 이루어지면서 내집단 구성원들이 갖고자 하는 것을 외집단 구성원이 가지고 있을 때 발생하는 박탈의식을 말한다.

경쟁심의 또 다른 요인은 상대방의 배신에 대한 두려움이다. 협동을 하면 전체적으로는 이익이 커진다는 것을 알지만 상대방에 대한 신뢰의 문제가 제기될 때 배신에 대한 두려움이 생긴다. 이것은 상대방이 배신할 경우 자신이 떠안아야 할 손실에 대한 두려움으로 이러한 두려움이 클수록 협동보다는 경쟁을 선택할 확률이 높다. 사람들은 이러한 불상사를 막기 위해 상대방의 도덕성과 같은 내적인 특성을 고려한다. 그러나 상대방이 전반적으로 도덕적이라 하더라도 자기와의 특정 관계속에서도 그렇게 행동할 것이라고 보장할 수는 없다. 대신에 주어진 관계에서 상대방으로 하여금 믿을 만하게 행동하도록 함으로써 자신의 협동에 보답하도록 만드는 것이 중요하다. 즉 배신에 대한 두려움은 서로에 대한 신뢰를 어떻게 형성하느냐에 따라 해결할 수 있다.

탐욕이나 배신에 대한 두려움과 같은 요소 때문에 협동하는 것이 자신에게 공정한 선택이 아니라고 지각하게 된다(Tabinia et al., 2008). 그러나 이것이 늘 불공정성을 초래하는 것은 아니다. 가령 최후통첩게임(Ultimatum Bargaining Game)에서는 둘 중 분배자의 역할을 하는 한 사람이 공동의 자원을 어떻게 분배할지 먼저 제안하면 상대방이 그 제안을 수용할지 여부를 결정한다. 그렇기 때문에 탐욕이나 배신에 대한 두려움이 있더라도 분배자가 합리적인 제안을 하고 상대방이 그것을 수용하면 분배자와 상대방 모두가 만족하는 결과를 가져올 수 있다(Vandijk, De Cremer, & Handgraaf,

2004). 그러나 분배자가 불공정한 제안을 하거나 상대방이 합리적인 제안도 거부하면 양자 간의 협동은 점점 멀어진다.

결국 경쟁심을 구성하는 탐욕과 배신에 대한 두려움은 상대방과의 상호작용에 따라 암묵적으로 결정되는 경향이 있다. 이러한 점에서 볼 때 갈등은 한 개인의 독립적인 특성으로 결정되는 것이 아니라 서로의 관계에 의해 결정된다고 할 수 있다. 이때 주어지는 정보, 가령 상대방의 입장이나 주어진 문제와 관련된 전반적인 상황을 알려주는 정보가 갈등을 다루는 데 영향을 미칠 수 있다.

3) 상호의존이론

상호의존이란 둘 이상의 개인이나 집단이 자신의 목표를 달성하기 위해서는 상대방의 도움이 필요한 상황을 말한다. 각자의 독립성이 줄고 상호의존이 커지면 갈등도 커질 수 있다. 왜냐하면 한 개인이나 집단의 역할과 지위에 따라 자원 배분이 달라질 수 있고 이것이 각자에게 영향을 미치기 때문이다. 반대로 자원이 희소하더라도 상호의존 없이 서로 독립적인 상태에 있다면 갈등은 발생하지 않을 것이다. 때로 집단 간의 상호작용은 협동적인 관계로 발전할 가능성도 내포하고 있다(Schelling, 1980).

상호의존이론(Interdependence Theory)은 개인이나 집단 간의 상호 교환적 관계를 모델로 한다. 이 이론은 게임이론(Colman, 2003)에 근거해서 만들어진 것으로 사람들이 협동하거나 경쟁하는 데 영향을 미치는 요인을 밝히고자 한다. 이 이론에서는 상호의존의 형태를 다음의 몇 가지로 구분한다.

그 중 하나가 제로섬(zero-sum)으로 이것은 순전히 경쟁적 관계를 의미한다. 이 유형은 자기에게 유리한 결과를 추구할수록 상대방은 필연적으로 손해를 봐야 하기 때문에 이러한 관계에서는 갈등이 발생하기 쉽다. 예를 들면, 제로섬의 경쟁상황에서 한쪽이 불공정한 행동을 하거나 부적절한 권력을 남발하고 사실과 다른 내용을 유포하는 등 악의적인 행동을 한다면 갈등이 발생한다.

또 다른 유형으로는 자신의 이득을 최대화하기 위해서 당사자들 간에 협동해야 하는 공생적 관계의 단순 협동이 있다. 예를 들면, 2인 3각 경기에서는 두 사람이 협력하지 않으면 어느 한쪽도 결승점에 도달할 수 없다. 이처럼 완전히 협력하는 관계에서는 상대방의 이익을 뺏고자 하는 동기가 약하고 상대방의 이득이 곧 자신의 이득이기 때문에 갈등이 쉽게 발생하지는 않는다. 그러나 상대방이 협력을 제대로 하지 못하거나 상호작용의 결과가 만족스럽지 못할 때 그 원인을 상대방의 무지나 무능으로 돌리는 등 편향적 귀인을 하면 갈등이 생겨날 수 있다.

또 다른 유형이 딜레마(dilemma)로 이것은 선택할 수 있는 대안은 두 가지인데 어느 것을 선택해도 바람직하지 않은 상황을 의미한다. 개인이나 집단의 상호의존 상황에서 제로섬이나 단순 협동처럼 완전히 경쟁하거나 협력해야 하는 경우는 드물다. 대부분의 상황은 사람들이 서로 협력할 때에는 자신들에게 더 많은 이득을 가져다주면 협력을 선택하고, 상대가 경쟁할 경우 자신도 경쟁을 선택하는 혼합된 동기를 가지고 있다. 이러한 넌제로섬(non-zero-sum)은 전쟁의 위협, 파업, 협상 등의 장면에서 쉽게 찾아볼 수 있다.

4) 이중관심모형

이중관심모형(Dual Concern Model)은 서로의 이득에 차이가 있을 때 사람들은 강요, 문제해결, 양보, 무반응 그리고 타협 등 다섯 가지 전략 가운데 하나를 선택함으로써 협동이나 경쟁이 이루어진다고 본다. 즉 사람들이 자신과 상대방이 얻을 결과에 대하여 갖는 관심의 크기에 따라 어떤 전략을 선택할지 예측할 수 있게 해준다.

[그림 13-1]에서 보듯이, 자기 자신이 얻을 결과와 상대방이 얻을 결과에 모두 관심이 낮을 때는 무반응 전략이 나타난다. 상대방이 얻을 결과에는 관심이 많은 반면, 자신이 얻을 결과에 관심이 낮으면 양보 전략을 선택한다. 자신이 얻을 결과에 관심이 높고 상대편이 얻을 결과에 관심이 낮다면 강요 전략을 사용한다. 그리고 자신이 얻을 결과와 상대편이 얻을 결과에 모두 관심이 높을 경우에는 문제해결 전략을 사용한다.

[그림 13-1] 이중관심모형

5) 갈등과정모형

갈등은 고정되어 있기보다는 사람들의 상호작용 속에서 여러 국면을 거치면서 변화한다. 갈등과정모형(Forsyth, 1983)에 따르면 갈등은 역동적인 주기 형태를 띠면서 진행한다. [그림 13-2]에서 보듯이 일반적으로 갈등은 의견 불일치, 대결, 격화, 진정 그리고 해소의 순서를 거친다. 먼저 갈등의 당사자들은 서로의 의견이 다르다는 것을 알고 난 후(의견 불일치 국면) 자신의 생각이 옳고 상대방이 틀렸다고 가정하면서 자신을 지지하는 증거나 세력을 확보하고자 한다(대결 국면). 어느 정도 자신의 의견에 대한 합리화가 이루어지고 증거가 수집되면 상대방을 공격하면서 자신의 감정을 폭발시킨다(격화 국면). 그 다음 감정이 가라앉으면서 갈등은 소강상태로 들어간다(진정 국면). 마지막으로 자신의 입장을 되돌아보면서 서로의 차이를 이해하고 갈등을 해결하고자 한다(해소 국면).

그러나 때로 갈등은 이와는 다른 진행을 보이기도 한다(Pinkley, 1990). 즉 인지적으로나 감정적으로 갈등적인 관계에 있는 사람들은 종종 그와 같은 갈등을 잠정적인 상태로 가지고 있을 수 있다. 그러다가 특정 사건이나 문제를 계기로 그동안 표출되지 않고 잠복하고 있던 갈등이 행동으로 나타난다. 이때 두 당사자는 충돌하거나 충돌을 회피하면서 의식적으로 멀리하는 행동을 보인다. 또한 이러한 갈등은 어느 정도 시간이 지나면서 다시 잠잠해져 소강상태를 보인다. 그러다가 또 다른 사건으로 인해 소강상태에 있던 갈등이 다시 폭발하여 충돌이 벌어진다. 이처럼 갈등은 표출과 소강상태를 반복하는 양상을 보이면서 진행한다. 그래서 갈등의 정도가 고조되어 서로 간에 극단적인 파괴행위를 보이기도 하고 때로는 갈등 상황이 서서히 약화되어 소멸할 수도 있다.

이처럼 갈등은 즉흥적으로 나타나기보다는 축적되었다가 특정 사건을 계기로 서로 충돌하는 경우가 대부분이다. 이처럼 감정적으로 비호의적인 관계에 있거나, 인지적으로는 의견을 달리하고 있더라도 그것이 반드시 갈등으로 이어지지는 않는 이유는 갈등의 발생을 저지하는 요인이 있기 때문이다. 가령, 가치관, 성격, 태도, 욕구와 같은 내적인 특성이나 집단의 규범, 외부에 알려지는 것에 대한 두려움, 시간적 제약, 사회적 위치 등과 같은 외적이거나 관계적인 요인들이 있을 수 있다. 그러나 때로는 이러한 요인들이 지속적으로 작용함에도 불구하고 특정 사건을 계기로 갈등이 발생한다.

사소한 의견 대립이나 상대방을 자극하는 말 또는 행동이 갈등을 촉발할 수 있다. 이처럼 갈등의 출발점은 대개 갈등을 저지하는 요인이 약화되었을 때, 아니면 문제가 너무나 명백해서 서로 간의 대립을 피할 수 없을 때다.

때로 갈등을 표출하는 하나의 행위는 단지 빙산의 일각일수도 있다. 그동안 갈등을 촉진하는 요인과 저지하는 요인의 상호작용 속에서 후자의 힘이 상대적으로 더 강했기 때문에 갈등은 잠복된 상황에서 축적되어 왔다고 할 수 있다(Mikolic, Parker, & Pruitt, 1997). 따라서 갈등을 자극하는 요인과 저지하는 요인은 무엇인지 그들을 구체적으로 분석하고 이해하는 것은 갈등을 관리하는 데 중요한 열쇠가 될 수 있다. 또한 이러한 요인에 대한 구체적인 분석은 갈등이 발생할 수밖에 없는 기본적인 이유를 밝히는 데도 도움이 된다. 마지막으로 어떠한 요인이 갈등을 약화시키는지 혹은 갈등의 해결점을 찾는데 도움을 주는지 알 수 있게 해줌으로써 충동을 미연에 방지하는 데 기여한다.

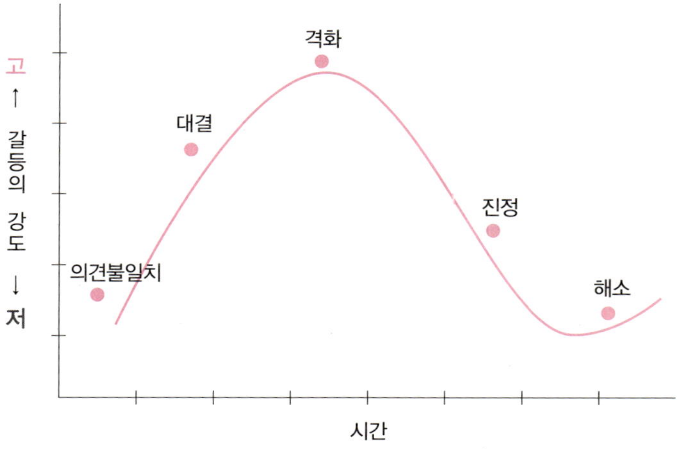

[그림 13-2] 갈등과정모형

2. 딜레마 게임

1) 죄수의 딜레마 게임

(1) 게임의 내용

전형적인 죄수의 딜레마 게임(prisoners' dilemma game)은 다음과 같다. 어떤 범죄에 대한 물적 증거는 없고 오직 범인의 자백에 의해서만 죄를 입증해야 하는 상황에서 범죄를 함께 저지른 것으로 의심되는 두 명의 용의자 A와 B를 검거하여 심문을 한다. 두 사람은 서로 의견 교환을 할 수 없도록 분리된 곳에서 각자 심문을 받는다. 이때 심문자가 "만약 당신이 범죄를 부인하고 당신 친구가 자백한다면 당신 혼자만 징역 10년형에 처해질 것이고, 당신과 당신 친구 모두가 자백한다면 징역 5년형에 처해질 것이고, 그리고 두 사람 모두 범죄를 부인하고 버틸 경우 수사방해죄로 징역 1년형에 처해질 것이오."라고 제안한다(〈표 13-1〉).

이 경우 대다수의 용의자들은 자백을 하게 된다. 왜 용의자들은 범죄를 부인함으로써 더 적은 처벌을 받을 수 있는 기회를 놓치는 것일까? 왜냐하면 심문이 끝난 후 용의자 A는 용의자 B가 범죄를 부인한 경우와 자백할 경우에 자신은 어떻게 해야 하는가를 생각하면서 확률적으로 자신에게 덜 위협이 되는 경우를 선택하기 때문이다. 자신이 부인을 하고, B도 부인을 하면 모두 1년형이라는 가장 이상적인 결과가 나오지만, B가 부인할 것이라고 보장할 수 없다. 이때 B가 자백을 할 경우 자신은 10년형이라는 무거운 처벌을 받아야 한다. 반대로 자신이 자백을 하면 B가 부인을 할 경우에는 석방되거나 B가 자백을 해도 자신이 부인할 때 받는 10년형보다는 적은 5년형을 받게 된다. 그래서 자백이 부인보다 덜 위협적이다. 물론 두 사람을 분리하지 않고 협상하도록 하면 그들은 모두 부인함으로써 가장 효과적인 결과를 가져올 것이다.

〈표 13-1〉 죄수의 딜레마 게임에서의 이득/손실 구조

	침묵(B)	자백(B)
침묵 (A)	1년형/1년형 (−1, −1)	B석방/A 10년형 (−10, 0)
자백 (A)	A석방/B 10년형 (0, −10)	5년형/5년형 (−5, −5)

전형적인 죄수의 딜레마 게임은 두 용의자가 서로 협력하거나 배신할 경우 동등한 이익이나 피해를 입는 것으로 가정한다. 그러나 관련 당사자들 간에 힘의 불균형이 존재할 때가 많이 있다. 가령 한쪽이 상대적으로 영향력이 더 커서 다른 쪽의 운명을 결정하는 데 더 큰 힘을 발휘할 수 있다. 이처럼 상대방의 운명에 대한 통제는 처벌이나 위협과 관련된 능력으로 힘의 중요한 원천이다(Bacharach & Lawler, 1981). 또한 한 개인이 상대방에게 의존하는 정도가 다를 수 있다. 상대방에 대한 의존정도는 힘의 또 다른 원천이다. 이때 영향력이 큰 쪽이 적은 쪽에 비해 더 많은 이득을 얻거나 더 적은 피해를 입을 가능성이 높다.

(2) 내쉬 균형

사람들은 상호의존적 조건에서 협동보다 경쟁을 더 많이 하는 가장 큰 이유는 단일하거나 단기적인 상황에서는 경쟁이 더 유리하기 때문이다. 용의자들은 상대방이 협력과 배반 가운데 어떠한 선택을 하든지 자신은 배반을 선택하는 것이 확률적으로 더욱 유리하다. 그러나 장기적으로 보면 협동은 협동을 낳고, 경쟁은 경쟁을 낳기 때문에 결국 경쟁 전략은 서로에게

손해를 가져올 뿐이다(Deutsch, 1982). 이와 같은 현상을 죄수의 딜레마의 또 다른 유형인 공유지의 비극(the tragedy of the commons)에서 찾아볼 수 있다. 공유지의 비극은 지하자원이나 수자원처럼 공동체가 함께 사용해야 할 자원을 시장의 기능에 맡겨 두면 사람들이 계속 경쟁을 함으로써 궁극적으로 자원이 고갈될 수 있음을 보여준다.

가령 한 어촌은 인근 해역에서 모든 마을 사람이 고기를 잡을 수 있는 공유지를 가지고 있다. 마을 사람들이 자기 이익을 최대화하기 위해 물고기를 남획하면 인근 해역의 물고기는 곧 고갈된다. 때문에 마을 사람들은 서로 협조해서 어획량을 규제하기로 약속했다. 이때 다른 사람들이 모두 어획량 규제를 지킨다면 나는 마음껏 고기를 잡아서 더 큰 이익을 얻을 수 있다. 왜냐하면 사람들은 타인의 행동을 예측하여 자신에게 가장 적합하고 유리한 대안을 선택하기 때문이다. 이처럼 경쟁자의 대응에 따라 최선의 선택을 하면 사람들은 자신의 선택을 바꾸지 않는 균형 상태, 즉 내쉬 균형(nash equilibrium)[2] 혹은 우월전략균형 상태에 이른다. 죄수의 딜레마 상황에 놓여있는 사람은 이미 타인의 행동을 예측하고 그것에 따라 자신의 행동을 선택하기 때문에 그 행동을 바꾸는 것이 매우 어렵다.

2) 치킨게임

치킨게임(game of chicken)이란 원래 미국의 젊은이들이 두 대의 자동차가 마주보고 정면으로 돌진하다 위험을 피하고자 먼저 핸들을 돌리는 사람이 지게 되는 게임에서 유래한 말이다. 이 말은 어떤 사안에 대해 대립

2) 수학자 존 내쉬(John Nash)의 이름을 딴 것으로 그는 '개인이 각자의 일에 최선을 다할 때 집단의 이익이 최대가 된다.'는 애덤 스미스(Adam Smith)의 이론을 뒤엎고, '개인이 다른 사람에게 영향을 미칠 때 전체의 이익을 위해 행동해야만 집단의 이익이 최대가 된다.'고 주장하였다. 내쉬 균형이란 사람들은 타인의 행동을 예측하여 자신에게 가장 적합하고 유리한 대안을 선택함으로써 양자 간 균형 잡힌 선택이 이루어진다는 것을 말한다.

하는 두 집단 중 한쪽이 그것을 포기하면 상대방에 비해 좀 더 손해를 보게 되지만, 양쪽 모두 포기하지 않는 경우 최악의 결과가 벌어지는 상황이다.

〈표 13-2〉에서 보듯이 치킨게임도 죄수의 딜레마와 같이 선택에 따른 이득/손실 구조를 도식으로 표시할 수 있다. 먼저 이 게임에 참가한 두 사람 A와 B가 핸들을 틀 경우를 회피 그리고 그대로 진행할 경우를 직진이라고 하면 여기에서도 네 가지 경우의 수가 나온다. A와 B 모두 핸들을 틀었을 경우에는 무승부, A만 핸들을 틀었을 경우 B가 승리하며, B만 핸들을 틀었을 경우에는 그 반애로 A가 승리한다. 마지막으로 두 사람 모두 그대로 직진했을 경우에는 차량이 충돌하는 결과를 가져온다. 이때 회피를 0점, 승리를 5점, 패배를 −5점, 충돌을 −10점이라고 한다면 〈표 13-2〉와 같은 결과를 얻는다.

치킨게임은 제로섬 게임의 성향이 강하기 때문에 상대방과 협력할 여지가 크지 않다. 그래서 경쟁이 심화될 경우 어느 한쪽 혹은 둘 모두 파국으로 치달을 가능성이 높다. 마주보고 달리는 두 차가 핸들을 돌리지 않는다면 남는 것은 충돌하는 길 밖에 없다는 것은 분명한 사실이다.

〈표 13-2〉 치킨 게임에서의 이득/손실 구조

	회피(B)	직진(B)
회피 (A)	비김/비김 (0, 0)	패배/승리 (−5, 5)
직진 (A)	승리/패배 (−5, 5)	충돌/충돌 (−10, −10)

3. 협동의 영향요인

1) 상대방의 선택

딜레마 상황에서 한쪽의 선택은 상대방의 선택에 영향을 받는다. 한쪽의 선택을 프로그램화하여 각 전략에 참가자들이 보이는 반응을 살펴본 결과(Harford & Solomon, 1967), 'All D전략'으로 불리는 완전 경쟁전략(100% 경쟁)보다 완전 협동전략(100% 협동)이 더 많은 협동반응을 가져왔다. 또한 80% 협동전략이 완전 협동전략보다 참가자의 더 높은 협동 수준을 이끌었다. 이것은 참가자들이 상대방의 완전 협동전략을 선의로만 해석하는 것이 아니라, 나약하거나 순진한 것으로 여겨 오히려 이용하는 것으로 보인다. 또한 초기에 협동한 이후 경쟁으로 변하는 경우보다 경쟁에서 협동으로 변하는 경우가 상대방의 협동을 더 잘 이끌어냈다.

딜레마 상황에서 사용할 수 있는 완전 경쟁전략은 궁극적으로 불리하다. 왜냐하면 상대가 이 전략을 채택할 때 내가 할 수 있는 최선의 선택 역시 배신인데, 이러한 상황에서 협력하는 것은 나에게 전혀 유리하지 않기 때문이다. 문제는 협동이 필수적인 상황에서 이와 같은 경쟁은 장기적으로는 모두에게 불리한 결과를 가져온다는 점이다.

또 다른 전략이 맞대응 전략(tit-for-tat strategy)이다. 이 전략은 초기에 협동을 한 후 그 다음부터는 상대가 이전 시행에서 선택한 것을 그대로 밟아가는 것으로 상대가 협력하면 계속 협력하고 배신하면 같이 배신하는 전략이다.

맞대응 전략은 모두가 늘 배신하지 않을 때 합리적이지만, 어느 한쪽의 배신은 뒤이어 배신을 낳음으로써 누구도 복수의 소용돌이에서 벗어날 수 없다는 한계를 가지고 있다. 이러한 문제를 해결할 수 있는 또 다른 전략이 관대한 맞대응 전략이다.

이것은 상대의 처음 배신은 용서하고 계속해서 두 번 혹은 세 번 배신을 할 경우에 보복하는 전략이다. 이 전략은 맞대응 전략이 가지는 복수의 무한궤도에서 벗어날 수 있는 용서의 장치를 가지고 있다. 관대한 맞대응 전략은 공동의 이득을 극대화하는데 가장 유리한 전략이다.

2) 상호성

상호성은 상대방으로부터 받은 만큼 상대방에게 똑같이 보답하는 것이다 대부분의 사람들은 상호성의 원칙을 따르기 때문에 남들이 자신에게 한 만큼을 상대방에게 되돌려주려고 노력한다. 만약 자신이 받은 만큼 돌려주지 않는 개체가 더 많은 이득을 얻는다면 상호성이 발달할 수 있을까? Trivers(1971)는 상호적 이타주의(reciprocal altruism)라는 개념으로 이 현상을 설명했다. 이것은 상대방이 나에게 호의를 베풀면 나도 그 상대에게 호의를 베푸는 것이다. 그래서 상호적 이타주의는 순수한 의미의 이타주의가 아니라, 보답을 기대하는 이기적 동기에서 비롯된다. 그의 설명에 따르면, 두 개체가 상호작용하는 횟수가 증가할수록 그들이 협동할 확률은 높아진다.

일반적으로 사람들은 상호관계에서 보이는 보상구조(reward structure)에 따라 다르게 행동한다. [그림 13−3]에서 보듯이 한 연구(Rubin & Brown, 1975)에서 두 사람의 이해가 상충되지 않는 비경쟁상황(개별적 보상구조)에서는 협동을 선택하는 비율이 80% 정도였지만, 치킨게임(경쟁적 보상구조) 상황에서는 협동의 비율이 50~60%로 감소했고, 죄수의 딜레마(혼합적 보상구조)에서는 30% 안팎으로 나타났다. 즉 죄수의 딜레마 상황에서 사람들이 보이는 지배적인 반응은 협동보다는 경쟁이었다. 흥미로운 점은 사람들이 자신의 이득을 최대화하기 보다는 상대방과 비교하여 더 많은 이득을 얻고자 한다는 것이다.

Velez(2015)가 수행한 최근의 연구에서도 협동은 상호적인 경향이 강했다. 연구자는 참가자들로 하여금 같은 팀원과 한 조를 이루어 비디오 농구 게임을 하도록 했다. 이때 협조적인 조건의 팀원은 상대팀을 이기기 위해 참가자에게 적극적으로 도움을 제공하면서 게임을 했다. 비협조적 팀원은 공을 패스하지 않는 등 도움을 제공하지 않는 방식으로 게임을 했다. 통제집단의 참가자들은 이와 같은 비디오 농구 게임을 하지 않았다. 그 다음 이 세 조건의 참가자들은 자기 팀원 및 상대 팀원과 죄수의 딜레마 게임을 했다. 이 게임에서 참가자들이 팀원에게 기부한 액수를 측정하였다. 그 결과 [그림 13-4]와 같이 자기 팀원이 협조적일 때 참가자들은 그 팀원에게 더 많은 기부를 했다. 또한 이 조건의 참가자는 상대 팀원이 상호적으로 행동하지 않을 것이라고 기대하면서도 그에게 많은 기부를 했다. 이때 참가자들은 자신이 기부를 많이 할 경우 자신에게 협조적인 팀원도 똑같이 기부를 많이 할 것으로 기대한 반면, 비협조적인 팀원은 상대적으로 덜 상호적일 것으로 기대했다. 이러한 결과 역시 협동은 상호적인 현상임을 보여주는 사례라고 할 수 있다.

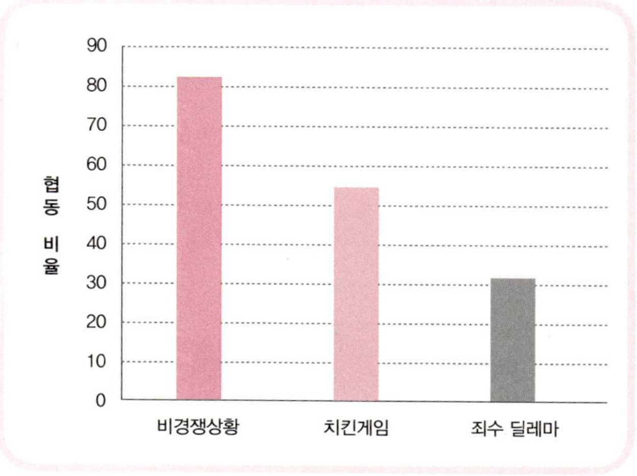

[그림 13-3] 조건별 협동 비율의 차이

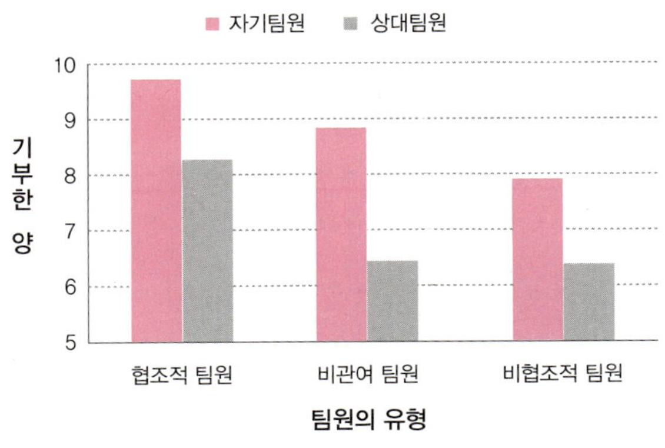

[그림 13-4] 팀원의 유형이 기부에 미치는 영향

3) 의사소통

협동과 경쟁에 영향을 미치는 또 다른 요인으로 의사소통을 들 수 있다. 상당수의 갈등은 서로에 대한 인식의 차이나 소통상의 문제에 기인한다. 가령 집단은 독자적인 정보원에 의지하거나 정보 전달 경로의 독특성 때문에 현실에 대하여 각기 다른 관점을 가질 수 있다. 또한 지위가 높다고 생각하는 집단이 지위가 낮다고 지각하는 집단에게 명령을 받거나 의존해야 할 경우 갈등이 발생한다.

한편, 상대방의 행동에 대한 잘못된 귀인도 갈등의 주요 원인이다. 잘못된 귀인이란 상대방의 행동 뒤에 숨겨진 의도를 잘못 유추하는 것을 말한다(Baron, 1989). 사람들은 자신의 이해관계가 좌절되었을 때 왜 그런 일이 일어났는지 알고자 한다. 이때 그 원인을 다른 사람들이 고의적으로 방해했기 때문이라고 귀인하면 강한 갈등이 발생하게 된다.

의사소통 왜곡 또한 갈등의 중요한 원인 가운데 하나다. 의사소통의 왜곡은 일반적으로 사람들이 사용하는 단어의 차이, 불충분한 정보의 교환 및 의사소통 경로 때문에 발생한다(Habermas, 2015). 특히 의사소통의 왜곡은 수직적 의사소통 과정에서 빈번히 일어난다. 왜냐하면 정보가 집단 간의 여러 채널을 거치는 과정에서 왜곡되거나 모호해지기 쉽기 때문이다. 또한 각 집단의 구조적 특성과 상황이 서로 다를 때는 그들이 사용하는 단어의 의미가 갖는 난해성 때문에 의사소통에 곤란을 겪기도 한다.

또한 의사소통으로 인한 갈등은 어떤 집단이 전달해야 할 정보를 의도적으로 전달하지 않을 때도 발생한다. 정보는 매우 중요한 권력 기반 중의 하나가 될 수 있기 때문에 보다 큰 권력을 확보하기 위해서 다른 집단에게 정보를 전달하지 않고 보류할 수 있다.

의사소통의 경로도 갈등을 다루는 데 중요한 영향을 미칠 수 있다. 최근 연구(Chen & Tseng, 2016)에서는 학생들에 대한 정책과 관련하여 모두가 승리할 수 있는 방안을 모색하는 조건인 기능적 갈등과 자신의 입장과는 확고하게 반대적인 사람과 토론을 해야 하는 역기능적 갈등에서 면대면 소통과 문자메시지로 하는 소통의 효과를 알아보았다. 연구 결과, 기능적 갈등의 경우 면대면 소통이 문자 메시지보다 더 효과적인 반면, 역기능적 갈등에서는 문자 메시지의 효과가 더 컸다.

4) 개인적 특성

죄수의 딜레마에 빠진 사람들은 대개 자신의 이익을 극대화하는 선택을 하지만 누구나 그런 것은 아니다. 사람들은 대인관계에 대하여 지향하는 바가 다를 수 있다. 여기에는 자신의 이익을 최대화하는 개인주의적 유형, 쌍방의 이익을 최대화하는 협동적 유형 그리고 상대방보다 많은 이익을 추구하는 경쟁적 유형이 있다(Kuhlman & Marshello, 1975).

각 유형의 사람들에게 맞대응 전략을 사용하는 상대방과 죄수의 딜레마 게임을 하도록 했다. 그 결과 협동주의자, 개인주의자 그리고 경쟁주의

자 순서로 협동을 더욱 많이 선택했다. 경쟁주의자들은 상대방의 행위에 관계없이 협동반응을 거의 보이지 않았다. 이와 달리 협동주의자들은 상대의 행위에 따라 자신의 선택을 민감하게 바꾸는 유연성을 보였다. 따라서 경쟁주의자들은 다른 사람들도 경쟁주의라 여기는 반면, 협동주의자들은 타인을 협동주의자라 여기지만 그들의 변화에 따라 융통성 있게 대처한다.

한편 Luft(1961)에 따르면, 개인의 성격적 특성 중에서 자신이나 타인에게 잘 알려져 있는 개방 영역에서는 갈등이 드문 반면, 자신만 알고 있는 비밀 영역이나 타인만 알고 있는 무지 영역에서는 잠재적 갈등이 존재하며, 자신과 타인 모두 모르는 미지 영역에서 갈등이 존재한다. 이 모형은 대인관계에서 자신을 다른 사람에게 노출시키고 그로부터 피드백을 받을수록 개방 영역이 확장되어 갈등이 감소한다고 가정한다. 여기에 중요한 요인 중의 하나가 사회적 기술이다. 사회적 기술이 뛰어난 사람은 자기 개방을 잘할 뿐만 아니라 다른 사람과의 소통을 잘할 수 있다는 점에서 유리하다.

4. 친사회적 행동

1) 도움행동의 결정

(1) 1단계: 상황에 주의집중하기

창 밖에서 비명 소리를 들었을 때처럼 예상하지 못한 위기의 순간에 우리는 무슨 일이 일어났는지 그리고 어떻게 해야 하는지 확신하기 어렵다. 그래서 상황에 대한 주의를 집중할 필요가 있다.

Darley와 Batson(1973)은 첫 단계에 중요성을 검증하기 위해 현장실험을 실시하였다. 참가자들은 종교인 교육과정에 소속된 학생들로 그들은 낯선 사람에게 도움을 줄 것 같은 사람들이었다. 연구자는 참가자들로 하여금 서로 이야기를 나누면서 특정 건물로 걸어서 오도록 했다. 이때 한 집단에게는 그 건물에 도착하기까지 시간이 많이 남아 여유가 있다고 말한 반면, 다른 집단에게는 지금처럼 걸어가면 그 건물에 정확히 도착할 수 있다고 말했다. 마지막 집단에게는 늦었으니 서둘러야 한다고 말했다. 그리고 참가자들이 걸어가는 도중에 실험협조자가 출입구에서 쓰러져서 기침하여 신음하고 있었다. 연구 결과, 주변 상황에 주의를 기울이기에 너무 바쁜 사람은 명백한 위기 상황도 제대로 인지하지 못해 도움 행동의 수준이 상대적으로 낮았다([그림 13-5] 참조). 이처럼 상황에 주의 집중하는 것은 도움 행동의 중요한 첫 단계이다.

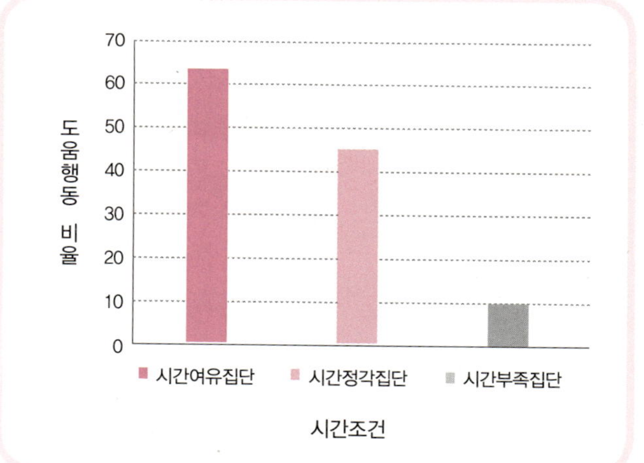

[그림 13-5] 시간조건에 따른 도움행동의 차이

(2) 2단계: 상황을 정확하게 파악하기

사건에 주의를 기울인다고 해도 정보가 불완전하고 제한적이기 때문에 어떤 일이 일어났는지 정확히 파악하기는 어렵다. 상황이 심각한지 아닌지를 판단하기에 모호한 경우 대부분의 사람들은 편안하고 수고스럽지 않은 쪽으로 판단해 행동을 취하지 않을 가능성이 높다(Wilson & Petruska, 1984).

또한 우리는 주변에 다른 사람들이 있을 때 그들의 행동을 관찰해서 상황을 판단하는 사회비교를 한다. 그래서 다른 사람들이 그 상황에 별다른 반응을 보이지 않을 때 우리도 그 상황에 대응하기 어렵다. 한 연구(Latane & Darley, 1968)에서는 한 방에 참가자가 혼자 있거나 최대 세 명이 있도록 장치를 하고 설문지를 작성하도록 했다. 몇 분 후 환기구를 통해 설문지를 작성하고 있는 방으로 연기가 밀려오도록 작동을 시작했다. 이때 혼자 있던 참가자 75%는 하던 일을 멈추고 방에서 나와 방에 연기가 나온다고 알렸지만, 세 사람이 같이 있을 때에는 38%만이 이 문제를 알렸다. 심지어 방에 연기가 자욱하게 깔려 앞을 보기 힘든 상황에서도 62%의 사람들은 설문지를 계속 작성했다. 이 연구는 상황을 파악할 때 주변 사람들의 영향을 받을 가능성이 높다는 것을 보여준다.

(3) 3단계: 도와야 할 책임 결정하기

많은 위기 상황에서 책임은 명백하다. 만일 책임이 명백하지 않은 상황이라면 사람들은 리더 역할을 하는 사람이 책임을 져야 한다고 생각한다(Baumeister et al., 1988). 예를 들면, 위기 상황에서 주변에 아무도 없고 자기 혼자만 있을 때 자신이 도움을 제공하지 않아서 그 사람에게 큰 피해나 문제가 발생한다면 그 책임을 자신이 떠맡아야 한다. 그러나 주변에 사람이 많으면 그런 책임을 혼자 질 필요가 없다. 이처럼 주변에 사람들이 많아서 각자에게 주어지는 책임감의 분산으로 인해 도움행동이 줄어드는데 이것을 방관자 효과(bystander effect)라고 한다(Latane & Darley, 1970).

(4) 4단계: 필요한 지식과 기술 결정하기

사람들이 돕겠다고 결정하더라도 어떻게 도와야 할지 모른다면 친사회적 행동이 일어나지 않는다. 어떤 위급상황은 모든 사람들이 대처하는 방법을 알고 있을 정도로 단순할 수 있다. 그러나 도로 갓길에 고장 난 차가 서 있다면 차를 수리하는 방법을 알지 못하는 한 그 차의 운전자를 도와줄 수 없다. 이처럼 위급한 상황을 돕기 위해 특별한 기술을 필요로 할 때에는 주변의 사람들 가운데 일부만이 도움을 줄 수 있다.

(5) 5단계: 도움행동을 결정하기

사람들이 이전의 네 단계 결정을 끝내더라도 도움행동에 참여하기로 결정할 필요가 있다. 최종 단계에서의 결정은 도움행동이 부정적 결과를 가져올 수 있다는 두려움 때문에 이루어지지 않을 수도 있다. 사람들은 자신이 도움행동이 가져올 긍정적 혹은 부정적 측면을 따져볼 수 있다(Fritzsche et al., 2000). 도움행동에 대한 보상은 도움을 준 사람에게 만족을 줄 수 있지만 여러 종류의 비용이 따를 수도 있다.

2) 도움행동의 영향요인

(1) 외적요인

도움행동에 영향을 주는 외적요인에는 도움을 필요로 하는 사람에게 얼마나 호감이 가는지와 유사성이 있다. 예를 들어, 외모가 친사회적 행동에 영향을 미치는데 신체적으로 매력적인 사람이 좀 더 쉽게 도움을 받을 수 있다(Benson et al., 1976). 또한 사람들은 자신과 비슷한 사람을 도와줄 가능성이 상대적으로 더 높다. 사람들은 나이와 인종이 자신과 비슷한 사람에게 더 쉽게 도움을 베푼다(Shaw et al., 1994).

사람들은 주변의 사람들이 하는 행동을 모방하는 경향이 있다. 특히 그들은 자신이 좋아하고 친밀한 사람일수록 모방의 정도는 더 크다. 이러한 모방이 갖는 효과 중의 하나가 친사회적 행동을 증가시키는 것이다. van Baaren 등(2004)의 연구에서 한 조건의 연구자는 참가자의 팔과 다리의 자세와 신체적 특징을 흉내 내면서 6분 동안 대화를 나누었고, 다른 조건의 연구자는 모방을 하지 않은 채 대화만 나누었다. 그 다음 연구자는 실수로 바닥에 여러 개의 펜을 떨어뜨렸다. 그 결과 흉내 낸 조건의 참가자들은 모두 펜을 줍는 것을 도왔지만 그렇지 않은 조건의 참가자들은 1/3만이 도움을 주었다. 즉 모방이 친사회적 행동을 증가시킨다는 것이다. 더욱이 모델링이 친사회적 행동에 기여할 수 있다. 사람들은 다른 사람이 기부하는 장면을 보면 친사회적 행동을 더 많이 했다(Macauley, 1970).

(2) 내적요인

우리가 느끼는 기분은 행복하거나 슬프거나 혹은 화가 나는 등 다양하다. 이러한 정서는 대개 긍정정서와 부정정서로 나뉜다. 일반적으로 긍정정서는 다른 사람을 도우려는 경향을 증가시키는 반면, 부정정서는 이러한 경향성을 감소시킨다(Forgas, 1998).

또한 정서는 냄새의 영향도 받는다. 기분 좋은 향기는 기분을 좋게 만들고 이러한 긍정정서는 행동에 영향을 미친다. 쇼핑몰의 손님들은 빵가게와 같은 좋은 향이 나는 가게 근처에 있을 때 낯선 사람이 떨어뜨린 펜을 주워주거나, 잔돈을 바꾸어 주는 도움행동을 더 많이 했다(Baron, 1997). 반면, 자기의 문제에 골몰하는 우울한 사람은 친사회적 행동을 할 가능성이 적었다(Amato, 1986).

도움행동과 관련된 또 다른 내적 요인이 공감(empathy)이다. 공감은 다른 사람을 우리라는 운명 공동체의 틀 속에서 보게 함으로써 타인을 돕는 행동을 곧 자신을 위한 행동으로 생각하게 만든다. 그래서 공감은 양자관계에서 상대방을 자신의 관점에서 이해하는 것이다. 즉 공감은 다른 사람의 감정에 대한 정서적 · 인지적 반응으로 이루어져 있으며 연민과 문제를 해결하려는 욕구 그리고 다른 사람의 관점에서 바라볼 줄 아는 능력을 포함한다(Batson et al., 2003). 반면에, 동정심(sympathy)은 자신의 입장에서 타인을 타인으로 지각하는 것이다. 예를 들면, 내 주위의 누군가가 다리를 다쳐서 어렵게 걸어가고 있다면, 동정심을 그 사람을 불쌍하게 여기는 마음이고, 공감은 그 사람과 그의 노력을 당사자의 입장에서 공유하는 것이다.

3) 도움을 받는 행위

사람들은 도움을 받을 때 항상 기뻐하거나 감사하지는 않는다. 도움을 받는 사람이 불쾌하게 반응할 수 있고 심지어 화를 낼 수도 있다. 신체적으로 장애가 있는 사람은 도움을 몹시 필요로 할 수 있지만 도움을 받았을 때 다소 불쾌할 수 있다(Newsom, 1999). 도움이 필요하거나 받는 상황은 자신이 신체적으로 문제가 있다는 점을 상기시키기 때문에 도움을 주는 사람과 자신을 비교함으로써 부정적인 정서를 경험할 수도 있다. 일반적으로 사람들은 도움을 받았을 때 자존감에 상처를 입을 수 있다.

도움을 받은 사람이 불쾌함을 느낄 때에는 그것이 갖는 긍정적 측면이 모호할 때가 많다. 도움을 받는 것이 자신에게 불쾌감을 줄 때 사람들은 나중에 그와 같은 경우가 닥치면 스스로 문제를 해결하겠다는 동기를 갖게 된다(Lehman et al., 1995). 실의에 빠지거나 무능하게 보이고 싶은 사람은 없기 때문에 이처럼 자립하겠다는 동기는 의존성을 줄일 수 있다.

한편, 도움을 받을 때 최선은 자신이 필요하기 때문에 도움을 받는다고 긍정적으로 생각하는 것이다(Ames, Flynn, & Weber, 2004). 이러한 경우 도움을 받은 사람은 상호성의 규범에 따라 나중에 똑같이 친절한 행동으로 보답하겠다는 동기를 갖게 된다.

집단 간 관계

1. 사회정체성

1) 이론적 설명

한 사람의 자기개념은 개인정체성과 사회정체성으로 이루어져 있다. 개인정체성은 성격, 외모, 학력 등과 같이 그 개인의 고유한 특성에 근거해서 자기를 개념화하는 것이다. 반면에 사회정체성(social identity)은 자신을 자신이 속한 집단과 동일시함으로써 집단구성원으로 자기를 인식하는 것을 말한다. 즉 자신이 어떤 집단의 구성원이라는 의식, 집단소속감에 따른 가치 그리고 정서적 의미로부터 비롯되는 자기개념이다(Tajfei, 1978).

개인은 국가, 학교, 지역, 직업 등 다양한 사회적 범주에 속함으로써 그 집단을 기반으로 자신과 세상을 지각하는 인식의 틀을 구성한다. 따라서 한 사람의 자기개념은 개인을 강조하는 상황이나 맥락에서는 개인정체성에 근거하지만 소속집단이 두드러지는 상황에서는 사회정체성에 기반을 두어서 이루어진다.

(1) 사회정체성 이론

사람들이 어떻게 사회정체성을 형성하고 그것에 기반 해서 행동하는가를 설명하는 것이 사회정체성 이론(Social Identity Theory)의 기본 목표다. 즉 이 이론은 사회정체성이 개인의 지각과 행도에 어떠한 영향을 미치는지 그리고 그것이 개인 및 집단 간의 관계에 어떠한 영향을 미치는지를 밝히고자 한다. 이와 같은 사회정체성은 몇 가지 과정을 거쳐서 이루어진다 (Ellemers & Haslam, 2015).

그 첫 번째 과정이 사회적 범주화다. 이것은 개별적인 사람들을 집단으로 묶는 과정이다. 이때 같은 범주에 속한 사람들은 집단을 규정하는 동일한 속성을 가지고 있다고 사람들은 생각한다. 가령 우리나라 사람들은 출신 지역을 중심으로 사람들을 묶는 경향이 강한데 이때 각 지역 출신의 사람들이 모두 동일한 어떤 특징을 공유하고 있다고 생각한다. 이처럼 우리는 한 집단 내에서는 그 구성원들 사이에 존재하는 유사성에 초점을 맞추고 다른 집단에 속한 사람들과의 비교에서는 그들이 갖는 차이점을 강조한다.

두 번째 과정은 사회비교 과정이다. 사람들은 집단이 가지는 특성을 다른 집단과의 상대적 비교를 통해 해석하고, 그 가치를 평가한다. 사람들은 개인적인 특성을 평가하는 것과 같은 방식으로 다른 집단과의 비교를 통해 집단의 특성이 좋은지 혹은 나쁜지를 결정한다. 우리는 자신과 같은 출신 지역의 사람들이 신뢰할만하거나 솔직한지를 다른 지역 출신의 사람들과 비교해서 판단한다.

세 번째 과정은 사회적 동일시 과정이다. 출신 지역을 중심으로 사람들을 범주화할 때 자신이 어느 범주에 속하는지를 아는 것처럼 사람들은 범주화를 통해 자신이 어느 집단의 구성원인지를 깨닫게 된다. 또한 자신이 속한 집단의 독특한 특성이 가치 있다고 판단할 때 사람들은 그 집단에 정서적인 중요성을 부여한다.

사람들은 자신이 속한 집단에 더 관심을 둘수록 그 집단에 근거한 사회정체성을 더 강조한다. 동시에 그들은 내집단을 외집단보다 더 긍정적으로 평가하려는 강한 경향성을 보인다. 즉 자신이 그 집단과 얽혀있기 때문에 자신들의 집단을 다른 집단보다 더 긍정적인 방향으로 차별화할 수 있는 방안을 강구하고 싶어 한다. 또한 강한 사회정체성을 가진 사람은 개인적 의사결정을 따르기 보다는 자신이 속한 집단의 결정에 자발적으로 따르려는 동기도 강하다(Turner, 1985).

(2) 자기범주화 이론

사회정체성 이론은 사람들이 내집단 구성원을 외집단 구성원보다 더 편애하는 현상을 잘 설명할 수 있는 이론이다. 자기범주화 이론은 개인의 인지적 관점에서 기존의 사회정체성 이론을 더 보완할 수 있는 이론이다(Turner et al., 1987). 즉 이 이론은 사람들이 자신을 특정 집단 구성원으로 정의하는 조건을 설명하는 데 초점을 두고 있다.

우리는 서로 다른 기준에 따라 매우 다양한 범주에 속할 수 있다. 국가라는 기준에 따르면 한국인이고, 사회적 지위로 범주화하면 대학생에 속하며, 대인 관계적 차원에서는 독특한 개인이다. 자기범주화 이론에 따르면, 자기지각에서 우세한 범주화는 범주 내 구성원들 간의 차이보다 범주 간 차이가 클 때 그 범주 수준에서 이루어진다(Turner & Oakes, 1989). 가령 자신을 서울 출신이라는 범주에 포함시키는 것은 이 지역 출신들 간의 차이, 즉 범주 내 차이가 강원도나 충청도와 같은 다른 지역 출신들과의 차이인 범주 간 차이보다 더 적기 때문이다. 일단 특정 수준에서 자기범주화가 이루어지면 사람들은 그 범주 내 구성원들 간의 유사성과 범주 간 차이를 더 크게 지각한다. 그래서 같은 범주 내에 있는 사람들은 자기를 분리된 독특한 개인이 아니라 서로를 대체할 수 있는 구성원으로 지각한다. 이것을 탈

개인화(depersonalization)라고 하는데 이것은 집단적 행동을 가능하게 할 뿐만 아니라 집단응집력, 대인 간 매력 그리고 사회적 협동의 근간이 된다(Hogg, 1992).

주어진 상황에서 어떤 자기범주가 가장 적합한지를 결정하는 또 다른 기제가 범주의 상대적 접근 가능성과 범주의 적합성이다. 상대적 접근가능성(relative accessibility)은 특정 상황에서 어떤 범주를 이용하기가 쉬운가에 따라 범주화가 달라질 수 있음을 의미하는 개념이다. 이 개념은 주어진 상황을 많이 고려한다는 점에서 매우 맥락적이다. 예를 들면, 스포츠 경기를 관람하는 상황에서는 자신을 우리 팀과 상대방 팀으로 범주화하는 것이 가장 용이하다.

범주의 적합성(category fit)은 특정 범주가 지각자의 현재 목표나 욕구 그리고 목적에 얼마나 잘 부합하는가의 문제다. 즉 지각자가 주어진 범주에 대하여 얼마나 개인적 의미를 부여하는가의 문제다. 예를 들면, 어떤 사람은 프로야구경기에서 각 팀 사이의 응원방식이 다른지를 알아볼 수 있다.

2) 주요 효과

(1) 내집단 편애

사회범주화 과정에서 내집단과 외집단에 대한 구별이 생기면서 사람들은 자신의 자존감을 고양시키기 위해 내집단을 긍정적으로 인식하고 외집단을 부정적으로 인식하게 된다. 이 과정에서 내집단의 긍정적인 특성을 더 많이 드러내기 위해서 외집단을 폄하하고 내집단을 편애하게 된다. 이렇게 외집단보다 개인이 속한 내집단에 대해서 상대적으로 호의적인 태도를 보이는 것을 내집단 편애(in-group favoritism)라고 한다. 즉 외집단과 비교해서 내집단의 구성원, 특성, 그리고 생산성을 더 좋게 평가하는 경향성으로 이것이 종교, 문화 및 국가적 수준에서 이루어질 때 그것을 자민족 중심주의라고 부른다.

자기범주화에 따라 긍정적인 사회정체성을 유지하기 위해서는 내집단을 편애하는 것만큼 외집단을 폄하할 필요가 있다. 이러한 외집단의 폄하는 자신의 자존감을 높이는 하나의 수단일 수도 있다(Fein & Spencer, 1997).

(2) 상대적 박탈감

사람들은 다른 사람보다 더 우수하고 중요한 자원을 더 많이 갖기를 원한다. 또한 자신이 속한 내집단이 외집단에 비해 여러 중요한 차원에서 비교우위에 있기를 원한다. 그런 때로 이러한 바람과는 반대로 현실은 개인적으로나 집단적으로 타인이나 외집단에 비해 상대적으로 열등한 위치에 있을 수 있다. 이때 사람들은 상대적 박탈감(relative deprivation)을 느낄 수 있는데 이것은 다른 사람이나 집단의 구성원들과 비교하여 자신이 원하는 것을 덜 가지고 있다고 느끼는 상실감이다(Walker & Pettigrew, 1984).

이때 비교 단위가 개인인 경우와 집단인 경우에 따라 개인적 박탈감과 집단적 박탈감으로 구분할 수 있다. 상대적 박탈감 개념은 객관적 상실에 의한 절대적 박탈감보다 다른 사람과의 비교를 통한 박탈감이 개인의 행동에 더 큰 영향을 미친다는 점을 강조하는 개념이다.

〈표 14-1〉에서 보듯이 집단 비교 수준에서 느끼는 상대적 박탈감을 네 가지 종류로 구분할 수 있다(Runciman, 1966). 사람들은 자신이 속한 집단 내에서 서로를 비교할 수 있고 그러한 비교에 따라 만족감이나 박탈감을 경험할 수 있다. 또한 자신의 집단을 다른 집단과 비교해서 이와 같은 경험을 할 수 있다. 그 중에서 다른 집단과의 비교에서는 만족하지만 자기가 속한 집단 내에서는 불만족을 느끼는 개인적 박탈감은 집단 내 문제를 야기하는 주요원인이 될 수 있으나 집단 간 갈등의 주요한 원인이 되지는

않는다. 그러나 자신의 집단에서는 상대적으로 만족하지만 다른 집단과의 비교에서 불만족을 느끼는 집단적 박탈감은 집단 간 갈등을 일으키기 쉽다. 이러한 박탈감은 사회적 정의에 대한 요구와 정치적 행동을 야기하는 주요한 원인이 된다(Walker & Mann, 1987).

〈표 14-1〉 집단 비교에 따른 상대적 박탈감의 종류

비교 집단과 비교 결과 상대적 만족		외집단	
		상대적 박탈	
내집단	상대적 만족	이중적 만족감	집단적 박탈감
	상대적 박탈	개인적 박탈감	이중적 박탈감

(3) 사회정체성 관리 전략

사람들은 일단 특정 집단에 속하면 그 집단이 다른 집단보다 더 우수하고 뛰어나길 바란다. 우수한 집단에 속한 사람들은 긍정적인 사회정체성을 계속 유지하려는 동기를 가지고 있다. 그러나 지위가 낮거나 열등한 집단에 속한 사람들은 다양한 방식을 통해 자신의 사회정체성을 긍정적으로 유지하고자 한다.

그 하나의 방법이 개인적 이동인데 이것은 개인이 자신에게 속한 집단을 떠나는 것이다. 이는 자신이 원래 속한 집단과의 상호작용을 그만두거나 심리적 거리를 최대한으로 두고 더 우월한 집단에 속하고자 시도하는 것이다. 예를 들면, 다문화 국가에서 소수민족의 2세들은 자신들의 낮은 사회경제적 지위를 벗어나 좀 더 상위계층에 속하고자 노력하는 경우를 말한다.

그러나 개인적 이동이 힘들거나 불가능할 때 사람들이 취할 수 있는 또 다른 방법은 심리적 전략을 사용하는 것이다. 예를 들면, 사람들은 자신이 속한 집단이 특정 차원에서 지위가 낮거나 열등할 때 내집단이 상대적으로 우월한 다른 특성을 찾거나 만들어서 비교하고자 한다.

또 다른 방법은 비교대상을 자신보다 좀 더 열등한 집단으로 바꿈으로써 자신의 사회정체성을 긍정적으로 유지할 수 있다. 프로야구팀 중에서 자신이 지지하는 팀이 중위권 성적을 거두고 있을 때 상위팀보다는 하위권 팀과 비교함으로써 심리적 불편함을 덜 수 있다.

마지막 방법은 내집단을 열등하게 하는 비교 기준의 의미를 다르게 해석하는 것이다. 이는 현재 집단의 열등한 특성을 열등하지 않게 재해석하고자 하는 것일 수도 있다.

이러한 방법뿐만 아니라 특정 비교 차원에서 내집단이 상대적으로 열등할 때 사람들은 집단 간 경쟁과 갈등을 통해 내집단의 현재 지위를 바꾸기 위해 노력할 수 있다. 예를 들면, 노동자들은 노동조합을 만들어 자신의 근무여건과 급여수준을 개선하고 한다. 이와 같은 사회적 변화는 개인적인 수준이 아니라 전체 집단의 수준에서 이루어진다는 점에서 개인적 이동과는 다른 특성을 가지고 있다.

2. 편견

1) 편견의 원인

편견(prejudice)은 사전 접촉이 없는 다른 사람이나 집단에 대하여 가지는 부정적인 태도다. 편견의 기본적 요인 중 하나가 범주화에 따른 내외집단의 구분이다. 사회적 상황에 대한 범주화는 우리의 지각, 인지와 기능의 본질적인 기초를 형성한다. 한편으로 이러한 범주화는 세상의 수많은 정보를 효율적이고 자동적으로 처리하는 데 기여한다. 다른 한편으로는 이와 같은 범주화가 집단 간 편향과 같은 인지적 편향을 야기할 수 있다. 사람들은 내집단에 기반을 둔 사회정체성을 긍정적으로 유지하기 위해 외집단에 대한 고정관념과 부정적 평가를 보이는 경향이 있다. 특히 외집단이 내집단의 목표 달성에 위협적인 요소로 작동할 때 그 외집단에 대한 편견이 발달할 수 있다. 이 외에도 직접적인 접촉이나 종교와 같은 요소가 편견을 일으키는 요인으로 작동할 수 있다.

(1) 고정관념

사람들은 특정 범주의 몇몇 사례가 가지는 특성을 그 범주의 모든 사람에게 일반화하는 경향, 즉 고정관념(stereotypes)을 가지고 있다. 고정관념은 특정 집단이나 사회적 범주 내 구성원들이 가지는 특성이나 성질, 가령 사회적 역할이나 성격적 특질을 인지적으로 일반화시킨 신념이나 기대이다(Schneider, 2004). 또한 고정관념은 그와 같은 특성이나 성질이 그 집단을 다른 집단과 구분하게 해주고 그 집단의 구성원들이 모두 일관적으로 공유하고 있다는 신념이다. 따라서 고정관념은 보통 부정적이며, 변화에 대한 저항력이 크다.

고정관념을 촉진하는 요인은 집단 내 획일성을 지각할 때 관여하는 편향이다. 사람들은 내집단 구성원들을 좀 더 독특하고 개별적으로 지각하여 내집단이 보다 더 다양하고 복잡하게 구성되어 있다고 보는 반면, 외집단 구성원들은 사로 더 획일적인 것으로 지각하는 외집단 동질성 편향(outgroup homogeneity bias)을 가지고 있다(Judd & Park, 1988). 이러한 편향으로 인해 사람들은 내집단 구성원 한 사람의 행동을 나머지 구성원들에게 모두 일반화할 수 있다. 이러한 일반화는 특히 고정관념과 관련되고 부정적인 행동에서 이루어질 가능성이 높아 사람들은 외집단의 이러한 행동을 선천적이며 사회적으로 위험한 것으로 지각할 수 있다.

이와 같은 외집단 동질성 편향도 상황에 따라 달라질 수 있다. 자신이 상대적으로 소수집단에 속해 있다고 느낀 사람들은 내집단을 더 동질적으로 지각한 반면, 자신이 다수집단에 속해 있다고 느낀 사람들은 외집단 동질성 편향을 보였다(Simon & Brown, 1987).

범주화는 내외집단에 대한 기억에서도 차이를 유발한다. 사람들은 내집단 구성원과 외집단 구성원의 행동을 서로 다른 추상화 수준에서 부호화하여 저장한다. 이것은 언어적 집단 간 편향(linguistic intergroup bias)이라고 한다. 추상적인 단어는 더 포괄적이면서 그 대상에게 고유하고 변경할 수 없는 특징을 기술한다. 이런 점에서 추상적 단어로 내집단 구성원의 긍정적 행동을 기술하고 외집단 구성원의 부정적인 행동을 기술하는 것은 집단 간 편향을 드러내는 하나의 지표가 된다.

(2) 집단 간 위협

편견의 또 다른 요인으로 집단 간 위협을 들 수 있다. 집단 간 관계에서 서로의 이해관계가 상충되어 서로 갈등을 겪을 때 외집단에 대한 편견이 발달하기 쉽다. 앞에서 살펴본, 상대적 박탈감 유형 중 집단적 박탈감은 외집단 때문에 내집단의 목표 달성이 좌절되었을 때 느끼는 박탈감이다. 또한 현실갈등이론에서 지적하듯이 그것을 어떻게 분배할 것인가와 관련해서 경쟁과 갈등이 생길 수밖에 없다. 이때 두 집단이 부정적으로 상호의존적인 상태에 있으면 외집단은 내집단의 목표가 실패할 경우 사람들은 그 외집단에 대하여 강한 분노, 좌절, 공포, 불안과 같은 부정적 정서를 경험하게 된다.

(3) 개인차 요인

어떤 사람은 다른 사람에 비해 특정 집단에 대한 편견이 더 강하고 편견의 변화에도 더 저항적이다. 이와 같은 개인차를 가져오는 요인 중 하나가 직접적인 접촉이다(Fiske, 1998). 사람에 따라 외집단 구성원과 직접적으로 접촉한 정도가 다르고 그들에 대하여 가지고 있는 정보 역시 동일하지 않다. 이와 같은 직접적 접촉의 정도의 차이는 외집단에 대한 태도 전반에 영향을 미칠 수 있다.

또 다른 요인으로는 권위주의적(authoritarianism) 성격이다. 권위주의적 성격에는 권위자에 대한 맹목적 순종, 경직된 사고방식, 관습주의와 보수주의, 애국주의, 자신의 기준에 동조하지 않는 사람에 대한 공격성과 같은 특징이 있다. 이러한 성격의 소유자는 특정 대상에 대한 적개심과 공격적 행위를 정당화하기 위해 고정관념과 편견을 이용한다.

편견에 관련한 또 다른 성격 특성으로 사회적 지배 성향(social dominance orientation)이 있다(Sidanius & Pratto, 1999). 이 개념은 자신의 내집단이 외집단을 지배하고 그들보다 우월하기를 바라는 성향을 의미한다. 이러한 성향은 자신의 집단이 최고가 되어야 한다는 요소와 종속된 집단은 그러한 상태로 남아 있어야 한다는 불평등 지향 요소로 이루어져 있다. 그래서 이러한 성향이 강한 사람들은 세상은 무자비할 정도로 경쟁적인 곳이기 때문에 강한 집단이 약한 집단을 지배하는 것은 당연하고 적합하다고 생각한다. 또한 그들은 사회의 위계적 구조를 인정하면서 외집단에 대한 내집단의 권한, 지배 및 우월성을 유지하고 한다. 사회적 지배 성향이 강한 사람들은 자신의 우월한 지위에 대해 도전하고 자원의 공정한 분배를 주장하는 집단의 구성원들에게 편견을 가지고 있다. 또한 그들은 종속된 집단의 불리한 지위를 정당화하기 위해 능력주의, 새로운 노동관, 고정관념과 같은 신화를 이용한다.

2) 인종 · 성 · 민족에 대한 편견

편견의 대상에 따라 그 내용은 매우 다양하고 복잡하다. 가령 사람들은 인종이나 성과 같이 생물학적 특성으로 구분되는 집단에 대하여 편견을 가질 수 있고, 민족이나 국가와 같은 범주를 기반으로 외집단 구성원들에 대한 편견을 발달시킬 수도 있다. 우리는 사람들을 인종이나 민족으로 범주화하고 그에 따라 각 인종에 대한 고정관념과 편견을 발달시킨다. 북미와 유럽은 물론이고 아프리카에서도 민족이나 인종 간 갈등이 첨예한 것을 볼 때 인종이나 민족에 대한 고정관념과 편견은 지구상의 대부분 지역에 있다고 할 수 있다. 인종에 대한 편견을 다룬 연구는 상당수가 흑인에 대한 백인의 편견을 다루었다(Fiske, 1998; Kruger, 1996).

이러한 고정관념이 사회적으로 바람직하지 않다고 여겨질 때 그것은 흔히 의식적으로 통제되고 억압된다. Devine(1989)은 억압된 고정관념을 알아보기 위해 식역하 점화 자극(subliminal priming stimuli)을 이용하였다. 여기에서 식역하에 대한 개념을 이해하기 위해서는 인간의 감각기관을 통해 들어오는 자극에 대한 지각과정을 이해해야 한다. 우선, 절대역은 자극이 존재한다는 것을 아는데 필요한 자극의 최소 강도로 개인이 감각을 경험할 수 있는 가장 낮은 수준이다. 절대역에서 자극에 대한 반응은 100%가 아니라 50%를 유지한다. 즉 어떤 경우에는 반응이 일어나고 어떤 경우에는 반응이 안 일어나는데, 그 수준이 바로 50%이다. 사람이 '뭔가 있다'와 '없다'간의 차이를 탐지할 수 있는 수준이 바로 그 자극에 대한 그 사람의 절대역이다. 감각체계는 자극 에너지가 절대역에 도달하지 못하면 반응하지 않는다.

식역하란 절대역과 밀접하게 관련되어 있는데 이 용어 자체가 '절대역 아래'를 의미한다. 자극의 강도가 절대역 아래에 있기에 자극은 탐지 될 수 없는 것이다. 그러나 식역하 지각은 의식적인 인식수준 아래에서 제시된 자극임에도 불구하고 사람의 행동과 감정에 영향을 줄 수 있다는 생각을 반영한다. 따라서 식역하 점화 자극은 의식적으로 지각하여 처리하는 과정을 거치지 않고, 무의식적으로 특정 자극에 대한 일반적인 반응을 자동적으로 이끌어 내는 자극이다. 연구자는 한 집단에게는 흑인에 대한 고정관념을 나타내는 '검은(black)'과 같은 단어를 짧은 시간 동안 제시한 반면, 다른 집단에는 흑인에 대한 고정관념과는 무관한 단어를 제시하였다. 그리고 참가자들에게 어떤 인종의 사람인지 알려지지 않은 인물이 수행하는 몇 가지 활동을 기술문 형태로 제시하고 그가 얼마나 적개심을 갖고 있는지 평가하게 하였다. 그 결과 흑인에 대한 고정관념을 점화시킨 집단의 참가자들이 이 인물의 적개심을 더 높게 평가했다. 참가자들 중에서 흑인에 대한 고정관념이 약한 사람들도 동일한 양상을 보였다. 흑인은 적개심이 강하다는 고정관념의 점화가 그 영향을 미친 것으로 해석할 수 있다. 이처럼 고정관념은 의식적인 수준이 아닌 무의식적인 수준에서도 판단에 영향을 주는데 이를 암묵적 편향(implicit bias)이라고 한다.

편견은 내외집단에 대한 정보처리의 편파적인 영향을 주기고 하고, 외집단과의 상호작용을 회피하게 만들 수도 있다. 또한 편견은 그 대상이 되는 사람들의 과업적인 수행의 차별을 가져오기도 한다.

3. 집단 간 정서와 차별

1) 집단 간 정서

우리가 개별적인 존재로 있을 때와 집단의 구성원으로 있을 때 경험하는 정서가 다를 수 있다. 집단 간 정서이론(Intergroup Emotion Theory)에 의하면 집단적 맥락에서 사람들은 개인이 아닌 집단 구성원으로서 상황을 평가하고 정서를 경험하며 행동한다(Smith, 1993). 왜냐하면 이러한 과정에서 개인정체성보다는 사회정체성이 더 두드러지기 때문이다. 이때 사람들은 자신이 속한 집단의 구성원들이 지닌 견해를 참조 기준으로 삼는다. 더군다나 집단 간 상호작용은 한 번으로 끝나는 것이 아니기 때문에 그 과정에서 이루어지는 일련의 행동이 구성원들에게 지속적으로 영향을 미친다. 따라서 집단 간 상호작용에서 사람들이 경험하는 정서를 살펴보는 것은 단순히 외집단에 대한 편견 이상의 정보를 제공할 수 있다.

(1) 맥락과 정서

특정 집단에 대한 고정관념은 그 집단 구성원들에게는 하나의 위협으로 작동함으로써 그들의 수행에 부정적인 영향을 줄 수 있다. 이처럼 고정관념 위협(stereotype threat)은 자신이 부정적인 고정관념의 대상이 된다는 것을 아는 것만으로도 지적인 능력을 검증하는 시험을 비롯한 상황에서 자신의 잠재력을 제대로 발휘할 수 없는 경우를 말한다(Steele & Aronson, 1995). 또한 고정관념과 편견의 위협을 받는 사람은 자신의 정체성을 숨기거나 버리고 싶어 한다. 이를 탈동일시(dis-identification)라고 하는데 고정관념이나 편견 때문에 위협을 주는 영역을 자신의 정체성에서 배제시킴으로써 더 이상 그 영역에서 성취를 신경 쓰지 않게 되는 현상을 말한다.

한편, 현실적인 이유로 갈등이 발생하면 양쪽 집단은 서로 간 접촉에 대하여 불안을 느낄 수 있다. 경쟁적인 구도 속에 있는 집단은 지배와 착취, 폭력이나 억압과 같은 부정적 정서를 경험할 가능성이 높다. 이 경우 사람들은 상대방과의 만남을 상상하는 것만으로도 거부에 대한 공포, 자신의 이익이 침해당할지도 모른다는 생각, 외집단에 의한 착취 등 다양한 이유 때문에 불안을 경험할 수 있다. 집단 간 불안 이론(Intergroup Anxiety Theory)에 따르면 이와 같은 불안이 외집단에 대한 편견을 촉발하는 요인이 된다. 또 다른 맥락에서 집단 간 상호작용은 내외집단 모두에게 불안을 증가시킬 수 있는데 왜냐하면 이러한 맥락에서 서로에 대한 평가 압력이 강해지기 때문이다(Richeson & Shelton, 2007). 그래서 대개 사람들은 집단 사이의 원만한 관계를 위해서 스스로를 조절하는 전략을 사용한다.

(2) 지배 · 피지배 집단의 정서

집단 간 관계에서 구성원들이 경험하는 정서는 지배와 피지배 등 내집단의 지위와 관련된다. 예를 들면, 지배집단의 구성원들은 내집단이 합법적으로 외집단을 지배했다고 인식할 때는 자긍심을 느낄 수도 있지만, 이러한 긍정적 정서 못지않게 죄책감과 수치심 같은 부정적 정서도 경험할 수 있다. 보통 집단적 정체성이 높은 사람들은 내집단의 행동을 미화하기 위해서 내집단의 책임을 줄이고 외집단을 비난하거나 외집단에 가한 피해를 합법화 하는 경향이 있다(Wohl & Branscombe, 2008). 또한 이들은 내집단 구성원들의 다양성을 강조하면서 잘못을 저지른 사람들은 내집단의 진정한 구성원이 아니라고 평가한다.

이 처럼 문제를 일으키거나 싫은 사람이 외집단 구성원이 아니라 내집단 구성원일 때 더 부정적으로 평가하는 경향성을 '검은 양 효과(black sheep effect)'라고 말한다(Marques et al., 1988). 이것은 자신의 집단정체성을 위협하는 내집단 사람들에게 더 부정적으로 반응함으로써 궁극적으로 긍정적 사회정체성을 유지하기 위한 반응이다. Abrams 등(2003)은 규범에서 일탈한 행동인 경쟁 집단에 대해 긍정적 평가를 하는 내집단원 또는 외집단원에 대해 평가하도록 하였다. 그 결과, 규범에서 일탈하는 행위를 한 내집단원을 외집단원보다 더욱 부정적으로 평가하였다.

2) 차별

때로 사람들은 외집단에 대한 편견을 가지고 있을 때 그것을 행동으로 실행한다. 보통 사람들은 집단에 소속되면 내집단 구성원들에게 보다 더 많은 자원을 제공하고 평가를 더 좋게 하거나 혹은 새로운 인원을 선출할 때 내집단 구성원의 사람을 선호한다. 그에 비해서 외집단 구성원들은 이와 같은 기회나 혜택으로부터 배제되기 쉽다. 이처럼 차별(discrimination)

은 자신과 다른 인종, 종교 및 국가의 구성원을 다르게 대하는 것이다. 차별은 보통 편견을 행동으로 표출한 것이기 때문에 거부된 집단의 구성원들을 부정적이고 적대적으로 그리고 해를 주는 방식으로 대한다. 부정적인 취급에는 직접적인 피해, 비협조, 비언어적 무시나 배척, 평가절하 등 다양한 형태가 있다. 특히 집단의 힘이 동등한 경우보다 불균형적인 경우 지배집단이 소수집단의 구성원들에게 차별을 할 기회가 증가한다.

차별이 상대적으로 쉽게 감소하거나 사라지지 않는 이유 중의 하나는 그것이 주로 집단적인 범주를 수반하고 있기 때문이다. 개인 간-집단 간 불일치 효과(interindividual-intergroup discontinuity effect)에 의하면 사람들은 개인 간 수준보다 집단 간 수준에서 이루어지는 상호작용에서 훨씬 더 경쟁적이고 덜 협조적이다(Insko et al., 2001). 이러한 현상에 대한 두 가지 가능한 설명이 있다.

첫째, 개인적 수준보다는 집단적 수준에서 사람들은 더 큰 탐욕과 함께 더 큰 두려움을 느끼기 때문이다. 외집단에 대한 신뢰수준이 낮기 때문에 그 집단이 경쟁적으로 나올 때 내집단이 협동하면 가장 적은 몫을 받을 것이라는 두려움을 가질 수 있다. 또한 다른 모든 구성원들이 협동하는 상황에서 사람들은 경쟁을 통해 가장 많은 몫을 추구하는 경향을 보일 수 있다.

둘째, 협동과 경쟁의 동기는 혼합된 상황에서 집단적 의사결정이 경쟁적 반응을 촉발하기 때문이라는 것이다.

4. 집단 간 관계 개선

1) 집단 간 접촉

일반적으로 집단 구성원들 간의 직접적인 접촉을 증가시키는 것만으로 편견을 감소시키는 효과가 있다. 왜냐하면 두 집단의 구성원들이 접촉할 기회가 많을수록 상대방에 대한 이질감과 불안감이 감소하고 부정확한 정보를 통해서 형성된 고정관념을 바로잡을 수 있는 기회가 증가하기 때문이다. 따라서 물리적으로나 시간적으로 근접해 있는 것만으로도 이러한 정서적 · 인지적 측면에서의 불리한 여건을 상당 부분 개선할 수 있다.

그러나 집단 간 접촉이 편견의 감소를 가져오기 위해서는 몇 가지 선행조건이 필요하다(Cook, 1988). 첫째, 접촉 상황이 위계적 상황이 아닌 지위가 동등한 조건에서 이루어져야 한다는 것이다. 지위와 권력에서 집단 간 우열의 관계가 형성된 조건에서 접촉의 증가는 오히려 상대방에 대한 불신을 증가시킨다.

둘째, 두 집단 구성원 사이에 상호 협조적인 관계를 형성할 수 있도록 공동의 목표를 세우는 것이다 이를 통해 두 집단의 차이점을 부각시키기보다는 공동으로 추구해야 할 가치를 동일시하게 함으로써 집단 간 경계를 보다 더 약화시킬 수 있다. 또한 공동의 목표는 집단 간 상호의존성을 높임으로써 경쟁보다는 협동을 추구하려는 동기를 고취시킨다.

마지막으로 접촉하는 집단 구성원들 모두 편견과 고정관념이 잘못된 것이며 상호 간에 협동하는 것이 중요하다는 것을 사회적 규범, 권위자 그리고 관습을 통해 분명히 하면서 집단 간 평등을 지지하고 장려할 필요가 있다. 이러한 조건이 충족될 때 사람들은 집단 간 평등과 협동을 자신의 가치와 신념으로 내면화함으로써 집단 간 접촉에 의한 편견의 감소 효과가 향상된다. 즉 고정관념과 편견이 부정적이며 이를 극복하는 것이 바람직한 가치라고 인식하고 그것을 내면화할 때 그것을 극복하려는 노력을 할 수 있다. 이것이 고정관념과 편견을 해소하기 위한 교육적 및 제도적 장치가 필요한 이유다.

2) 범주화 기법

집단구별과 관련된 범주화를 다른 방식으로 유도함으로써 기존의 집단 간 이질감이나 갈등을 줄일 수 있다. 〈표 14-2〉에서 보듯이 범주화의 종류는 다양하다. 먼저, 재범주화(re-categorization)란 특정 수준에서 이루어진 범주화 때문에 구분된 내외집단을 상위의 수준에서 하나의 집단으로 묶음으로써 상위 집단의 소속감을 공유하도록 하는 방법이다. 그래서 보다 작은 규모의 내집단 구성원들에 대하여 가지는 긍정적 신념과 감정 및 행동을 외집단 구성원들에게도 동일하게 적용할 수 있다. 그러나 재범주화의 한계점은 두 집단이 상위범주가 아닌 다른 수준의 범주에서 자신을 범주화할 때 집단 간 반목과 갈등이 재점화될 수 있다는 것이다. 이는 사회적 맥락에 따라 가장 적합한 수준의 범주화는 달라지기 때문이다.

이러한 문제를 해결할 수 있는 방법이 교차범주화(cross-categorization)다. 이 방법은 현재 내외집단 간에 긴장을 일으키는 집단의 정체성과는 관련이 없으면서 내외집단 모두에게 공통적인 차원이나 주제에 기초하여 새로운 공동의 집단정체성을 만드는 것이다.

범주화 관련 또 다른 기법으로 외집단의 구성원을 그 집단의 전형적인 구성원으로 지각하기보다는 그 집단과 무관하게 하나의 개인으로 보는 탈범주화(de-categorization)가 있다. 이것은 집단정체성의 현저성을 떨어뜨리는 것으로 우리와 그들이 아닌 나와 너라는 서로 구별되는 개인으로 서로를 지각하는 것이다. 즉 이것은 내외집단의 구성원을 분리된 개인으로서 보고 개별화된 반응을 요구하는 것이다.

범주화와 관련된 또 다른 모형이 집단 간 상호 차별화 모형(mutual intergroup differentiation model)이다. 이 모형은 서로가 다른 집단정체성을 가지고 있으면서 협동적인 관계를 유지할 때 집단 간 편향이 감소할 것이라고 가정한다. 또한 이 이론에 따르면 협동적인 관계속에서 이루어지는 집단 간 접촉은 외집단에 대한 태도의 변화를 가져오고 이러한 변화는 집단 간 경계가 두드러지고 분명할 때 외집단의 모든 구성원들에게 일반화될 수 있다.

마지막으로 개인화 모형(personalization model)은 외집단 구성원에 대한 좀 더 친밀하고 그 사람의 자기(self)와 관련된 정보를 입수하는 것과 관련된다. 그래서 개인화는 외집단의 구성원을 더 개별화되고 분화된 방식으로 볼 뿐만 아니라 외집단 구성원으로서 그 개인이 가지고 있는 자기와 관련된 정보에 대해서도 초점을 맞춘다. 또한 개인화된 상호작용에서는 집단의 구성원보다는 한 개인의 특성이 더 두드러진다. 그래서 외집단 구성원을 지각할 때 그의 개인적 인상이 집단 고정관념보다 더 큰 영향력을 행사한다. 이때 개인화가 외집단 구성원이라는 정보 없이 이루어진다면 외집단의 특정 구성원에 대한 지식이나 인상을 다른 구성원에게 일반화할 수 없다. 그래서 개인화는 외집단에 대한 사회정체성이 어느 정도 현저한 상태에서 이루어질 필요가 있다.

〈표 14-2〉 범주화의 종류와 특징

범주화의 종류	특징
재범주화	내외집단을 상위의 단위로 통합하여 범주화함으로써 집단 간 편견을 감소시키는 방법
교차범주화	내집단과 외집단이 공통으로 가지고 있는 특성에 기초하여 또 다른 범주를 만듦으로써 집단 간 편견을 줄이는 방법
탈범주화	집단에 대한 범주를 약화시켜 외집단의 구성원을 하나의 독특한 개인으로 보고 지각함으로써 편견을 줄이는 기법
집단 간 상호 차별화	각 집단이 가지고 있는 내집단 정체성을 유지하면서 동시에 상호 협동적인 분위기를 조장하여 상호작용함으로써 집단 간 편향을 줄이는 방법
개인화	외집단의 구성원이 가지는 자기와의 유사성에 기초하여 그를 개별화되고 분화된 방식으로 지각함으로써 외집단에 대한 차별을 해결하는 방법

3) 상위목표의 설정

내외집단이 대립적이거나 경쟁적인 목표가 아니라 하나의 공통된 목표를 가지고 있을 때 그들은 서로 접촉을 증가하고 정보를 교류하며 공통의 가치를 가지게 되고 이것이 집단 간 갈등을 완화할 수 있다(Sherif, 1966). 이때 공동의 상위목표(superordinate goals)는 한 집단의 노력과 자원만으로는 달성하기가 불가능하고 내외집단이 동시에 참여할 때 달성할 수 있는 목표를 말한다. 상위목표가 집단 간 편견을 줄이고 협동을 가져온다는 연구가 있다(Sherif, 1966). 이 연구에서 10대 소년들을 두 집단으로 범주화해서 몇 가지 경쟁적인 목표를 추구하도록 했다. 이처럼 한쪽 집단의 승리는 곧 다른 쪽 집단의 실패를 의미하는 상황에서 집단 간 편견과 차별이 첨예하게 드러났다. 그 다음 연구자들이 두 집단의 구성원들에게 한 집단의 힘만으로는 해결할 수 없는 공동의 과제를 주었을 때 비로소 갈등은 완화되고 협동이 증가하는 변화가 일어났다.

4) 반복적 노출과 행동적 실천

일단 편견이 형성되면 그것에 반하는 실제 사례를 경험하더라도 원래의 편견을 바꾸거나 버리기가 쉽지 않다. 인지적 틀이 일단 형성되면 그것은 하나의 체계를 이루기 쉽다. 이때 우리는 그러한 체계를 현실적 상황에 맞추어 바꾸기보다는 현실을 그 체계에 맞추는 경향이 약하지 않다. 따라서 편견에 반하는 사례(case)를 지속적으로 그리고 편견을 지속하려는 인지적 저항을 넘어설 정도로 많이 경험하도록 하는 것이 중요하다.

참 / 고 / 문 / 헌

강수영 · 홍순이(2013), 조직 특성과 상사 커뮤니케이션 만족도가 비서의 모바일 커뮤니케이션에 미치는 영향. 비서 · 사무경영연구, 22 (1), 71−98.

국민권익위원회(2017. 12), 내부고발자를 지키기 위한 노력.

김영수(2009), 팔로워십 이론의 비서학에의 적용에 관한 연구. 비서 · 사무경영연구, 18 (1), 141−163.

김정기(2006), 21세기 직업윤리, 학문사.

노은지(2009), 교회비서의 직무 및 교육현황 분석, 이화여자대학교 대학원.

미래창조과학부, 한국과학기술기획평가원, 「이슈분석: 4차 산업혁명과 일자리의 미래」, 2016. 3. 28, 1쪽.

박경옥(2017), 인공지능 가상비서의 비서직무 수행역량에 대한 연구. 비서 · 사무경영연구, 26 (2), 253−272.

박상규(2008), 비서철학의 필요성에 대한 연구. 비서 · 사무경영연구, 17 (1), 93−113.

박상규(2014), 비서개념의 역사적 분석. 비서 · 사무경영연구, 23(2), 27−50.

송재범 · 김현수(2001), 디지털시대의 직업윤리, 인간사랑.

신국희(1997), 경영자의 비서직에 대한 전문성 인식정도에 관한 연구. 비서 · 사무경영연구, 5, 171−186.

유승혜(2002), 지식경영에 적합한 비서의 역할변화에 관한 연구. 비서 · 사무경영연구, 11 (2), 237−261.

유연숙(1978), 韓國 經營人의 秘書觀, 이화여자대학교 한국문화연구원.

이관춘(2005) 직업은 직업이고 윤리는 윤리인가, 학지사.

이민화(2015), 지속가능한 혁신의 리더십 기업가정신 2.0, p.24−26.

장윤희(1994), 경영관리자가 요구하는 여성비서직을 위한 연구. 비서 · 사무경영연구, 2, 3−18.

장은주 · 김경화 · 유지선(2015), 비서실무의 이해, 한올.

정석용 · 이규은(2009), 자기계발과 직업, 동문사.

정태연 외(2016), 사회심리학. 학지사.

조계숙 · 장윤희(1997), 상사의 리더쉽에 따른 비서직 직무만족, 조직몰입, 충성심에 관한 연구. 비서 · 사무경영연구, 5, 223−246.

조계숙 · 최애경(2014), 비서실무론. 대영문화사.

조계숙 · 최애경(2007), 현대비서학. 대영문화사.

조계숙(1997), 사회적 변화와 전문비서의 역할. 비서 · 사무경영연구, 5, 21−38.

조남두(2010), 현대인의 직업윤리. 동문사.

조현정 · 김진모 · 백지연(2013), 시대구분에 따른 전문대학 비서과 역사적 사건 고찰. 비서 · 사무경영연구, 22(2), 5−32.

직업과 미래연구회(2010), 행복한 삶을 위한 직업과 윤리. 신지서원.

한겨레신문(2018.12.23), "AI는 일자리 감소대신 바꿀뿐" 직무전환 훈련이 과제.

한규석(1991), 사회심리학 이론의 문화특수성. 한국심리학회지: 사회 및 성격, 6(1), 132−155.

한규석(2017), 사회심리학의 이해. 학지사.

홍두승 · 김병조 · 조동기(1999), 한국의 직업구조, 서울대학교출판부.

홍순호(1981), 종합과학으로서의 비서학 연구방법론: 이론체계 확립을 위한 문제점을 중심으로. 이화여자대학교 법정대학 비서학과.

Abrams, D., Rutland, A., & Cameron, L.(2003), The development of subjective group dynamics: Children's judgments of normative and deviant in group and out group individuals. Child development, 74(6), 1840−1856

Alicke, M. D.(2000), Culpable control and the psychology of blame. Psychological bulletin, 126(4), 556.

Ames, D. R., Flynn, F. J., & Weber, E. U.(2004), It's the thought that counts: On perceiving how helpers decide to lend a hand. Personality and Social Psychology Bulletin, 30(4), 461−474.

Anderson, C. A., & Bushman, B. J.(2002), The effects of media violence on society. Science, 295(5564), 2377−2379.

Bandura, A.(1982), Self−efficacy mechanism in human agency. American psychologist, 37(2), 122.

Bandura, A., & Walters, R. H.(1963), Social learning and personality development.

Bargh, J. A., Chen, M., & Burrows, L.(1996), Automaticity of social behavior: Direct effects of trait construct and stereotype activation on action. Journal of personality and social psychology, 71(2), 230.

Bassili, J. N., & Provencal, A.(1988), Perceiving minorities: A factor−analytic approach. Personality and Social Psychology Bulletin, 14(1), 5−15.

Bergeron, N., & Schneider, B. H.(2005), Explaining cross−national differences in peer−directed aggression: A quantitative synthesis. Aggressive Behavior: Official Journal of the International Society for Research on Aggression, 31(2), 116−137.

Brewer, M. B., & Gardner, W.(1996), Who is this" We"? Levels of collective identity and self representations. Journal of personality and social psychology, 71(1), 83.

Brochu, P. M., & Morrison, M. A.(2007), Implicit and explicit prejudice toward overweight and average−weight men and women: Testing their correspondence and relation to behavioral intentions. The Journal of Social Psychology, 147(6), 681−706.

Bushman, B. J., & Cooper, H. M.(1990), Effects of alcohol on human aggression: An intergrative research review. Psychological bulletin, 107(3), 341.

Bushman, B. J., & Huesmann, L. R.(2014), Twenty−five years of research on violence in digital games and aggression revisited. European Psychologist.

Chaux, E., Molano, A., & Podlesky, P.(2009), Socio−economic, socio−political and socio-emotional variables explaining school bullying: a country-wide multilevel analysis. Aggressive Behavior: Official Journal of the International Society for Research on Aggression, 35(6), 520-529.

Chen, M., & Bargh, J. A.(1999), Consequences of automatic evaluation: Immediate behavioral predispositions to approach or avoid the stimulus. Personality and social psychology bulletin, 25(2), 215-224.

Correll, J., Spencer, S. J., & Zanna, M. P.(2004), An affirmed self and an open mind: Self-affirmation and sensitivity to argument strength. Journal of Experimental Social Psychology, 40(3), 350-356.

Darley, J. M., & Batson, C. D.(1973), " From Jerusalem to Jericho": A study of situational and dispositional variables in helping behavior. Journal of personality and social psychology, 27(1), 100.

Deci, E. L., & Ryan, R. M.(2000), The" what" and" why" of goal pursuits: Human needs and the self-determination of behavior. Psychological inquiry, 11(4), 227-268.

Derlega, V. J., Winstead, B. A., Mathews, A., & Braitman, A. L.(2008), Why does someone reveal highly personal information? Attributions for and against self-disclosure in close relationships. Communication Research Reports, 25(2), 115-130.

Duval, S., & Wicklund, R. A.(1973), Effects of objective self-awareness on attribution of causality. Journal of Experimental Social Psychology, 9(1), 17-31.

Fenigstein, A., Scheier, M. F., & Buss, A. H.(1975), Public and private self-consciousness: Assessment and theory. Journal of consulting and clinical psychology, 43(4), 522.

Festinger, L.(1954), A theory of social comparison processes. Human relations, 7(2), 117-140.

Finkel, E. J., & Eastwick, P. W.(2009), Arbitrary social norms influence sex differences in romantic selectivity. Psychological Science, 20(10), 1290–1295.

Fiske, S. T.(1980), Attention and weight in person perception: The impact of negative and extreme behavior. Journal of personality and Social Psychology, 38(6), 889.

Gardner, W. L., & Martinko, M. J.(1988), Impression management: An observational study linking audience characteristics with verbal self–presentations. Academy of Management Journal, 31(1), 42–65.

Goffman, E.(1959), The Presentation of Self in. Butler, Bodies that Matter.

Griffin, A. M., & Langlois, J. H.(2006), Stereotype directionality and attractiveness stereotyping: Is beauty good or is ugly bad?. Social Cognition, 24(2), 187–206.

Gross, J. J., & Thompson, R. A.(2007), Emotion regulation: Conceptual foundations.

Hamilton, D. L., Katz, L. B., & Leirer, V. O.(1980), Cognitive representation of personality impressions: Organizational processes in first impression formation. Journal of Personality and Social Psychology, 39(6), 1050.

Hewitt, P. L., & Dyck, D. G.(1986), Perfectionism, stress, and vulnerability to depression. Cognitive Therapy and Research, 10(1), 137–142.

Higgins, E. T., Vookles, J., & Tykocinski, O.(1992), Self and health: How "patterns" of self–beliefs predict types of emotional and physical problems. Social Cognition, 10(1), 125–150.

Hogg, M. A.(2001), A social identity theory of leadership. Personality and social psychology review, 5(3), 184–200.

Johnson, J. T., & Boyd, K. R.(1995), Dispositional Traits Versus the Content of Experience: Actor/Observer Differences in Judgments of the" Authentic Self". Personality and Social Psychology Bulletin, 21(4), 375–383.

Judge, T. A., & Cable, D. M.(2004), The effect of physical height on workplace success and income: preliminary test of a theoretical model. Journal of Applied Psychology, 89(3), 428.

Kellerman, B.(2008), Followership: How followers are creating change and changing leaders . Boston: Harvard Business School Press.

Kellerman, B.(2012), The end of leadership . New York, NY: Harper Business.

Kilham, W., & Mann, L.(1974), Level of destructive obedience as a function of transmitter and executant roles in the Milgram obedience paradigm. Journal of personality and social psychology, 29(5), 696.

Klein, M.(1997), Envy and Gratitude: And Other Works, 1946−1963. Random House.

Kleinman, K. E., & Saigh, P. A.(2011), The effects of the Good Behavior Game on the conduct of regular education New York City high school students. Behavior Modification, 35(1), 95−105.

Kopp, C. B.(1982), Antecedents of self−regulation: a developmental perspective. Developmental psychology, 18(2), 199.

Kuhlman, D. M., & Marshello, A. F.(1975), Individual differences in game motivation as moderators of preprogrammed strategy effects in prisoner's dilemma. Journal of personality and social psychology, 32(5), 922.

Kulik, J. A., & Mahler, H. I.(1989), Social support and recovery from surgery. Health Psychology, 8(2), 221.

Leary, M. R., & Kowalski, R. M.(1990), Impression management: A literature review and two−component model. Psychological bulletin, 107(1), 34.

Linville, P. W.(1987), Self−complexity as a cognitive buffer against stress−related illness and depression. Journal of personality and social psychology, 52(4), 663.

Lipschitz−Elhawi, R., & Itzhaky, H.(2005, October), Social support, mastery, self−esteem and individual adjustment among at−risk youth. In Child and Youth Care Forum (Vol. 34, No. 5, pp. 329−346), Kluwer Academic Publishers—Human Sciences Press.

Lopata, C., Nida, R. E., & Marable, M. A.(2006), Progressive muscle relaxation: Preventing aggression in students with EBD. Teaching Exceptional Children, 38(4), 20—25.

Markus, H. R., & Kitayama, S.(1991), Culture and the self: Implications for cognition, emotion, and motivation. Psychological review, 98(2), 224.

Markus, H., & Nurius, P.(1986), Possible selves. American psychologist, 41(9), 954.

Markus, H., & Zajonc, R. B.(1985), The cognitive perspective in social psychology. Handbook of social psychology, 1, 137—230.

Martin, J. N., Nakayama, T. K., & Flores, L. A.(1997), Readings in cultural contexts. Mayfield Publ..

McConnell, A. R., Renaud, J. M., Dean, K. K., Green, S. P., Lamoreaux, M. J., Hall, C. E., & Rydell, R. J.(2005), Whose self is it anyway? Self—aspect control moderates the relation between self—complexity and well—being. Journal of Experimental Social Psychology, 41(1), 1—18.

Mead, G. H.(1934), Mind, self and society(Vol. 111), University of Chicago Press.: Chicago.

Metcalfe, J., & Mischel, W.(1999), A hot/cool—system analysis of delay of gratification: dynamics of willpower. Psychological review, 106(1), 3.

Mikolic, J. M., Parker, J. C., & Pruitt, D. G.(1997), Escalation in response to persistent annoyance: Groups versus individuals and gender effects. Journal of Personality and Social Psychology, 72(1), 151.

Milgram, S.(1963), Behavioral study of obedience. The Journal of abnormal and social psychology, 67(4), 371.

Milgram, S., Bickman, L., & Berkowitz, L.(1969), Note on the drawing power of crowds of different size. Journal of personality and social psychology, 13(2), 79.

Moreland, R. L., & Beach, S. R.(1992), Exposure effects in the classroom: The development of affinity among students. Journal of Experimental Social Psychology, 28(3), 255−276.

Neff, L. A., & Karney, B. R.(2005), Gender differences in social support: A question of skill or responsiveness?. Journal of personality and social psychology, 88(1), 79.

O'connor, S. C., & Rosenblood, L. K.(1996), Affiliation motivation in everyday experience: A theoretical comparison. Journal of Personality and Social Psychology, 70(3), 513.

Öhman, A., Lundqvist, D., & Esteves, F.(2001), The face in the crowd revisited: a threat advantage with schematic stimuli. Journal of personality and social psychology, 80(3), 381.

Peneder, M.(2005), Tracing empirical trails of Schumpeterian development. In Entrepreneurships, the New Economy and Public Policy(pp. 203−221), Springer Berlin Heidelberg.

Pruitt, D. G., & Rubin, J. Z.(1986), Social conflict: Escalation, impasse, and resolution. Reding, MA: Addision−Wesley.

Quinn, A., & Schlenker, B. R.(2002), Can accountability produce independence? Goals as determinants of the impact of accountability on conformity. Personality and Social Psychology Bulletin, 28(4), 472−483.

Ray Kurzweil(2006), The Singularity Is Near.

Reed, A., Wooten, D. B., & Bolton, L. E.(2002), The temporary construction of consumer attitudes. Journal of Consumer Psychology, 12(4), 375−388.

Reis, H. T., & Patrick, B. C.(1996), Attachment and intimacy: Component processes.

Richerson, P. J., & Boyd, R.(2004), Darwinian evolutionary ethics: Between patriotism and sympathy. Evolution and ethics: Human morality in biological and religious perspective, 50−77.

Richeson, J. A., & Shelton, J. N.(2007), Negotiating interracial interactions: Costs, consequences, and possibilities. Current Directions in Psychological Science, 16(6), 316-320.

Robins, R. W., Trzesniewski, K. H., Tracy, J. L., Gosling, S. D., & Potter, J. 2002), Global self-esteem across the life span. Psychology and aging, 17(3), 423.

Roese, N. J., & Hur, T.(1997), Affective determinants of counterfactual thinking. Social Cognition, 15(4), 274-290.

Rost, J.(2008), Followership: An outmoded concept.

Rule, N. O., & Ambady, N.(2008), The face of success: Inferences from chief executive officers' appearance predict company profits. Psychological science, 19(2), 109-111.

Rusbult, C. E., & Van Lange, P. A.(2003), Interdependence, interaction, and relationships. Annual review of psychology, 54(1), 351-375.

Ruvolo, A. P., & Markus, H. R.(1992), Possible selves and performance: The power of self-relevant imagery. Social cognition, 10(1), 95-124.

Schmeichel, B. J., & Baumeister, R. F.(2004), Self-regulatory strength.

Sherif, M.(1966), In common predicament: Social psychology of intergroup conflict and cooperation. Houghton Mifflin comp.

Shrauger, J. S., & Schoeneman, T. J.(1979), Symbolic interactionist view of self-concept: Through the looking glass darkly. Psychological bulletin, 86(3), 549.

Smith, E. R., & DeCoster, J.(2000), Dual-process models in social and cognitive psychology: Conceptual integration and links to underlying memory systems. Personality and social psychology review, 4(2), 108-131.

Snyder, M.(1974), Self-monitoring of expressive behavior. Journal of personality and social psychology, 30(4), 526.

Steele, C. M., Spencer, S. J., & Lynch, M.(1993), Self-image resilience and dissonance: The role of affirmational resources. Journal of personality and social psychology, 64(6), 885.

Strauman, T. J.(1992), Self−guides, autobiographical memory, and anxiety and dysphoria: Toward a cognitive model of vulnerability to emotional distress. Journal of Abnormal Psychology, 101(1), 87.

Swenson, R. R., & Prelow, H. M.(2005), Ethnic identity, self−esteem, and perceived efficacy as mediators of the relation of supportive parenting to psychosocial outcomes among urban adolescents. Journal of adolescence, 28(4), 465−477.

Tangney, J. P., Baumeister, R. F., & Boone, A. L.(2004), High Self−Control Predicts Good.

Taylor, S. E., Lerner, J. S., Sherman, D. K., Sage, R. M., & McDowell, N. K.(2003), Are self−enhancing cognitions associated with healthy or unhealthy biological profiles?. Journal of personality and social psychology, 85(4), 605.

Triandis, H. C.(1972), The analysis of subjective culture.

Van Boven, L., & Loewenstein, G.(2005), Cross−situational projection. The self in social judgment, 15, A06.

Van Dijk, E., De Cremer, D., & Handgraaf, M. J.(2004), Social value orientations and the strategic use of fairness in ultimatum bargaining. Journal of experimental social psychology, 40(6), 697−707.

Van Overwalle, F., & Heylighen, F.(2006), Talking nets: A multiagent connectionist approach to communication and trust between individuals. Psychological Review, 113(3), 606.

Visser, P. S., & Mirabile, R. R.(2004), Attitudes in the social context: the impact of social network composition on individual−level attitude strength. Journal of personality and social psychology, 87(6), 779.

Walker, I., & Pettigrew, T. F.(1984), Relative deprivation theory: An overview and conceptual critique. British Journal of Social Psychology, 23(4), 301−310.

Walker, L., & Mann, L.(1987), Unemployment, relative deprivation, and social protest. Personality and Social Psychology Bulletin, 13(2), 275−283.

Walker, L., &Mann, L.(1987), Unemployment, relative deprivation, and social protest. Personality and Social Psychology Bulletin , 13 (2), 275−283.

Watson, D., & Tellegen, A.(1985), Toward a consensual structure of mood. Psychological bulletin, 98(2), 219.

Wickman, S. A., & Campbell, C.(2003), An analysis of how Carl Rogers enacted client−centered conversation with Gloria. Journal of Counseling & Development, 81(2), 178−184.

Wilson, J. P., & Petruska, R.(1984), Motivation, model attributes, and prosocial behavior. Journal of Personality and Social Psychology, 46(2), 458.

Wohl, M. J., & Branscombe, N. R.(2008), Collective angst: How threats to the future vitality of the ingroup shape intergroup emotion. Transcending self−interest: Psychological explorations of the quiet ego, 171−181.

Wurf, E., & Markus, H.(1983), Cognitive consequences of the negative self.

Zillmann, D.(1983), Transfer of excitation in emotional behavior. Social psychophysiology: A sourcebook, 215−240.

Zuckerman, M., Gioioso, C., & Tellini, S.(1988), Control orientation, self−monitoring, and preference for image versus quality approach to advertising. Journal of Research in Personality, 22(1), 89−100.

저자 약력

서여주

이화여자대학교 일반대학원 경영학 석사
이화여자대학교 일반대학원 소비자학 박사
신구대학교 겸임교수

前 IDS & Associates Consulting 컨설턴트
경기연구원 연구원
한국직업능력개발원 연구원
과학기술정책연구원 부연구위원

現 알토스랩 대표
이화여자대학교, 을지대학교, 가천대학교 외래교수
현. 우송대학교 겸임교수
현. 신구대학교 겸임교수

서여주 박사는 경영학과 소비자학에서 강조하고 있는 "사람"에 중점을 두고 있다. 특히 직업전반에 관한 새로운 사회적 과제와 요구에 대하여 민감하게 반응하고, 일의 의미를 심도있게 분석하고 있다. 무엇보다도 비서직업에 대한 진정성(authentic) 있는 인식과 구체적인 가이드를 가지고 학술연구를 수행하였다. 또한 대학에서 강의를 진행하고 있고, 다수의 국내·외 기업 프로젝트와 학술 및 정책 연구를 수행하고 있다. 2016년과 2018년 학회에서 단독으로 우수논문상을 수상하였으며, 수많은 이슈들에 대하여, 학계는 물론 실무영역에서도 선도적인 문제를 제기하고 있다.

저자와의
합의하에
인지첩부
생략

비서직업능력: Built for Growth

2019년 3월 10일 초 판 1쇄 발행
2020년 3월 10일 개정판 1쇄 발행

지은이 서여주
펴낸이 진욱상
펴낸곳 (주)백산출판사
교 정 편집부
본문디자인 구효숙
표지디자인 오정은

등 록 2017년 5월 29일 제406-2017-000058호
주 소 경기도 파주시 회동길 370(백산빌딩 3층)
전 화 02-914-1621(代)
팩 스 031-955-9911
이메일 edit@ibaeksan.kr
홈페이지 www.ibaeksan.kr

ISBN 979-11-90323-85-7 13190
값 22,000원